JN083091

世界のテスト・ガバナンス

日本の学力テストの行く末を探る

佐藤仁・北野秋男 編著

東信堂

まえがき

　2018年8月2日。当時の大阪市長が、全国学力・学習状況調査の結果を教員の人事評価に活用する制度について検討すると発表した。この報道を最初に耳にした時、「やっぱりそうなるか」という感想を抱いた。アメリカ合衆国（以下、アメリカとする）における学力テストの状況を少しでも知っている人たちは、たぶん同じような思いを抱いたはずだ。

　アメリカでは、2002年に施行された「どの子も置き去りにしない法」（No Child Left Behind Act）によって、各州が教育目標としてのスタンダードを設定し、その到達度を測定する学力テストの義務化が進められた。学力テストの結果は、学校評価として活用され、目標を継続して達成できなかった場合、閉校を含む措置がなされた。しかし、学力テストの活用は、これだけに留まらない。それが教員評価への活用である。教員を評価する要素の一つに学力テストの結果が盛り込まれ、どれだけ学力テストの点数を伸ばすことができたのか、という視点から教員を評価する仕組みが各州で導入された。

　日本の全国学力・学習状況調査が悉皆で行われていること、その結果に対して多くの人々が興味を持っていること、学校別の結果公表が可能になったことといった状況は、その結果を教員評価に活用する布石とも理解できた。それは、先述のアメリカの学力テストをめぐる状況をふまえれば、容易に想定できることであり、それゆえに「やっぱりそうなるか」という感想になる。

　もう一つ、「ここまで真似するか」という思いもあった。アメリカの教育は、かつて「進んでいる」と見なされることが多く、確かにこれまでの日本の教育改革において常に参照されてきた。しかし、アメリカの教育を研究している者からすれば、もはやそのすべてを追いかける存在ではないことは明白である。もちろん、アメリカには日本の文脈では想像できない革新的な教育改革や、歴史的に脈々と受け継がれる魅力的な教育実践がある。だからこそ、アメリカを研究する意義や楽しさがある。とはいえ、アメリカで行われ

ている教育改革や実践をそのまま日本で行えばいいわけではないことは、誰しもがわかることだ。ましてや、学力テストを教員の評価に活用することは、アメリカの中でも論争的な政策であり、非常に慎重な議論が展開されている。

　学力テストを教員評価に活用することは、学力テストを導入した時点での必然的な帰結なのだろうか。アメリカの状況を合わせ鏡にすると、そうした指摘もできる。しかし、比較教育学の知見からわかるように、2ヵ国比較はお互いを相対化できる一方で、「〜に比べて」や「〜よりは」という限られた視点からしか相対化できないという限界を持つ。そうならば、日本の学力テストを行く末をアメリカの経験だけで語ることは危険かもしれない。

　本書は、学力テストを悉皆で行なっている国として、日本とアメリカに加え、オーストラリア、カナダ、ドイツ、韓国、そしてノルウェーを取り上げ、計7ヵ国における学力テストのガバナンスを分析している。世界各国を見渡せば、これらの国以外にも悉皆の学力テストを行なっている国は、まだある。しかし、7ヵ国を見るだけでも、学力テストの影響の度合いや、学力テストが成立している構造には、大きな相違があることに気がつく。それは、学力テストを導入した国の「その後」が、必ずしも一致しないことを意味する。日本の学力テストは、どのような方向に進むのか。本書で示された各国の事例は、そうした日本の学力テストの行く末を照らしてくれるだろう。

　本書の各章は、各国の教育を研究する専門家によって執筆されている。そのため、その国の教育をどう捉えているのか、どの観点に意味があるのか、という筆者たちの視点が反映されており、必ずしも本書全体で統一的な見解を示しているわけではない。全体をまとめきれていないのは、ひとえに編者の力不足である。ただし、本書は学力テストに関する研究の完成版ではない。学力テストをガバナンスという観点から紐解いただけであり、学力テストをめぐるより複雑な政治的動向や、実践現場での扱い等、照射すべき観点はまだある。もちろん、7ヵ国だけでは、リジットな一般化は望めない。そうした課題がありながらも、現段階での知見を世に問うことで、学力テストに関する議論がより多角的に進められると思っている。

　最後に、世界各国で展開されている学力テストは、一体、何を目的に存在

しているのか。本書を読んだ後、そうした思いを抱くかもしれない。学力テストを通して、子どもたちがどのくらいの学力を有しているのかを知ること、そしてそれをベースに子どもたちの学びの充実に向けた取り組みを展開すること自体を批判するつもりはない。問題は、子どもたちのための学力テストになっているのか、その一点にある。学力テストを教員評価に活用することは、子どものためだろうか。学力テストを使って、学校の責任、教員の責任を問うことは、子どものためだろうか。本書を通して、そうした根源的な議論が多くの場で展開されれば、編者として望外の喜びである。

佐藤　仁

目次／世界のテスト・ガバナンス——日本の学力テストの行く末を探る——

世界のテスト・ガバナンス

——日本の学力テストの行く末を探る——

序　章
世界のテスト・ガバナンスを問う

佐藤　仁

1.　本書の目的

　本書は、国際比較分析を通して、世界の「学力テストをめぐるガバナンス」（以下、テスト・ガバナンスとする）の構造的特質を考察するものである。本書では、いわゆる「学力調査」を学力テストと位置づけ、入学試験や卒業・修了試験を含まないものとする[1]。

　学力テストに関する国際比較研究の多くは、学力テストが教育政策や学校現場に与える影響の度合いが、世界各国において高まってきていることを指摘する（Smith 2016, Lingard, et al. 2013）。日本の学力テスト（全国学力・学習状況調査）も、この指摘にあてはまるだろう。日々の教育実践が学力テストの準備に向かっていることや、学力テストの結果が学校や教員の評価につながっていること等の状況が、それを表している[2]。また、日本でもよく紹介されるアメリカ合衆国（以下、アメリカとする）においては、1990年代以降から連邦政府が主導する形で学力テスト政策が打ち出され、学力テストの結果による学校評価、教員評価、さらには教員養成プログラムの評価が進められている[3]。

　しかし、学力テストを導入しているという共通点はありながらも、その影響の度合いは各国一様ではない。たとえば、本書第Ⅲ部で取りあげる国々では、日本やアメリカのような状況は、あまり看取されない。なぜ、ある国では学力テストが教育政策や学校現場に与える影響力が強いのに、ある国ではそれほどの影響力がないのだろうか。本書の問いの中心はここにある。この問いに対峙するために、本書では学力テストの影響の度合いやそのものの是

非を議論するのではなく、そもそも学力テストがどのような文脈や構造の中で存立し、そしてどのように機能しているのかを追究する。それは、学力テストの現象としての側面を忠実に描写していくというよりはむしろ、そうした現象が見える背景、つまり学力テストが存立する構造や文脈に迫ることを意味している。

この作業を具体的に進めるにあたって、本書ではガバナンスという視点を設定し、世界各国の「テスト・ガバナンス」の特質を考察することを課題に据える。そもそもガバナンスとは、「統治」や「管理」といった訳語が充てられるが、意味そのものについては多義的な性質を有する。その中で河野(2006)は、ガバナンスの定義づけをめぐって、「状態としてのガヴァナンス」と「機能としてのガヴァナンス」に分けることを提案している。具体的には、前者は「何らかの「ガヴァーンされている状態」」(河野 2006, 10)を指すものであり、後者は「そうした状態を導くための何らかのメカニズム」(同)となる。本書では、この位置づけを踏まえながら、テスト・ガバナンスを次の2点から定位する[4]。

一つは、学力テストが学校現場や教育政策に対して一定の統治・管理する力を働かせている状態であり、「学力テストを通したガバナンス」である。先述したように、学力テストが影響力を有するというのは、学力テストの結果が他の教育政策や教育現場に何かしらの影響を及ぼすことを意味する。この時、その影響によって、政策の方向性が示されたり、学校現場での実践が方向づけられたりする場合がある。学力テストがどのように他の教育政策(入試や学校評価等)や教育実践(教育課程や指導法等)と結び付けられているのかを探ることによって、テスト・ガバナンスの状態の側面が検討可能となる。

もう一つは、そうした状態を導く「学力テストそのもののガバナンス」である。ガバメント(政府)からガバナンスへという議論にあるように、世界各国の学力テストは、国(政府)が主体となりながら、民間企業や研究組織といった様々なアクターが関わり、実施されている。また、ナショナルなレベルで展開される学力テストは、国際学力調査をはじめとするグローバル(またリージョナル)や自治体ごとの学力テストのようなローカルといった層との関係

性の中で存在しているだろう。さらに、学力テストの対象(学年、教科等)や方法(時間、実施体制等)といった技術的側面も、学力テストそのもののガバナンスを支える。これら学力テストのメカニズムを探ることによって、テスト・ガバナンスの機能の側面に迫ることができる。

2.　先行研究の整理

　わが国において学力テストに関する国際比較研究は、学力政策の枠組みで議論されるのが一般的である(志水・鈴木(2012)、志水・山田(2015)、佐藤・澤野・北村(2009))。そして、その論点は学力格差を問題視し、その是正に向けてどのような政策が採られているかを検討している点にある。たとえば、志水・山田(2015)においては、学力格差を是正させるための学力テストという位置づけに基づき、各国では学力格差の実態把握として学力テストが機能していることを示している。一方で、格差是正に関するモニタリングの度合いや、ステイクスの度合いが各国で異なる点も指摘している。

　こうした学力政策、そして特に学力格差を分析の観点とする傾向の背景には、いくつかの理由があるだろう。たとえば、格差の是正をめぐる議論は教育の公正といった概念と結びつくものであり教育学研究として重要なテーマとして存在していること、新自由主義的政策が進展していく中で格差是正は現実的な政策対応として重要であること、格差是正や学力の底上げといったことが現実的に学力向上策として有効であること、などが考えられる。他方で、学力政策という枠だけでは、アカウンタビリティに代表されるような教育政策や学校現場の実践に学力テストが影響を及ぼしている現象の背景を捉えきれないという課題が存在する。

　また、教育評価としての学力テストという観点から、国際比較を試みている研究もある。二宮他(2014)は、学力テストの内容に着目し、PISA型学力と呼ばれるようなテストの形式が各国においてどの程度入り込んでいるかを検討している。また田中(2016)では、いくつかの国を事例に教育評価としての学力テスト政策の展開を検討している。そこでは、各国の学力テストの様々

な形式（内容、実施方法等）がその目的や評価の志向性（画一と多様、集権と分権）によって異なることを指摘し、教育システムの中での学力テストの位置づけを見る重要性を示している。

　以上の先行研究は、学力テストをめぐる重要な論点を提示しているが、テスト・ガバナンスという観点から学力テストを分析しようとするものではない。この点、類似する用語を利用して学力テストを捉えようとしている先行研究がある。例えば、「学力テスト体制」という言葉である。雑誌『教育』の2014年10月号では、「『学力テスト体制』黒書」という特集テーマが組まれている。この時の意味は、学力テストを中心としたさまざまな教育制度が構築されるだけでなく、学校現場も学力テストを基盤に据えた動きをしていく、というある種の「総動員体制」をイメージしている。同誌において金馬（2014）は「テスト収斂システム」という言葉を仮説的に用い、教育現場の実践が「テストのために」という目標で動く状況を説明している。ただし、これらは現象としての「学力テスト体制」を説明するものであり、学力テストがどのような文脈・構造の中で動いているのかというガバナンスそのものに焦点を当てるものではない。

　また、その他の類似する用語としては、スミス（Smith 2016）が使用している"testing culture"（テスト文化）も挙げられる[5]。世界的に進行するテスト文化とは、「ハイステイクスな標準化テストが、教育における基本的な実践として受け入れられ、社会において教育がどのように理解されるのか、そしてステークホルダーによって教育がどのように利用されるのかを規定するようになる文化」（Smith 2016, 10）とされている。ここでいう文化とは、学力テストを有することが（先進）国家としての規範として位置づけられていくことをイメージしている。そのため、学力テストが何かしら有効だから各国がそれを受け入れているわけではなく、「受け入れること」がグローバル社会では当然であり正当であるから各国が学力テストを受け入れていると指摘し、学力テストが世界で隆盛している状況を考察している。

　また、Smith（2016）はグローバルなテスト文化が存在する構造として、実証主義（positivism）と個人主義（individualism）の存在を挙げている[6]。実証主義

（特に道具主義的実証主義）により、量的な統計手法によって何かしらの社会的な質を測定することができるという前提が共有される。また個人主義により、自己利益を追求する個人が合理的選択をする情報が必要となる。この二つが、グローバルなテスト文化を支えていると指摘する。その上で、テスト文化が各国でどのように浸透し、学力テスト政策を形成しているのかを検討することがこの研究の目的となっている。その意味では、テスト・ガバナンス構造を考察しようとする本書とは目的が異なる。

3.　国際比較分析の枠組み

　本書は、テスト・ガバナンスの構造的特質を考察するにあたって、国際比較分析を方法論に据えている。教育学における国際比較分析の手法については、特に比較教育学研究において長年議論されてきた。国際比較の目的は、二宮 (1995) が説明する法則発見的目的と個性記述的目的や、今井 (1990) が説明する一般化型比較教育学と差異化型比較教育学といったように、大きく共通点の発見と相違点の明確化の二つに大別できる。その中で今井は一般化志向と差異化志向を区別するのではなく、両者の連続性に着目し、その連続性を踏まえた一般化と差異化の統合を提示している。

　これらの議論をベースに、本書は一般化から差異化へと続く連続性に焦点を当てる。すなわち、学力テストというグローバルに共通して展開する政策を踏まえた上で、各国の取り組みを詳細に描き出すというものである。この点からすれば、先に挙げた Smith (2016) の研究と同様の関心を有するものである。しかし、本書では、「一般化→差異化」という連続性に関して、「一般化→差異化→一般化→差異化……」という繰り返されるプロセスの中での「一般化→差異化」の連続性に焦点化する。

　ここでいう連続性とは、次のようなイメージである。現実に行われている国際比較分析においては、まず分析すべき対象が設定される（一般化）。その際、学力テストを含め、たとえば自律的学校経営や学校選択、能力ベースのカリキュラムといったように、グローバルに展開される教育政策や制度が着

目されることになる。次に、その対象をめぐる各国の状況に関して、それぞれの国や地域を専門とする研究者が、どのように展開されているのか、そもそも存在するのかといった観点から情報を整理し、議論を深めていく（差異化）。その後、政策・実践の内実やその影響といったようにさらに分析を進める視点が再度設定されることになる（一般化）。そして、その視点に沿いながら、各国の状況がさらに分析されることになる（差異化）。

　この連続的なプロセスのあり方をめぐって議論されるのが、差異化における分析の深さ、そして一般化の妥当性である。つまり、それぞれのステップの質が方法論として問われるわけである。しかしながら、それらを問うことを突き詰めると、連続的なプロセスそのものの実現可能性が低くなる。差異化における分析の精度が問われてくれば、そもそも一般化に辿りつかないし、一般化の妥当性が問われれば、いつまで経っても差異化へと進むことはできない。そうであれば、ここで議論すべきは、それぞれのステップの質というよりはむしろ、一般化と差異化の関係性にあると考える。

　関係性の議論へと展開する一つの鍵が、一般化の位置づけである。国際比較分析における一般化は、科学的な法則性や原理といったように、非常にリジットな性質を帯びて議論される傾向にある。しかし二宮（1995）は、一般化である法則発見的目的には3つのアプローチがあると指摘する。一つめは、リジットな理論の確立を目指したアプローチである。二つめは、そうした理論構築ではなく、「おおよその傾向を示唆する蓋然的法則」（二宮 1995, 241）を発見するアプローチである。そして三つめは、「一定の国別あるいは地域別「教育パターン（類型）」を発見」（同、242）するアプローチである。特に後者二つのアプローチに着目すれば、一般化の厳密な妥当性をめぐる議論が留保され、差異化へと進む道が開かれることになる。そして、一般化と差異化の連続性が、一般化の妥当性を高める（もしくは差異化の特殊性を際立たせる）営みだけではなく、対象に迫る多様な分析の角度を提供する営みとしても位置づけられる可能性を有することになる[7]。

　以上の一般化の位置づけを踏まえた上で、本書では具体的に次のようなアプローチを想定し、分析を進めた。まず学力テストについて、先行研究等で

指摘されているように、日本だけではなくグローバルに普及している教育政策の一つであると位置づけた（一般化）。次に、学力テストを実施している国・地域等をピックアップし、その実態にかかる情報を整理し、議論を重ねた（差異化）。そこから導き出されたさらなる分析視点が、学力テストの影響の度合い、そして学力テストのハイステイクス性をめぐる議論である。ギップス（2001）によれば、「テストや評価の結果が、生徒の将来の進路や学校の評価となる結果、社会全体の注目を浴びるようになることを、ハイ・ステイクスという。（中略）これに対して、そのような社会的な関心を呼ばないテストや評価をロー・ステイクスという」（252）。この定義に則り、一定の類型化を試みた（一般化）。類型化に際しては、明確な基準をもって分類するのではなく、「相互の距離を測定するような相対的評価によって分類することが適当である場合が多い」（二宮 1995, 242）ため、学力テストの影響に関する相対的な度合いを分類した。そして、この分類に基づき、各国ではどのようなテスト・ガバナンスの構造になっており、それがどのように学力テストの影響力と関係しているのかについて考察した（差異化）。

　先述の通り、本書は連続するプロセスにおける「一般化→差異化」に着目し、その関係性に焦点化するものである。そのため、学力テストの影響力とテスト・ガバナンスの構造がどう関係するのかを示しておく必要があろう。学力テストの影響力をめぐっては、テスト（入学試験等も含む）のハイステイクス性に関して「ハイ・ステイクスの概念は絶対的ではなく、相対的であり、テストが実施される状況によって異なってくる」（ギップス 2001, 46）と指摘されている。これは、学力テストそのものによって影響力（ハイステイクス性）が変わるのではなく、むしろ学力テストが埋め込まれている文脈や構造によって影響力が変わることを意味している。それはまさに本書のテーマであるテスト・ガバナンスの構造を指しているわけであり、この点において両者が密接に結びつくわけである。

　どの程度の影響力を有する学力テストがどのようなテスト・ガバナンス構造にあるのかという特質を探ることは、国際比較分析における「一般化」と「差異化」の関係性を検討することにもつながる。本書は、テスト・ガバナンス

の構造という先行研究において等閑視されていた対象に迫るだけでなく、こうした比較教育学研究の方法論に対しても、一定の示唆を与える。なお、各国の分析に関しては、関連する資料や文献の検討に加え、インタビュー調査を含めた現地調査の内容が盛り込まれている。各章で展開される「差異化」そのものの精度も比較教育学研究として十分なものであることを付言しておきたい。

4. 各章の概要

本書では、学力テストを実施しているアメリカ、日本、カナダ、オーストラリア、ドイツ、韓国、ノルウェーの7ヵ国を取り上げている。これらの国々を取り上げた理由は、学力テストを悉皆で行っている点にある。学力テストの目的として、全体（当該学年・年齢等）の学力状況を把握するのであれば、悉皆ではなく抽出で十分であることは多くの場で指摘されている（北野 2018）。一方で悉皆となれば、そこには学力テストが他の教育政策と関連付けられる余地が生じることになる。つまり、テスト・ガバナンスの構造をより明確に議論するために、まずは悉皆の学力テストを行っている国を対象にする必要があると考えられる。

次に、取り上げた7ヵ国を学力テストの影響の度合いに沿って、3つに分類することにした。分類に際しては具体的に、テストの実施主体（国・地方自治体）における集権性（強制もしくは任意）のあり様や、テスト結果に基づく教育政策の実態（アカウンタビリティの強弱）を問うようにした。また分類の作業自体は、先述したように相対的な位置付けを念頭に置いた。その際に、ある種の基準軸となったのがアメリカである。というのも、編者二人ともアメリカの教育を専門として研究を行ってきた経緯があり、これまでの研究蓄積に基づき、アメリカにおける学力テストの影響力、特に新自由主義的な教育政策や理念に基づき展開される学力テストのハイステイクス性を認識していた（北野 2015, 佐藤 2017）。そこで、学力テストの影響力が最も強く、ハイステイクスな状態にある国としてアメリカを位置づけ、それをベースに各国を分類

していく作業を行った。この分類に従って、本書は3つの部そして計10章から構成されている。

　第1部では、学力テストの影響力が強い国として、まず日本の学力テストをめぐる状況を確認する。その上で、アメリカにおけるテスト・ガバナンスの特徴を3章にわたって詳細に論じる。

　第1章では、アメリカにおけるハイステイクスな学力テストを踏まえた上で、そうしたアメリカに接近しつつある日本の学力テストの現状と課題を解明している。まず、全国学力・学習状況調査が学力調査としてのあるべき姿から乖離している点を指摘している。その上で、都道府県の学力テストをめぐる状況を詳細に検討し、事前対策が過熱している点、順位争いが行われている点、数値目標が設定されている点を明らかにしている。また、学力の成長度という新たな評価制度の動向を福島県と埼玉県の事例から検討している。

　第2章では、アメリカにおける学力テストにおいて重要なアクターである連邦政府に焦点を当て、初等中等教育法の変遷を辿りながらテスト・ガバナンスの意味を検討している。アメリカの学力テストは、結果責任や懲罰といった新自由主義的教育改革の文脈で捉えられるが、本章では連邦主義という制度構造に着目することで、アメリカのテスト・ガバナンスが求められた背景をこれまでの先行研究とは異なった角度から考察している。

　第3章では、アメリカのテスト・ガバナンスの状態の側面として、学力テストの教員評価への活用の展開を解明している。「どの子も置き去りにしない法」（No Child Left Behind Act）から各州での具体的な政策に至るまでの展開を4つの段階に分け、それぞれの段階での法制度の形成状況を詳細に論じている。そして、新初等中等教育法である「すべての子どもが成功するための法」（Every Student Success Act）に着目し、そこで示される教員関連条項と各州の教員評価法制改革の動向を検討している。

　第4章では、アメリカのテスト・ガバナンスの機能の側面として、学力テストに関わるアクターとしての企業財団の動向を論じている。教育政策形成に関与する企業財団の中でもゲイツ財団に着目し、特に学力テストとの関係性が深い「州共通コア基準」の構築にどのように関わっていったのかを検討

している。その上で、企業財団が教育政策形成に関与する問題点を指摘している。

第2部では、学力テストの影響力をめぐってハイステイクスになる可能性（もしくは現実）がありながら、そうした影響力を抑えようと対峙している国として、オーストラリアとカナダを取り上げ、それぞれの国のテスト・ガバナンスの特徴を論じる。

第5章では、オーストラリアのテスト・ガバナンスに関して、学力テストと学校予算の関係性の観点から検討している。まず、全国学力テストの導入における州政府の自律性を担保した連邦政府の動きを整理している。次に全国学力テストの概要を説明した上で、連邦政府の予算であるゴンスキー予算に着目し、学力テストを踏まえた予算の活用の状況を検討している。そして、全国学力テストのハイステイクス性をめぐって展開される議論を精緻に追いながら、その特質を指摘している。

第6章では、カナダのオンタリオ州におけるテスト・ガバナンスに関して、州統一テストのメカニズムを詳細に検討している。まず、カナダ全土で行われる抽出型の学力テストを概観した上で、オンタリオ州の統一テストの背景や内容を整理している。次に州統一テストがアカウンタビリティシステムの中で機能している実態を抑えながら、そのシステム自体の理解を教員に求めるために、州統一テストの透明性を高めようとする動きを明らかにしている。そして、この透明性の確保という方策ゆえに、ハイステイクス性を帯びる州統一テストがアメリカとは異なる様相を示している点を指摘している。

第7章では、カナダのアルバータ州におけるテスト・ガバナンスに関して、州統一テストが活用されるアカウンタビリティシステムと学校改善のプロジェクトに焦点を当てて、論を展開している。アカウンタビリティシステムにおいては、州統一テストの結果に懲罰的な性質は付加されず、生徒の学習の改善のために利用されている状況を指摘している。また学校改善プロジェクトにおいては、学校改善の評価を州統一テストだけでなく、学区の必要に応じた複数の方法を盛り込んでいる状況を検討している。その上で、こうした背景には教育の協働的なガバナンス構造が存在していることを考察してい

る。

　第3部では、学力テストの影響やハイステイクス性を帯びる影が見えなが
らも、基本的には影響力は緩やかであり、ローステイクスな状態を保ってい
る国として、ドイツ、韓国、そしてノルウェーを取り上げ、それらの国のテ
スト・ガバナンスの特徴を論じる。

　第8章では、ドイツにおけるテスト・ガバナンスに関して、伝統的な三分
岐学校制度改革の動向と教育の質保証システムの整備の動向との関係性の観
点から検討している。対象学年を限定した悉皆の学力テストである「比較研
究」(Vergleichsarbeiten)によって、学校は生徒個々の学習の状況が把握できるこ
とを指摘し、それによって二分岐型学校制度の核となるゲマインシャフツ
シューレでの学びを充実させることが可能になることを考察している。そし
て、学力テストが緩やかに機能する背景には、ドイツの「民主的で社会的な
連邦国家」という理念があることを主張している。

　第9章では、韓国のテスト・ガバナンスに関して、政権の交代に合わせて
展開される教育改革の観点から検討している。まず、韓国では政権交代によっ
て、学力テストの内容や方法といった事項も大きく変容している状況を整理
している。その上で、近年の文政権での教育政策を分析し、新たな学力テス
トの導入の提案やそれに反応するソウル市の動向を明らかにしている。そし
て、韓国の学力テストそのものは必ずしもハイステイクスなものではないが、
政策によって学力テストそのもの性質が容易に変容する危険性を指摘してい
る。

　第10章では、ノルウェーにおけるテスト・ガバナンスに関して、北欧型
教育モデルとの関係の観点から検討している。まずノルウェーの学力テスト
が、国家質保証システムの一環として導入された点を整理している。その上
で、学力テストの活用という議論を取り上げ、学習のための評価プログラム
の内実を分析している。子どもの学習を評価するという営みが教師に任され
ているノルウェーにおいて、学力テストの導入が大きな影響を与える中、そ
の活用の方途を探る取組を並行して進めることで、テスト・ガバナンスが緩
やかに機能している点を指摘している。

　なお、各部の最後には、「コラム」を盛り込んでいる。コラムでは、それぞれの部の分類に沿う形で、イギリス、ニュージーランド、アフリカの状況を整理している。イギリスは、アメリカと並んでハイステイクスな学力テストを有している国として位置づけられてきた。コラムでは、これまでの学力テストの構造を整理するとともに、近年の政策動向を確認している。ニュージーランドでは、児童生徒の到達すべきスタンダードが設定されていながら、学力テストは導入されていない。コラムでは、学力テストとは異なる教育評価がどう機能しているのか、その動向を整理している。アフリカでは、学力テストだけではない、様々な試験制度が各国に存在するが、中でも初等および中等教育修了試験が学校実践に大きな影響を与えている。コラムでは、そうした試験をめぐる課題、さらにはその影響力が一気に噴出する実態を描いている。これら3つの事例は、各国におけるテスト・ガバナンス構造の複雑性や多様性を理解する上で、有意義な視点を提供してくれる。

　本書は、分析の方法でも述べたように、どの程度の影響力を有する学力テストが、どのようなテスト・ガバナンス構造にあるのかという各国の特質を探ることを目的としている。そのため、各国の状況からさらに帰納的に何かを導き出すという議論は展開していない。それは、ここで示した分類の妥当性を高めるというよりはむしろ、各国のテスト・ガバナンスの構造から見える新たな論点を導き出したいという思いもあるからである。その意味も含め、終章では各国のテスト・ガバナンス構造を整理した上で、日本の状況を踏まえながら、学力テストは何のために存在するのか、といった根源的な問題提起を行っている。

注

1　ただし、本書全体で入学試験や修了試験等を検討の対象にしない、というわけではない。学力テストが入学試験や修了試験等と何かしらの関係性を有する事例については、両者を分析の対象としている。

2　木村・菊池(2018)では、学力テスト対策の授業が行われている現場の事例が挙げられている。また鈴木(2018)は、学力テストの結果を校長や教員の評価に活用する方策を示した大阪市の手法を批判的に検討している。

3　具体的には、第 2 章から第 4 章において論じている。なお、教員養成プログラムへの影響については、佐藤 (2017) を参照されたい。

4　この点、篠原 (2013) は教育ガバナンス論としては、「状態としてのガヴァナンス」をめぐる制度規範や価値の内実を追究する必要性、そして「機能としてのガヴァナンス」をめぐる民主的手続きの問題を追究する必要性を指摘している。本書では、テスト・ガバナンスを捉える側面として二つの枠組みを活用することで、テスト・ガバナンスの構造的特質を考察することを目的としている。そのため、テスト・ガバナンスをめぐる価値規範や手続きの正統性等に係る踏み込んだ議論は、今後の研究課題としたい。

5　リンガードら (Lingard, et al. 2013) では、"testing regime"（テスト・レジーム）という言葉が使われている。ただし、あくまでも世界各国で学力テストが進展していることを指摘しているだけであり、具体的なレジームの特質等を検討する枠組みとして位置付けられているわけではない。

6　グローバルなテスト文化を支えるより具体的な価値として、人権としての教育（全ての子供たちに質の高い教育を受ける機会を確保するためには、標準化された測定手法とそれに対応したアカウンタビリティが適用されること）、学問的インテリジェンス（メタ認知能力が社会的に強調されるにようになると、それに特に関連した数学や科学が重視されるようになること）、科学への信頼（科学、特に量的な分析への信頼が強まり、テストの点数への信頼度が増すこと）、地方分権化（地方分権化によって、権限が委譲される一方で、教育の質を確保する外的な評価が導入されること）、そして新自由主義（消費者への情報を提供するためにテストの点数が必要になり、政府の教育に対する投資の効果を測定するためにもその点数は必要となること）が挙げられている (Smith 2016, pp.12-13)。

7　見原 (2018) は二国間比較の方法論をめぐって、全世界に共通するような一般法則を導くのではなく、一般化と差異化の比較の連鎖に向けた「控えめな」「一般化」の展開可能性を示している。

参考文献

今井重孝 (1990)「比較教育学方法論に関する一考察―「一般化」志向と「差異化」志向を軸として―」『日本比較教育学会紀要』第 16 号、19-29 頁。

河野勝 (2006)「ガヴァナンス概念再考」河野勝編『制度からガヴァナンスへ：社会科学における知の交差』東京大学出版会、1-19 頁。

北野秋男 (2015)「学力テストの暴力性―米国における社会変動と学力評価体制の構築―」『近代教育フォーラム』第 24 号、1-9 頁。

北野秋男 (2018)「「学力テスト政策」の問題点」北野秋男、下司晶、小笠原喜康『現代

学力テスト批判―実態調査・思想・認識論からのアプローチ』東信堂、5-38 頁。

ギップス・キャロライン・V 著、鈴木秀幸訳 (2001)『新しい評価を求めて―テスト教育の終焉』論創社。

木村泰子・菊地省三 (2018)『タテマエ抜きの教育論：教育を、現場から本気で変えよう！』小学館。

金馬国晴 (2014)「「テスト収斂システム」が教育を壊す」『教育』No.825、5-12 頁。

佐藤仁 (2017)「アメリカにおける教員養成教育の成果をめぐる諸相：付加価値評価と教員パフォーマンス評価に着目して」『人文論叢』第 48 巻第 4 号、1069-1087 頁。

佐藤学・澤野由紀子・北村友人編著 (2009)『揺れる世界の学力マップ』明石書店。

篠原岳司 (2013)「分散型リーダーシップに基づく教育ガバナンスの理論的再構築」『教育学研究』第 80 巻第 2 号、185-196 頁。

志水宏吉・鈴木勇 (2012)『学力政策の比較社会学【国際編】』明石書店。

志水宏吉・山田哲也編 (2015)『学力格差は正策の国際比較』岩波書店。

鈴木大裕 (2018)「日本の公教育の崩壊が、大阪から始まる」『Web 論座』(https://we-bronza.asahi.com/business/articles/2018111900010.html?page=1, 2019/09/13)

田中耕治編著 (2016)『グローバル化時代の教育評価改革―日本・アジア・欧米を結ぶ―』日本標準。

二宮皓 (1995)「学校の比較教育学―比較教育文化論―」二宮皓編著『世界の学校：比較教育文化論の視点に立って』福村出版、236-257 頁。

二宮皓他 (2014)「各国における学力テストの実施状況一覧」中国四国教育学会第 66 回大会ラウンドテーブル報告資料。

見原礼子 (2018)「二国間比較研究の方法論的再考と現代的意義―ヨーロッパにおける公教育制度の批判的問い直しのために―」『比較教育学研究』第 57 号、51-72 頁。

Lingard, B., Martino, W., and Rezai-Rashti, G. (2013) "Testing regimes, accountabilities and education policy: commensurate global and national developments", *Journal of Education Policy*, Vol.28, No.5, pp.539-556.

Smith, W. C. (ed.) (2016) *The Global Testing Culture: shaping education policy, perceptions, and practice.* Symposium Books: Oxford, U.K.

第Ⅰ部

学力テストの影響力が強い国

第1章

「競争」と「評価」に向かう日本の学力テスト政策
——アメリカに接近する日本の学力テスト政策——

北野　秋男

はじめに

　今日の米国における学力テストは「ハイステイクス・テスト (high-stakes test)」と呼ばれ、テスト結果による過度な評価や抑圧がなされているといった教育実態が日米の教育研究者によって指摘されている。今日、全米の多くの州では州政府主導による「州統一テスト」が実施され、全ての児童生徒を対象とした学力テスト政策が展開されている。その実施内容は各州で異なるとは言え、テスト結果に基づく「学区・学校のランキング化」「教員評価」「教員のテニュア制の廃止」「高校卒業要件」「学校の統廃合」「教育行財政改革」などを伴うトップ・ダウン的な教育管理政策とも言える特色を持っている (北野 2009)。しかも、米国のハイステイクス・テストはテスト結果に基づいて、その責任を追及するという「制裁措置 (sanction)」までも伴ったものとなっている。世界的に見ても、最も厳しい学力テスト政策が展開されていると言っても過言ではない。

　一方、2007 (平成 19) 年から開始された「全国学力・学習状況調査」(以下、「全国学テ」とする) に代表される日本の学力テスト政は米国ほどのハイステイクス性は存在せず、現状は「ロ—ステイクス・テスト (low-stakes test)」に近い状態にある。確かに、日本では全国学テの結果に基づく各都道府県別・市区町村別のランキングなどは見られるものの、米国のような「教員のテニュア制の廃止」「高校卒業要件」「学校の統廃合」といった厳しい「制裁措置」は伴っていない。むしろ、全国学テの結果に関する詳細な分析とその分析結果に基

づく各自治体、もしくは学校・教員レベルでの自主的な学力向上策が実施されている状況である。

　しかし、近年では日本でもテスト結果の公開や利活用の仕方、目標値の設定など次第に米国型のハイステイクス・テストへと接近しつつある状況にある。また、埼玉県や福島県では米国の「どの子も置き去りにしない法（No Child Left Behind Act, 以下、NCLB 法とする）」でも見られた学力達成状況における児童生徒の「成長度（student growth）」を評価する動きが見られる[1]。米国の場合は、教師と校長の優秀性を児童生徒の学力達成状況の「成長度」と関連づけ、テスト結果と教員評価を連動させる政策が実施されている。埼玉県や福島県では、テスト結果と教員評価を連動させる動きはないが、児童生徒の「学力の伸び」を測定する学力テストが行なわれている。

　本章は、第2章から第4章まで述べられている米国のハイステイクス・テストの現状を踏まえた上で、米国型に接近しつつある日本の学力テスト政策の現状と問題点を指摘する。日本が米国型のハイステイクス・テストに接近しつつある社会的背景には、「20年前の米国を追随」するといった日本の政治・経済的ポリテックスの変動が大きく影響している。特に、1980年代以降における新自由主義的社会変革は教育も含めた日本の社会のあり様を根底から変革する要因ともなっている。日本における新自由主義の始まりに関しては、諸説はあるものの、2000年代に登場する小泉政権によって日本の新自由主義は本格化したと言え、グローバル市場の拡大が顕著となる時代を迎えることになる。新自由主義国家の特徴とは個人の自由を保障する社会的諸制度を構築することであり、同時に個人の行為と福利に対する責任も強調し、福祉・教育・医療・年金・保険などの公共福祉部門での市場化・民営化を招き入れるものでもあった。

　2007（平成19）年から開始された全国学テを基軸とした日本のテスト政策は、まさに新自由主義と親和的な競争主義・結果主義の原則を旗印としながら、全ての地方自治体、学校・教員などを包括した集権性の高いものへと徐々に変貌しつつある。本章は、この全国学テを中心とした近年の日本の学力テスト政策が米国型の結果責任を追求し、罰則規定を適用し、ハイステイクス・

テストに接近しつつある兆候や現状を分析する。

　これまでの全国学テに関する先行研究としては、小野（2009）、戸澤（2009, 2010）、堀（2013）などの研究が挙げられるが、これらの研究は全国学テの立案過程、実施方法、実施内容の影響や問題点を指摘するものであった。本章のように、米国の学力テスト政策と比較しつつ、日本の学力テスト政策の危険性を指摘する研究は数少ない[2]。

1.「全国学テ」の隠された意図

　2003（平成15）年、日本の学力低下を示すエビデンスともなった「PISAショック」が起こる。このPISAショック後には、日本では約半世紀ぶりに全国学力テストが復活し、2007（平成19年）年度から全国学テが実施される。全国学テも「エビデンスに基づく教育（Evidence-Based Education）」という世界的な学力テスト政策の潮流の一翼を形成するものではあるが、そこにはPISAやTIMSSといった国際学力調査、もしくは諸外国とは異なる日本独自の学力テスト政策の特色も指摘できる。

　例えば、日本の全国学テには「学力調査」を実施する際の一般常識から見て非科学的で、奇異な点が多い。第一には、全国学テの調査目的は「児童生徒の学力状況の把握・分析」「教育及び教育施策の成果と課題の検証」「児童生徒の学習改善・学習意欲の向上」の３つの内容を柱としている点である。学力調査の本来の目的は「学力の実態調査」であり、全国学テのように「1つの調査で多くの目的をカバーしようと考えることは望ましくない」（倉元2008, 207）とするテスト政策の専門家の指摘は妥当なものである。当然のことながら、調査の目的が違えばテスト設計とその技術水準、利用の仕方も異なるということだ。

　第二には、「学力の実態把握」が全国学テの目的であれば、調査対象も数パーセントの抽出調査で十分である[3]。しかしながら、2007（平成19）年から開始された全国学テは、民主党政権下の2010（平成22）年を除き、全国の小6・中3の児童生徒、約220万人を対象とした悉皆調査によって実施されている。

学問的・科学的には悉皆調査は「大量のデータを短時間で処理しようとすると、非標本誤差が大きくなりやすい」こと、「法的な裏づけがない限り通常の社会調査で完璧な悉皆調査をすることは不可能に近い」(盛山 2004, 116) ことなどが指摘され、本来の学力調査は、その正当性を担保するためには抽出調査が望ましいことは自明の理である。にもかかわらず、あえて悉皆調査を実施する理由は、学問的・科学的データの取得とは異なる別な理由が存在することになる。

　第三には、全国学テの問題構成と問題量である。日本の全国学テは、全国的に共通問題を課すことが特色であり、小学校は 60 分間 (国語・算数 A：20 分間、国語・算数 B：40 分間)、中学校は 90 分間 (国語 A・B：各 45 分間) で実施されている。2007 (平成 19) 年度の第 1 回調査から現在の調査まで、問題の難易度に違いはあるものの、おおむね出題内容に変化はない。A 問題 (主として「知識」) は「身につけておかなければ後の学年等の学習内容に影響を及ぼす内容や、実生活において不可欠であり常に活用できるようになっていることが望ましい知識・技能など」であり、B 問題 (主として「活用」) は「知識・技能等を実生活の様々な場面に活用する力や，様々な課題解決のための構想を立て実践し評価・改善する力など」と定義されているが、特に B 問題は PISA 型学力を意識したものとなっている。

　確かにテスト問題は A 問題 (基礎・基本) と B 問題 (活用) に区分されているものの、A 問題と B 問題の相関関係は相当に高く、「基本的には同じ学力を測っている」(藤田 2009, 238) ことが指摘されている。また、実施年度によっても異なるが、問題量は小 6 の国語 A が 10 問、国語 B が 4 問、算数 A が 7 問、算数 B が 7 問といった具合である。1 教科 20 問程度、たった 60 〜 90 分程度のテスト問題では全国共通に「知識」と「活用」の学力を正確に測ることは不可能である。

　一方、国際学力調査である PISA と TIMSS の調査問題は、それぞれテスト問題の冊子が複数あり、少ない人数で多くの問題項目における学力の実態把握が可能な「重複テスト分冊法」という手法が採用されている。たとえば、2009 年の PISA は総計 6.5 時間分に相当する問題が使用され、問題の組み合

わせによって 13 種類 (冊) のブックレット (テスト問題群) が準備されている。各生徒はそのうちの 1 種類のブックレットを 2 時間かけて解答する方式である。13 種類の全体の問題数は、読解力問題 101 題、数学的リテラシー問題 35 題、科学的リテラシー問題 53 題となっている。2011 年の TIMSS は、14 種類の問題冊子の中から 1 種類が割り当てられる。児童生徒により出題される問題は異なるが、1 人の児童生徒が解く問題数は算数・数学及び理科を合わせて、小学校は約 50 題 (72 分間)、中学校は約 60 題 (90 分間) である。14 種類の問題冊子の全問題数は、小学校で算数 177 題、理科 175 題、中学校で数学 217 題、理科 219 題となっている[4]。

　筆者は、全国学テが本来の学力調査のあるべき姿から大きく逸脱していることの理由として、以下の「別な意図」が検討されていたことを指摘したい。この「別な意図」が全国学テの実施内容を歪めた要因である。全国学テ実施の際の別な意図とは、第一には、「学力の実態調査」とは別に国家による目標設定とその成果を検証する評価制度の確立をめざした点を指摘したい。こうした評価制度構築の背景には、近年のわが国における教育成果に対するアカウンタビリティの高まり、国民的な学力向上に対する注目度の高まりを背景として、国・文科省において学力向上が重要な政策イシューとなったことを指摘できる。

　2005 (平成 17) 年の中教審答申『新しい時代の義務教育を創造する』では、義務教育の構造改革の基本方針として、①国が明確な戦略に基づき目標を設定して、そのための確実な財源など基盤整備を行った上で、②教育の実施面では、できる限り市区町村や学校の権限と責任を拡大する分権改革を進めるとともに、③教育の結果について国が責任を持って検証する構造への転換を目指すことが提言された[5]。いわば国の責任による「インプット」(目標設定とその実現のための基盤整備) を土台にして、「プロセス」(実施過程) は市区町村や学校が担い、「アウトカム」(教育の結果) を国の責任で検証し、質を保証する教育システムへの転換を意図するものであった (中央教育審議会 2005, 5)。

　第二には、全国学テの制度設計の際には悉皆調査による「教員評価」や「学校評価」も意図されていたことが伺える。2005 年 12 月の内閣府規制改革・

民間開放推進会議の『規制改革・民間開放の推進に関する第2次答申』においては「学校に関する情報公開・評価の徹底（全国的な学力調査の実施を含む）」の項目の中で、「現在、全国的な学力到達度調査について検討が進められているが、教員評価など同調査を実効あるものとするためには、悉皆的に実施し、学校に関する情報公開の一環として学校ごとに結果を公表する」（規制改革・民間開放推進会議 2005, 133-134）といった「教員評価」を旨とする提言がなされている。同じく、専門家検討会議でも「自治体レベル、学校レベルにおいて、学校評価における重要なデータの一つとして学力調査の結果を活用するということになれば、悉皆に近い規模が必要と考える」（文部科学省 2005）との意見も見られ、「学校評価」への利用も検討されている。

　第三には、学力調査の結果公表に関する政策の急変である。もともと文科省は、全国学テの市区町村別や学校別の結果公表に関しては慎重な姿勢を取っていたが、「規制改革・民間開放推進会議」などの要請により、2014（平成26）年度から「全国調査」を使って「区市町村別成績」と「学校別成績」の公表を可能とする政策を公表し、各自治体や学校のランキング化を可能とした。たとえば、朝日新聞社の 2014（平成26）年 12月の調査では全国 1,756 市区町村教委の 6% にあたる 114 教委が「学校別成績」の結果公表に踏み切り、公表を各学校に指示した教委数も 921 教委（52%）に達していることが報じられている（『朝日新聞』2014.12.10）[6]。

　こうした結果の公表に関しては、都道府県教委レベルでは長野県や茨城県など 6 教委が「学校別」の公表を行っているが、2014 年度の全国学テ（小6国語A）の結果が平均以上だった公立小学校 262 校の校長名と、小6国語・算数の県内 35 市町の平均正答率を公表した静岡県の事例もある。静岡県の川勝平太知事は定例記者会見で、2013 年度の全国学テで県内公立小学校の国語Aの成績が全国最下位だった結果を受け、成績が悪かった 100 校の校長名を公表する意向を示した。

　会見で、川勝知事は「子どもに責任はないということを明確にするため」と理由を説明し、「結果を隠すのはおかしい。子どもを伸ばすことができない教師には退場を願いたい」と公表の必要性を強調する。「（成績が）最低とい

うのは教師の授業が最低ということ。教師は大人なので責任を持ってもらい、反省材料にしてほしい」(『日本経済新聞』2013.9.9)と述べ、全国学テの結果に対する教員の責任を追及する姿勢を見せ、得点の低かった学校の教員を排除することも示唆している。

　全国学テ実施の際には、「全国的な学力の実態把握」が目標とされ、文科省側は過度な競争を起こさないことを強調していたものの、全国学テ実施10年を経た現状を鑑みると、次第に米国に接近するような競争と結果重視の学力テスト政策へと変容していることが理解される。

2. 加熱する事前対策と順位争い

　全国学テが結果や競争を重視するものであることは、全国の都道府県のランキング結果に異常な関心を寄せるいくつかの県における事前対策の実態からも伺い知ることができる。本節では、学力日本一の呼び声が高い秋田県、秋田県を追い抜き日本一の座を目指す石川県、全国学テの結果が最下位という不名誉な地位から何としても脱却を図ろうとする沖縄県における事前対策の実態を検討し、合わせて、その問題点も指摘する。

　秋田県は、2002(平成14)年度からは悉皆調査として全県的に県独自の学力調査である「学習状況調査」をスタートさせ、年度によって対象学年の変更はあるものの、基本的には小4から中3までを対象に実施された。しかしながら、秋田県では「表には出てこないが、学校ごとの順位、平均との差等を示して、各教育事務所、市町村教委、学校に対する強力な指導が行われてきており、全国学力テストにつながる体制が事前につくられていた」(佐藤2010,108)こと、全国学テ開始後には「全国学力テストの2週間程度前からは過去問を本番と同じ条件で解かせ、間違えたところを直し、学習させることがくり返されている」(同上, 110)とされ、全県的な事前対策の体制が確立されていたことが指摘された。

　石川県は、2016(平成28)年度における全国学テの小学校6年の3教科(国語A・算数A・B)で秋田県を抜いて平均正答率で「全国1位」となる結果をもたらし

た。しかしながら、県教育委員会が実施する「評価問題Ⅰ・Ⅱ」の問題形式
は全国学テで思考力や応用力を問う「B問題」に極めて類似しているとされ、
全国学テの事前対策の様相を呈し、「評価問題Ⅰ・Ⅱ」が本番前の「プレ・テ
スト」「プレ・プレ・テスト」であると指摘された。石川県教職員組合の調査
では、「小中学校とも、ほぼ7割以上の学校が授業時間以外にも事前対策を
していた」(『北陸中日新聞』2016.1.19)ことが明らかとなり、「成績が下位の学校
は県教委や市町村教委から学力向上を図るように指導を受ける」(『読売新聞
(石川地域)』2016.12.3)こともあったと言う。

　全国学テに対する事前対策は、毎年の結果が最下位となっていた沖縄県
でも同じである。沖縄県は、2014(平成26)年には小中学校ともに4教科の平
均正答率が「全国最下位」であっただけでなく、中学校では2007年の全国学
テ開始以来10年連続で最下位であり、この「最下位脱出」を県の悲願とした。
沖縄県教育庁は、全国学テ対策として「公立小学校で春休み期間中、補習授
業に取り組むよう各市町村教育委員会に提言」(『琉球新報』2014.1.28)し、補習
授業では全国学テの過去問を活用する案も検討され、実施の裁量を各校長
に任せるとしている。こうした沖縄県の対策問題の反復練習は2009(平成21)
年から開始され、「沖縄県では過熱化している」(藤原2010, 159)との指摘がな
され、県を挙げて悲願の達成に取り組んでいる状況にあった。

　以上のような、秋田・石川・沖縄各県における事前対策の実態は、これ
ら3県だけの特異事例ではなく、全国に共通する傾向であったことも伺える。
というのも、2016(平成26)年4月9日の記者会見で馳浩文科大臣は「全国学
力調査について、私のもとに「成績を上げるため、教育委員会の内々の指示
で、2、3月から過去問題をやっている。おかしい。こんなことをするため
に教員になったのではない」と連絡を頂いた。成績を上げるために過去問題
の練習を、授業時間にやっていたならば本末転倒だ。全国各地であるとした
ら、大問題で本質を揺るがす」(『朝日新聞』2016.4.21)と述べている。文科省に
おいても、事前対策が学力調査の本質を揺るがす事態となっているとの認識
はあるものの、特に具体的な改善措置がなされた痕跡はなく、全国学テを継
続する限りは、こうした事態を避けることは不可能であろう。

　秋田県では、学力テストの事前対策に対する批判が繰り返し起きている。2006 (平成 18) 年の秋田県教組支部は、学校現場の実態を「今の学校の忙しさ…競争…評価…息苦しさは、まさに異常事態です」(秋田県教職員組合男鹿南秋支部 2006, 1) との警鐘を鳴らしている。また、2016 (平成 28) 年 5 月に行われた秋田県教職員組合のアンケート調査 (小学校教員 1,563 人、中学校教員 934 人回答) でも、小学校 83％、中学校 75％の教員が全国学テの「教員の負担が大きい」(『秋田魁新報』2016.8.29) と回答している。県内の複数の小中学校で事前のテスト対策が行われ、小学校教員の 66％、中学校教員の 39％が「テスト対策のため授業の進度が遅れるなどの影響がある」(同上) とも指摘している。

　しかしながら、秋田県教育委員会は学校・教員からの悲痛な叫びに耳を傾けるよりも、国の施策を忠実に実行している。2013 (平成 25) 年 10 月に公表された『あきたの教育振興に関する基本計画』によって、今後の 5 年間の重点的な取り組みとして「理数学力の向上」、学習状況調査の結果を「さらなる学力向上に向けた施策に反映させる」などの方針を掲げ、とりわけ「推進指標」として「県学習状況調査」で設定通過率を超えた設問数の割合を「74.4％ (平成 21 年度) から 75％以上 (平成 26 年度)」(秋田県教育委員会 2013, 13) に押し上げるといった具体的な数値目標を明示している。こうした学校現場に対する数値目標の達成を示すやり方は、強制でなくとも、学校・教員に自ら「忖度」させ、実行させるものとなる。学校現場では、「全国 1 位」を守ること、「目標値達成」が至上命題となり、子どもの教育が置き去りにされる危険性が指摘できる。

　全国学テの実施は、こうした事前対策の横行を招くだけでなく、全国学テの本来の目的であった「学力の実態把握」による「児童生徒の学習改善・学習意欲の向上」を間違った方向へと導くことになる。「テストのためのテスト」「テスト結果が良ければ、全てよし」などといった本末転倒の状況が生まれてくる。全国学テにおける良好な結果は、児童生徒だけでなく、学校・教員にも求められ、教育の良し悪しを判断する指標となる。そして、結果は親・保護者、マスコミなどの注目の的となり、テスト結果に一喜一憂する状況が全国的に定着することになる。

3.「数値目標」と「結果の検証」

　米国の「ハイステイクス・テスト」は学校評価・教員評価まで突き進み、学校の統廃合、教員のテニュア制廃止、教員の大量解雇まで行われている。一方、日本の全国学テや自治体独自の地方学力テストは、現状では米国と比べれば明確な学校評価・教員評価が実施されていないという意味で「ローステイクス・テスト」であり、その危険性に対する認知度も低い。現在、世界の学力向上政策の動向は、学習内容と評価のスタンダード化を推し進め、その結果の検証を学力テストで測定評価することが常態化している。

　こうした世界的な動向は、テスト政策によって教育への管理統制を強め、テスト学力といった狭い能力に児童生徒を押しとどめようとするものである。「この標準化の波は日本にも間近に迫っている」（ハーグリーブス 2015, 18）と指摘されたように、わが国においても学力テストに伴う教育への管理統制が強まりつつある。現在、学力テストの結果を基に「（教員の）授業・指導力改善」がなされ、モデル授業案なども作成されているが、学力テストによって教員の授業改善・指導改善を行うこと自体、国・自治体からの学校現場への強制的な改善命令に等しく、学力・学習内容及び教師の授業・指導方法の標準化・画一化を招来することになる。

　そして、日本でも米国のようなテスト結果に対する数値目標が掲げられ、罰則規定はないものの、その数値目標を達成することが求められつつある。2008（平成 20）年 7 月の『教育振興基本計画』（内閣府決定）では、目標の明示と達成を図ることの重要性が指摘され、「これまで教育施策においては，目標を明確に設定し，成果を客観的に検証し，そこで明らかになった課題等をフィードバックし，新たな取組に反映させる PDCA (Plan-Do-Check-Action) サイクルの実践が必ずしも十分でなかった。今後は施策によって達成する成果（アウトカム）を指標とした評価方法へと改善を図っていく必要がある」（文部科学省 2008, 9）と提言された。

　この『教育振興基本計画』以後において、各都道府県では学力向上の目標

値として全国学テなどを基準にした数値による目標管理を行うケースが多い。
いくつかの事例を、年度別・県別に示すと、**表1-1**のようになる。

表1-1　各都道府県における学力向上の目標値の内容

年度	県名	目標の掲げ方
2102	宮城	全国学テなどの学力検査で「全国平均正答率よりも＋2％以上にする」(宮城県教育委員会 2012, 14)。
	山形	「全国学テにおける正答率が、全国平均と比較して＋3以上の科目数として全8教科目」(山形県教育委員会 2012, 2)。
	福島	『あきたの教育振興に関する基本計画』において、「推進指標」として県学習状況調査で設定通過率を超えた設問数の割合を「74.4％(平成21年度)から75％以上(平成26年度)」とする(秋田県教育委員会 2013, 13)。
	大分	全国学テの全国平均を超えた教科の割合(平成22年度小6・中3ともに0％→目標値：平成27年度は小6・中3ともに100％)(大分県教育委員会 2012, 14)。
2013	秋田	『あきたの教育振興に関する基本計画』において、「推進指標」として県学習状況調査で設定通過率を超えた設問数の割合を「74.4％(平成21年度)から75％以上(平成26年度)」とする(秋田県教育委員会 2013, 13)。
	埼玉	全国学テで小6・中3の全ての調査種別で1ポイント程度上昇を2018(平成30)年度に達成する(埼玉県教育委員会 2013)。
2014	鹿児島	全国学テの平均正答率が全教科で2016年には「全国平均と同程度」、2018には「全国平均を上回る」(鹿児島県教育委員会 2014, 56)。
	沖縄	沖縄県教育庁は全国学テの「最下位脱出」を最重要課題に掲げ、2013年11月には学力向上推進室を設置した(『沖縄タイムス』2014.8.26)
2016	岡山	伊原木隆太知事は今年度が最終年度となる県の中期計画で、全国10位の達成を目標に掲げる(『毎日新聞』地方版 2016.9.30)。
	愛媛	全国学テにおける都道府県順位が10位以内に入った校種の数(愛媛県教育委員会 2017)。県教育委員会は県学力向上5カ年計画(12～16年度)で目標に掲げた「全国10位以内」を最終年度に達成(愛媛新聞 2016.9.30)。
	福岡	全国学テにおいて全国平均を上回った教科区分数。現状値：0→目標値：8「全ての教科区分で全国平均を上回る」(平成28年度)(福岡県教育委員会 2016a, 13)。同じく、全国学テの結果を基に、市町村教育委員会が設定した目標値から地区別目標値を設定し、各地区の目標達成を目指した学力向上などに取り組む(福岡県教育委員会 2016b, 14)。
	大分	全国学テの全国平均以上の割合：平成26年度の国・数A問題(小6：60.7％→平成36年度65％、中3：57.3％→平成36年度61％)B問題(小6：55.1％→平成36年度61％、中3：52.4％→平成36年度56％)(大分県教育委員会 2016, 18)。

2017	栃木	推進指標：子どもたち一人一人の学力が向上しているか（全国学テの平均正答率）。目標値：平成 32 年度「全ての教科で全国平均正答率を上回る」（栃木県総合教育会 2018, 1）。
2018	長野	全国学テで算数の正答率が全国の上位 25％のボーダーを上回った児童の割合：現状（2017 年度）算数 A・B24.2％→目標（2022 年度）算数 A・B27％以上など（長野県教育委員会 2018）。
2019	岡山	全国学テ（平均正答率）の全国順位（小中学校）：目標値「全国順位 10 位」（岡山県 2017）。
	鹿児島	2019 年以降も全教科で「全国平均を上回る」（鹿児島県教育委員会 2019, 56）。

（出典）筆者作成。

　各都道府県が掲げる目標には具体的な数値が示されてはいるものの、未だ罰則規定は見られない。しかしながら、目標達成に向けた国や県からの指示は、県内の市町村や学校・教員には「達成しなければならない目標」に転化する。早くは、大阪府知事であった橋下徹が 2008（平成 20）年度の全国学テの結果が小学校 41 位、中学校 45 位であったことに激怒し、各種新聞でも報じられたように府教委や学校現場を批判している。そこで、橋下知事は学力向上を最優先課題として、同年 9 月には「教育非常事態宣言」を発令して教育改革に乗り出す。

　そして、今後の地方自治体における学力テスト政策の方向性を暗示すると思われる出来事が 2018（平成 30）年 8 月 2 日に起こる。大阪市長の吉村洋文は、全国学テの成績が政令市で最下位だった結果を受け、「市として学テの数値目標を設定し、達成状況に応じて教員の手当を増減させる人事評価の導入を検討する」（『毎日新聞』2018.8.2）と公表する。吉村市長の提案は、まさに全国学テの結果による「教員評価」における「罰則規定」の先駆けとなる可能性を持つものである。つまりは、日本でも学力テストの結果が到達目標に達しない場合には、何らかの罰則規定、もしくは学校評価や教員の人事評価などの「ハイステイクス」な状態を生み出す危険性が潜んでいるという事である。米国の「ハイステイクス・テスト」は、決して日本にとっても「対岸の火事」ではない。

4.　新たな評価制度の登場：「学力の成長度」

　2007 年から開始された全国学テ、ならびに各都道府県における地方学テ
の結果分析は、小中学校における科目ごとの平均正答率、ならびに問題ごと
の解答傾向の分析であった。平均正答率の結果公表は、各都道府県や市区町
村別のランキング結果公表とはなっているものの、学校・教員評価までには
至っていない。しかしながら、2002 年に制定された米国の NCLB 法で見ら
れた児童生徒の学力達成状況の「成長度」を評価する動きが近年の日本の地
方学テでも見られるようになっている。埼玉県と福島県の事例を紹介しよう。
　埼玉県では、2006（平成 18）年 1 月から「埼玉県小・中学校学習状況調査」が
小 5（4 教科）・中 2（5 教科）を対象に、悉皆調査（さいたま市を除く）によって行
われた。調査の趣旨は、児童生徒の学力の実態把握、学習に対する興味・関
心の状況などを調べ、「課題を明らかにして学習指導の改善を図ることによ
り、確かな学力を育成する」（埼玉県教育委員会 2006, 1）ことであった。テスト
問題は、基礎的・基本的問題（知識に関する問題）＋活用問題（活用に関する問題）
で構成され、各教科のテスト時間は小学校 40 分・中学校 45 分であった。開
始当初の結果分析は、各教科の平均正答率や経年変化であり、ごく一般的な
県レベルの学力調査であった。しかしながら、令和元年度の県教育委員会の
ウェブ上では、米国のような「学力の伸長度」を測定すること意図した目標
設定がなされている。

　　「県教育委員会では、子供たちが現在の実力を知り、「どれだけ自分が
　伸びたか」を実感し、自信を深めていくことを大切にしたいと考えてい
　ます。そして、自信を持った子供たちが、自分をさらに伸ばし、自分の
　よさを活かしていけるような教育を進めていきたいと考えています。本
　調査は、「学習した内容がしっかりと身に付いているのか」という今ま
　での視点に、「一人一人の学力がどれだけ伸びているのか」という視点
　を加えることで、子供たちの成長していく姿が見える、全国でも初めて
　の調査です。（略）「学力の伸び」は、子供たちの 1 年間の学習成果である

とともに、教育委員会や学校の取組の成果でもあります。埼玉県学力・学習状況調査で示す、子供の「学力の伸び」と「教育委員会や学校の取組の変化」の関係を検証することで、今まで以上に取組の効果を確かめることができると考えています」(埼玉県教育委員会 2019.5.29.)。

　こうした埼玉県の「一人一人の学力がどれだけ伸びているのか」を測定評価する全国初の試みが、2015(平成27)年4月16日に「埼玉県学力学習状況調査」として再スタートする。対象学年は小4〜中1(2教科)・中2〜3(3教科)であり、悉皆調査として実施される。その目的は「本県児童生徒の学力や学習に関する事項等を把握することで、教育施策や指導の工夫改善を図り、児童生徒一人一人の学力を確実に伸ばす教育を推進する」(埼玉県教育委員会 2015, 8)とされている。

　目的それ自体は、2005年度から開始された「埼玉県小・中学校学習状況調査」と変化はなく、問題構成も基礎的・基本的な知識・技能を見る問題(知識に関する問題)＋思考力・判断力・表現力等を見る問題(活用に関する問題)であり、各教科のテスト時間も小学校40分・中学校45分と同じであった。ただし、テスト問題は3種類の分冊による実施であり、分冊ごとの受験者数や正答率のばらつきはほとんどない。また、小4〜中3までの経年変化をパネルデータによって示し、生徒の学力の伸びに着目したところに最大の特徴があった[7]。

　その制度設計は、IRT(項目反応理論)を用い、PISAと同様に継続調査を行なうことを可能とするものであった。まず年度や学年で異なる問題の難しさを比較可能となるようにした上で、初年度が小4であれば、2年次には小5の結果を比較し、「1年後の同じ子供の伸びがわかる」(埼玉県教育委員会 2015, 11)というものである。そして、各学校に対する指導改善のポイントとして、「児童生徒の解答状況」(誤答分析・G-P分析表)や「学習指導上のポイント」がまとめられ、年間指導計画・学習指導案作成、校内研修会の資料として活用することが提言されている[8]。

　ただし、米国と異なる点は「学力の伸び」がテストの点数結果の比較ではなく、①学年が上がることで新たな知識を身に付けたこと、②以前と比較し

て、より難易度の高い問題に正答できる力を身に付けることである (埼玉県教育委員会, 2016: 12)。事例説明としては、小 3 で 12 × 6 ＝ 72 という「整数のかけ算」を正答し、小 4 で 91 ÷ 7 ＝ 13 という「整数の割り算」や 0.5 ＋ 21.5 × 6 ＝ 129.5 という「小数のかけ算と足し算」が混合した問題に正解すれば、「新たな知識」を見つけ、「難易度の高い問題」に正解したとして、「学力の伸び」が見られたというものである (埼玉県教育委員会 2016, 13)。

　調査開始の 2 年次には、初めて「学力の伸び」が把握できたとして「個人結果票」が児童生徒・保護者・教員に知らされる[9]。また、一人ひとりの「学力の伸び」という目的とは別に学力調査の結果は、2015 (平成 27) 年度から県のウェブ上で平均正答率による市町村別の順位が公表され、ランキング化がなされている。例えば、2018 (平成 30) 年度の小 4 国語の結果では 1 位が熊谷市の 67.4 点、最下位が寄居町の 52.0 点であった。中 1 数学は 1 位が長瀞町の 62.8 点、最下位が嵐山町の 53.2 点であった (埼玉県教育委員会 2019, 10)。子どもの「学力の伸び」を最も大切にするとしながらも、ランキング化による競争によって市町村教委や学校の結果責任を問う形になっている点は、政策的な矛盾とは言えまいか。さらには、学力調査の結果を学校・教員評価に結び付ける点では、全国学テ以上に「学校現場を統制するテストになる危険性」(川口 2020, 154) を秘めているとの指摘もある。

　埼玉県をモデルとして、2019 年から新たな学力評価の取り組みを開始した県が福島県である。福島県は 2012 (平成 24) 年から「福島県学力調査」を開始し、小 5 (2 教科＋理) 45 分、中 2 (2 教科 ＋ 英) 50 分の悉皆調査を実施している。実施目的は、全県的な規模で児童生徒の学習の実現状況を調査し、学習指導上の課題及び学習指導の改善点を明らかにするとともに、各学校等における改善の取組に資すること、学習習慣や生活習慣及び意識等と学力との関連性を分析し、学校を中核としながら地域や保護者と連携して学力向上に取り組む基盤づくりを図ることなどが挙げられていた (福島県教育委員会 2013a)。しかしながら、令和元年 4 月 11 日には「ふくしま学力調査」(小 4 〜中 2) が埼玉県教委と共同実施される。この令和元年の学力調査は埼玉県の学力伸長度テストを利用したものであった (『福島民報新聞』2019.4.12)。

「ふくしま学力調査」の委託先は「(株)教育測定研究所」であり、2018 年(平成 30)年 12 月 25 日に連携協定を結んでいる。実施日は、平成 31 年 4 月 11 日であり、対象は小 4〜中 2 (2 教科)であった。その特徴は、①「どれくらい難しい問題に正答できたか」という視点に基づいて、問題の難易度を考慮に入れて学力測定を行なう、②学力の経年比較により、「子ども一人一人の伸びを確認すること」である、③学力の状況や実態に応じた学習指導が可能となる、というものであった。採点は、委託業者が実施し、10 月には報告書が作成され、指導方法の改善に生かすという計画であった(福島県教育委員会 2019b)。

おわりに

　埼玉県と福島県で実施されている児童生徒の学力達成状況の「成長度(student growth)」を評価するという政策は、それ自体は理念的には評価されるものである。これまで日本の学力テストの結果分析は、概ね平均点や到達度の分析であったことを考えると、児童生徒の学力達成状況の「成長度」を評価することは新たな方策であることは疑いない。米国では、こうした学力達成状況の「成長度」を評価することは、実は運用段階において、「成長度」への教員の貢献度を測る教員評価政策ともなっている(北野 2017)。そして、「成長度」に貢献できなければ教員のリストラが断行されている[10]。

　もちろん、すでに指摘したように、埼玉県や福島県では教員評価と連動させる動きは存在しない。だが、米国を例にするとテスト結果に対する教員の貢献度を測る施策が可能となることを意味する。本章では、今日の日本におけるテスト・ガバナンスの制度設計を全国学テの実施内容や実施方法を確認しながら、全国学テの特異な点、隠された意図、ならびに全国学テに対する各都道府県の事前対策の実態、数値化された目標値の設定などの問題を考察した。全国学テの隠された意図とは、現状ではテスト結果に基づく学校評価や教員評価は実施されていないものの、制度設計の段階では、学校評価や教員評価は検討され、提言されていた。

　以上のことからすると、日本の学力テスト政策は開始時においては米国型の「ハイステイクス・テスト」ではなく、「ローステイクス・テスト」であったものの、近年では次第に米国型の「ハイステイクス・テスト」に接近しつつあるのではないかという危惧を抱かせる状況が出現している。本章では、日本が米国型の「ハイステイクス・テスト」に接近する徴候として、2008（平成20）年7月の閣議決定『教育振興基本計画』以後において、各都道府県で各教育施策の目標明示と達成を図ることが示され、学力テストの結果に基づく数値目標が掲げられていることを示した。

　現状では、この数値目標の達成の有無に関する罰則規定は見当たらないものの、目標達成に向けた国や県からの指示は、遅かれ早かれ県内の市町村や学校・教員には「達成しなければならない目標」に転化すると思われる。本文でも示した大阪府・市や静岡県の首長による全国学テの結果を用いた学校や教員評価の導入は、日本でも学力テストの「ハイステイクス化」する予兆ではなかろうか。

　本章では、日本の学力テスト政策が米国を後追いし、米国型の「ハイステイクス・テスト」に接近しつつある危険性を示した。この危険性は、回避されるべきものである。現状の学力テストの廃止、ないしは改善も含めて検討すべき課題であろう。

　2019年12月、高知県の山間部にある土佐町が国への意見書として、全国学テを「悉皆から抽出」に改めることを町議会で可決した[11]。この意見書が国に求めたことは、悉皆調査による全国学テが「序列化を生む」「過度な競争をあおる」といったことへの批判と反省であった（『朝日新聞（夕刊）』2020.3.9）。人口4千人の小さな地方自治体が発した「テスト学力からの脱却」。「小さな波」が「大きなうねり」となる可能性は否定できない。

注

1　米国では、すでに児童生徒の「成長度」を測定評価することが行われている。NCLB法では1年前の学年と今年の学年のテスト成績の違い・伸びを評価しているが、新たに「付加価値評価（value-added assessment）」という決められた学年の教

科学力テストの点数を対象とし、個々の児童生徒の経年変化によって成績の伸びを追跡する考え方も見られる。学業の成長幅によって学校・教師が寄与している部分を推定し、テストの点数の上下や学校レベルなどは問題とせず、児童生徒のテスト得点の「伸び」を評価する点が特徴である（北野 2017）。

2　北野（2012）は、テスト政策を中心としたアメリカ教育改革の危険性を指摘し、日本も「次第にアメリカと類似した状況になりつつある」（北野 2012, 266）とし、警鐘を発している。

3　たとえば、PISA は 2000 年から開始された「経済開発協力機構（OECD）」による世界の学力調査であり、OECD 加盟国において義務教育終了段階の 15 歳児を対象とした 3 年に 1 度の抽出調査である。2003 年には日本国内で約 4,700 人（全体で約 28 万人）、2006 年には約 6,000 人（約 40 万人）、2009 年に約 6,000 人（約 49 万人）が「層化二段階抽出法」によって各学校から無作為に選ばれている。また、TIMSS（Trends in International Mathematics and Science Study）も 4 年に 1 度の抽出調査であり、日本国内では 2003 年に 9,391 人（全体で約 34 万人）、2007 年に 8,799 人（約 38 万人）、2011 年に 8,825 人（約 50 万人）が「層化二段階抽出法」で選ばれている。

4　米国の「全米学力調査（National Assessment of Educational Progress）」は、全米の公立・私立の第 4 学年（9 歳）、第 8 学年（13 歳）、第 12 学年（17 歳）を対象として、「読解」「数学」「科学」「作文」「米国史」「公民」「地理」などが試験科目である。設問形式は多肢選択式と解答構築式が併用され、「読解」では「物語」「詩」「エッセイ」「レポート」「教科書の抜粋」など様々な設問が設けられている。たとえば、第 8 学年に対する設問数は「読解」だけでも 103 問であり、「重複テスト分冊法」が用いられている（荒井・倉元 2008, 28, 123）。

5　2005（平成 17）年の中教審答申『新しい時代の義務教育を創造する』では、「義務教育システムについて、目標設定とその実現のための基盤整備を国の責任で行った上で、市区町村・学校の権限と責任を拡大する分権改革を進めるとともに、教育の結果の検証を国の責任で行い、義務教育の質を保証する構造に改革すべきである」（中央教育審議会 2005,5）と述べている。

6　個別事例を挙げておけば、松江市（鳥取県）教委は市内の小規模校を除く 31 小学校、16 中学校の教科別「平均正答率」を公表したが、小中学校の校長、PTA 連合会などは「学校のレッテル貼りにつながる」（『朝日新聞』2014.12.10）として反対している。武雄市（佐賀県）の場合には 2012 年度から小中学校が自ら「平均正答率」を公表していたが、2014 年度には市教委としても公表している。

7　調査は文部科学省から出向した 2 人の現役官僚（大江 耕太郎：文化庁文化活動振興室長／大根田 頼尚：文部科学省国立大学法人支援課課長補佐）が自ら作り上げたとも報じている（大江・大根田 2018）。

8　G-P分析表とは、正答数に応じて児童生徒を5段階に分け、段階（学力層）ごとにどのような解答類型を選択しているかグラフ化したものである（埼玉県教育委員会 2015, 19）。

9　この「個人結果票」の内容は、以下の7項目である（埼玉県教育委員会 2016, 15）。(1)「学力のレベル」は12段階のレベル標記がなされ、バーの位置の比較で学力変化を把握する。(2) それぞれの学力のレベルで「正解できる」（約70％の確率）問題の例。(3)「学力の伸び」や「前年度と同じ・下がった場合」などの「学力の変化」。(4)「学習に関するアドバイス」として、上段では児童生徒の学力状況の説明、下段では学力を伸ばすための効果的な方法が記載。(5) 教科の領域別正答率及び県全体の正答分布率。(6)「質問紙調査の結果〜規律ある態度の達成目標〜」。(7) 児童生徒が学習計画や取組を記入し、担任が確認する自由記述欄。

10　米国の「付加価値評価」は児童生徒の「学力の伸び」を対象にした評価方法があるが、その運用面においては教員の貢献度を測るものとなっている。たとえば、ワシントン D.C. では市の教育総監リー（Michelle Rhee）が付加価値評価を用いた教員評価によって、2010年に241人の教員解雇を行っている。同じく、ロサンゼルス統合学区でも教員の個人名で付加価値評価に基づく成績順位が公表されている（北野 2017）。

11　意見書提出は、土佐町町議の鈴木大裕氏が中心となって行われた。鈴木氏は、コロンビア大学大学院で教育学を学んだ教育学研究者でもある。米国のハイステイクス・テストの現状と問題点を指摘した鈴木（2016）の研究書は必読書である。

参考文献

荒井克弘・倉本直樹編著 (2008)『全国学力調査―日米比較研究―』金子書房。

大江耕太郎・大根田頼尚 (2018)「埼玉県が進める「新学力調査」は何が凄いのか」『東洋経済 ONLINE』(5月16日) (https://toyokeizai.net/articles/-/220442, 2019/7/30)。

小野方資 (2009)「全国学力・学習状況調査」政策の形成過程」東京大学大学院教育学研究科教育学研究室『研究室紀要』第35号、9-21頁。

川口俊明 (2020)『全国学力テストはなぜ失敗したのか』岩波書店。

規制改革・民間開放推進会議 (2005)『規制改革・民間開放の推進に関する第二欠答申　「小さくて効率的な政府」の実現に向けて―官民を通じた競争と消費者・利用者による選択―』。

北野秋男編著 (2009)『現代アメリカの教育アセスメント行政の展開―マサチューセッツ州 (MCAS テスト) を中心に―』東信堂。

北野秋男他編著 (2012)『アメリカ教育改革の最前線―頂点への競争―』学術出版会。

北野秋男 (2017)「現代米国のテスト政策と教育改革―『研究動向』を中心に―」日本

教育学会『教育学研究』第 84 巻、第 1 号、27-37 頁。

倉元直樹（2008）「テスト・スタンダードからみたわが国の全国学力調査の条件」荒井克弘・倉本直樹編著『全国学力調査：日米比較研究』金子書房、204- 228 頁。

佐藤修司（2010）「学力日本一が意味するもの―秋田県の経験から―」『教育』No.768、106-113 頁。

鈴木大裕（2016）『崩壊するアメリカの公教育―日本への警告―』岩波書店。

盛山和夫（2004）『社会調査法入門』有斐閣。

中央教育審議会（2005）『新しい時代の義務教育を創造する（答申）』。

戸澤幾子（2009）「「全国学力調査」をめぐる議論」『レファレンス』、33-58 頁。

戸澤幾子（2010）「全国学力調査の見直し」『レファレンス』、49-72 頁。

ハーグリーブス、アンディ著、木村優他訳（2015）『知識社会の学校と教師』金子書房。

藤田英典（2009）「有害無益な全国学力テスト―地域・学校の序列化と学力・学習の矮小化―」『世界』1 月号、232-240 頁。

藤原幸男（2010）「平成 21 年度全国学力・学習状況調査沖縄県結果の検討」『琉球大学教育学部紀要』第 76 集、157-172 頁。

堀保彦（2013）「教育政策における政策評価‐文部科学省全国学力・学習状況調査を中心として―」『浜松学院大学教職センター紀要』第 2 号、97-114 頁。

文部科学省（2005）「全国的な学力調査の実施方法等に関する専門家検討会議（第 2 回）議事概要」(https://www.mext.go.jp/b_menu/shingi/chousa/shotou/031/giji-gaiyou/05121901.htm, 2020/6/10)

文部科学省（2008）『教育振興形基本計画』(https://www.mext.go.jp/a_menu/keikaku/detail/__icsFiles/afieldfile/2013/05/16/1335023_002.pdf, 2020/6/10)

〈都道府県関係史料〉（以下、都道府県順）

秋田県教職員組合男鹿南秋支部（2006）『先生やめないで〜いつだって仲間がいるから〜』秋田県教職員組合男鹿南秋支部、1-18 頁。

秋田県教育委員会（2013）『あきたの教育振興に関する基本計画』秋田県教育庁総務課、1-48 頁。

山形県教育委員会（2012）『平成 24 年度山形県教育施策の概要』山形県教育庁総務課、1-60 頁。

宮城県教育委員会（2012）『宮城県学力向上推進プログラム（改訂版）―学ぶ喜びを子どもたちに―』1-183 頁。

福島県教育委員会（2013a）『平成 25 年度　福島県学力調査結果について〈小・中 2〉』(http://www.gimu.fks.ed.jp/htdocs/?page_id=28, 2017/3/14)。

福島県教育委員会（2013b）『第 6 次福島県総合教育計画（改訂版）』1-91 頁。

福島県教育委員会義務教育課（2019a）『平成 31 年度（令和元年度）「ふくしま学力調査」の結果返却について』。(https://www.pref.fukushima…attachment/338400.

pdf, 2019/9/1）

福島県教育委員会義務教育課（2019b）『「ふくしま学力調査」等に基づく学力向上策について』。

栃木県総合教育会議（2018）『平成 29 年度第 1 回栃木県総合教育会議　会議資料』（http://www.pref.tochigi.lg.jp/b05/education/sougoukyouikukaigi/documents/03shiryou1.pdf, 2018/5/23）。

埼玉県教育委員会（2006）『平成 17 年度埼玉県小・中学校学習状況調査報告書』（平成 18 年 1 月実施）、1-134 頁。

埼玉県教育委員会（2013）『第 2 期埼玉県教育振興基本計画大綱』埼玉県教育局総務部教育政策課、1-112 頁。

埼玉県教育委員会（2015）『平成 27 年度埼玉県学力・学習状況調査報告書』1-100 頁。

埼玉県教育委員会（2016）『平成 28 年度埼玉県学力・学習状況調査報告書』1-117 頁。

埼玉県教育委員会（2017）『平成 29 年度埼玉県学力・学習状況調査報告書』1-119 頁。

埼玉県教育委員会（2019）『平成 30 年度埼玉県学力・学習状況調査の結果について』1-10 頁（https://www.pref.saitama.lg.jp/f2214/gakutyou/documents/kekka-300907.pdf, 2020/6/10）。

長野県教育委員会（2018）『第 3 次長野県教育振興基本計画』1-123 頁。

岡山県（2017）『平成 29 年度おかやま創生総合戦略　効果検証（平成 28 年度実績）』1-80 頁（https://www.pref.okayama.jp/uploaded/life/599469_5001019_misc.pdf, 2020/6/10）。

愛媛県教育委員会（2017）『平成 28 年度　事務事業評価表』（http://www.pref.ehime.jp/hyouka/h28/index.html, 2018/11/20）

福岡県教育委員会（2016a）「平成 28 年度　福岡県教育施策実施計画」『教育福岡』No.636、7-14 頁。

福岡県教育委員会（2016b）「学力向上の取組について」『教育福岡』No.637、14-15 頁

大分県教育委員会（2012）『大分県新教育プラン　新大分県総合教育計画（改訂版）』大分県教育庁教育改革・企画課、1-73 頁。

大分県教育委員会（2016）『「教育県大分」創造プラン 2016）』大分県教育庁教育改革・企画課、1-80 頁。

鹿児島県教育委員会（2014）『鹿児島県教育振興基本計画』1-80 頁。

鹿児島県教育委員会（2019）『鹿児島県教育振興基本計画』1-80 頁。

第 2 章

アメリカにおける連邦政府のガバナンス改革

長嶺　宏作

はじめに

本章では、アメリカにおける「テスト・ガバナンス」が、何を意味していたのかを、連邦政府の教育政策である「初等中等教育法（Elementary and Secondary Education Act, 以下、ESEA とする）」の変遷から明らかにする。

アメリカの連邦政府が、初等中等教育に本格的に関与するのは、1965 年に成立した ESEA が成立してからである。ESEA は、ジョンソン（Lyndon B. Johnson）大統領下で進められた「貧困への戦い（a war on poverty）」の一環の中で、貧困児童に向けての支援を目的に、補助金を出すことで影響力を拡大し、ESEA が再改定するたびに予算規模とプログラムを拡大させ、下記の**表 2-1** のように展開され、今日にいたる。

表 2-1　ESEA 政策の変遷

1965 年	第 89 議会「初等中等教育法（Elementary and Secondary Education Act）」PL89-10
1981 年	第 97 回議会　Education Consolidation and Improvement Act、PL97-35　3 年を待たずして、レーガン大統領が改定を行い、一括補助金としてタイトルⅡ予算を 4 つに再編する。
1994 年	第 103 回議会　「アメリカ学校改善法（Improving America's School Act）」PL103-382　Goal2000 の目標をもとに、スタンダードカリキュラムの設定やスタンダードテストが求められる。

2002 年 1 月	第 107 回議会「どの子も置き去りにしない法（No Child Left Behind Act）PL107-110」スタンダードの設定とテストが、より厳格に求められ、達成しなかった場合には、学校の閉校処置などが命じられる。
2009 年	「アメリカ再生・再投資法（American Recovery and Reinvestment Act）」において「頂点への競争（Race to the Top 以下、RTTT とする）」政策が成立する。競争的資金による政策誘導
2011 年〜	NCLB では 2012 年に全生徒が学力目標に到達するとされ、実現が困難であるために、連邦政府が提示する特定の用件を満たせば「免除」するとして、申請の受け付けを始める。
2015 年	第 114 議会「すべての子どもが成功するための法（Every Student Succeeds Act）」PL114-95　連邦教育省の権限を抑制し、州政府に権限を委譲する。

(出典) 筆者作成。

　ESEA が大きな転換を迎えるのは、1994 年の「米国学校改善法（Improving America's School Act , 以下、IASA とする）」以降である。IASA では、学力テストを中心とした教育結果に基づきアセスメントを求め、さらに、2002 年の「どの子も置き去りにしない法（No Child Left Behind Act, 以下、NCLB 法とする）」では、教育目標が達成されない場合は学校の再開校や学校選択などの是正処置が求められた。さらに、オバマ政権下の 2008 年のリーマンショックを受けて「アメリカ再生・再投資法（American Recovery and Reinvestment Act, 以下、ARRA とする）」が成立し、その一環として「頂点への競争（Race to the Top, 以下、RTTT とする）」が実施され、補助金を競争資金にすることで、州政府の教育政策を誘導した。さらに、オバマ政権末期の 2015 年に成立した「すべての子どもが成功するための法（Every Students Succeed Act, 以下、ESSA とする ）」では、基本的な枠組みは変化していない。

　しかしながら、以上のようなテストの結果に基づくアセスメントの強化については「地方自治（local control）」の逸脱であり、連邦政府からの統制であるという批判が強まり、オバマ政権末期からトランプ政権において州権主義へと回帰し、1994 年に成立した IASA 以降、テストに基づくアセスメント政策は、各州の実情に応じて展開することになり、「テスト・ガバナンス」は、一部緩和された。

　アメリカの「テスト・ガバナンス」には結果責任や懲罰的な規定があり、

他国と比較しても特殊な事例である。ただし、その意味することはアメリカの「連邦主義 (federalism)」と呼ばれる特有の制度構造に起因するものでもある。そこで本章では、アメリカの教育制度構造を踏まえ「テスト・ガバナンス」が求められた理由を明らかにし、それが何を意味するのかを考察したい。

1.　アメリカ型福祉国家の成立

　アメリカ型福祉国家の原型をなすのは、ルーズベルト (Franklin D. Roosevelt) 大統領下にすすめられたニューディール政策である。ニューディール政策は、1929 年の世界恐慌による経済危機を背景に市場経済のリスクと不安定さから国民を守るために、連邦政府は失業保険・社会年金などの社会保障政策を成立させた。

　法学者のサスティーン (Cass R, Sunstein) は、ルーズベルトは合衆国憲法改正する「第二の権利の章典 (Second Bill of Rights)」を提案し、建国以来、一度修正された「権利の章典 (Bill of Rights)」を改憲し、レッセフレールな国家から福祉国家へと移行しようとしたことを指摘している。この提案は実現することはなかったもののアメリカが福祉国家として変容する転換点であった。この時、連邦政府は最高裁判所の判例を重ねることで内政分野に介入し、事実上の解釈改憲を行ったと評価する一方で、福祉国家として教育・貧困・失業・医療保険を保障する不十分な体制となり、今日までにいたるアメリカの課題となったと指摘する (Sunstein 2004)。

　1965 年に成立した ESEA は、ニューディール路線を継承するジョンソン大統領下で進められた「貧困への戦い」においてである。しかし、「貧困への戦い」は、ニューディール政策とは異なり、世界恐慌のような明確な危機があったわけではない。一方で「貧困への戦い」は、アメリカ国内にある貧困に目を向けさせ、生活の基盤の保障ではなく、生活の質の保障までに踏み込むものであった。

　その結果、ジョンソン大統領は、生活の質の保障の意味することは結果の平等に踏み込んでいるにも関わらず、政治的な合意の困難さから社会経済的

な問題を個人の問題や教育の問題へとすり替えていき、根本的な問題は回避された (Kantor 2016)。

　ジョンソン大統領は、次のように述べた。「この教育法案は、子どもたちに希望と職を与える。子どもは、読むために書くために勉強し、理解する。希望が人々とその家族を満ち、そして、職を持つことが出来るだろう。なぜなら、彼らは希望がなく無知と人生の浪費という泥沼にはまるのではなく、何かをするために教育されているからである」(Johnson 1965)。

　現実的には、教育が職業選択を決定しているのではなく、経済状況の方が職業選択に影響を与えているのだが、人種問題を過度に強調せずに、貧困の根絶という倫理的・同情的な訴えと人的資源（教育）の活用という訴えは、社会進歩と経済発展という楽観的な見解へと転換され、政策が進められた（黒崎 1989）。

　以上のように、1965 年の ESEA 成立当時、連邦政府の主導性は、もともとはリベラルな目的に基づくものである。つまり、連邦政府は再分配機能を果たすために、その権限を拡大してきた。一方で、平等な政策を推進させる連邦政府の政策が、同時に意味するのは、連邦政府が州と地方学区の領域に介入するということであり、アメリカ型福祉国家の課題である。

　ESEA 政策において、連邦政府の教育政策が平等に期するかどうかについて、アカウンタビリティを求め、検証することは ESEA の成立当初からある議論である。それは連邦政府の教育政策を地方学区に任せるのではなく、結果を求めていこうという結果の平等の萌芽でもあり、平等と公正な社会を求めたリベラル派の夢であった。

　そのため「支援すれど統制せず (local support but not control)」は、日本の教育行政学において理想的に語られた言説の一つであるが、アメリカの制度構造からみれば、再配分政策を阻む制度構造を温存するものでもある。具体的には、二つの点で問題がある。

　一つは、連邦政府による統制の恐れから、連邦政府の多くの政策には「協力と拠出 (supply not supplant)」の原則がある。これは連邦政府の予算が州の予算を取って変わること防ぎ、「地方自治 (local control)」を尊重するためのルー

ルである。より詳しく説明すれば、連邦政府の補助金が地方教育支出を代替
し、本来あるべき地方教育支出を削減することを防ぐための原則である。そ
の結果、地方自治体の一般予算と連邦政府の補助金を区別して使用する必要
になり、教育政策としては柔軟性のない補助金となった。

　また、そもそも他国と比較してアメリカには、地方自治体間の格差を埋め
る財政移転が少ないだけでなく（渋谷 2006）、拠出の原則から州の教育支出に
応じた補助金額が決まる方式が多く、州間格差の是正をするものではなかっ
た。さらに「地方自治」の原則から、普通教育において連邦政府には教育政
策と、その内容を決定する権限がない。一つ目のルールと同じように、州が
福祉政策と同様に教育費負担を抑制しようと考えるならば、最低限の政策内
容と教育費負担で対応しようという「底辺への競争」を誘引しやすい構造を
持っている。

　先駆的に 1965 年の ESEA の審議の際に、ロバート・ケネディ（Robert F.
Kennedy）は、以下のように述べている。「ただ補助額を算出し、特定の学区
や特定の教育制度に支出することは、……泥の中にお金を捨てるようなもの
ではないか。もし私たちが、どのプログラムが効果的か、どこに重点を置か
なければならないのか、そして、何が行われ、あるいは行われたか……を
把握する何らかの検査体制がないならば、私は法案の意義の大部分が失わ
れると思う」と連邦議会の教育小委員会において述べている（Education of the
Committee 1965）。

　もちろん、ロバート・ケネディの発言は、今日のテストによるアセスメン
トを指すのではなく、平等政策を推進する上での実質的な効果を保障するよ
うな結果の平等の萌芽とでも言うべき連邦政府の主導性を考えての発言で
あった。ケネディの提案は受け入れられず、ESEA にアカウンタビリティが
求められてくるのは 1990 年代に入ってからである。それでも ESEA 成立当
初から、貧困と教育問題の解決策としての連邦政府の積極的な役割も内包さ
れていたことが指摘できる。

2. 不十分なアメリカ型福祉国家の改編

この ESEA による平等化政策が問い直される契機となったのは、コールマン・レポートなどの報告により、政策の効果や信頼性が低下したことにある（Coleman 1969）。1966 年に発表された「コールマン・レポート」では、学校環境の要因よりも家庭環境の要因が圧倒的に子どもの教育達成に影響を与えていることが明らかにされ、今まで明らかにされなかった教育の「結果の平等」への注目を集めるとともに、学校が教育達成や平等に関して何ら寄与していないのではないかという疑問が提起された。

ただし、コールマン（James S. Coleman）は自らの社会科学的研究の成果とした「結果の平等」としての教育機会均等原則の提唱について「（実現不可能であるものをあたかも）実現可能であるかのように示唆した」という言葉で反省していたとされる（黒崎 1989, 119）。

当時、コールマンをはじめとする社会科学研究者の間では、研究成果によって現実の教育政策へ寄与できるという期待があった。しかし、こうした社会科学研究の成果は教育改革にはつながらず、むしろ教育改革の困難性を理論的に印象づけるものとなった。

このコールマン・レポートに対して対抗理論を形成するのが、「効果のある学校（effective school）」である。「効果のある学校」は日本でも志水宏吉や鍋島祥朗によって注目されているが（志水 2006, 鍋島 2004）、アメリカでは 70 年代後半から 80 年代に掛けてロナルド・エドモンズ（Ronald Edmonds）らによって広められ、90 年代の公教育政策に多大な影響を与えた理論である（Edmonds 1979）。

「効果のある学校」とは、貧困児童が集中するような劣悪な条件の下でも、その条件に拠らず教育的な効果を挙げている優秀な学校のことである。エドモンズは「現実（の教育改善）は、社会科学によっては何も行われない」と述べ（Edmonds 1979, 16）、「コールマン・レポート」が明らかにしたことは、教育的営為には何ら寄与しないと厳しく批判した。エドモンズは「私たちは、どんな時、どんな場所であろうと、私たちに興味を持つ全ての子どもを良く教え

ることができる」と述べた (Edmonds 1979, 23)。

このエドモンズの「効果のある学校」論は、90 年代以降の教育改革における二つの理論に影響を与える。それは「学校選択」と「スタンダードに基づく改革 (Standard-based Reform)」である。

一つは、アメリカの学校選択論においてチャブとモー (John E. Chubb & Terry M. Moe) が学校選択理論を提唱するときに、「効果のある学校」論を前提として、そのような学校を成立させる制度として「学校選択」論を提唱している (Chubb & Moe 1990)。もう一つは、ブッシュ (George H. W. Bush)・クリントン (William J. Clinton) 政権下で進められた「スタンダードに基づく改革」の理念を提供したスミス (Marshal S. Smith) とオデイ (Janifer O'Day) が提唱した「体系的改革 (systemic reform)」である (Smith, M.S. & O'Day, J 1991)。

スミスが提言したことは、「効果のある学校」を制度的に広げていくために、「効果のある学校」に提唱される特徴を、スタンダードとして提示していき、教育改善を促そうというものである。それはコールマン・レポート以降、公教育の無力論に対する対抗理論であるし、新たな政策パラダイムであった。

その背景には、レーガン (Ronald W. Regan) 政権期 (1981-89) に成立した ESEA の 1981 年の改定から既存の枠組みが批判され、平等化政策が後退し、教育予算が抑制されたことがある。一方で、1983 年に「危機に立つ国家 (A Nation at Risk)」が出され、一般的にいえば、「平等性 (equality)」から「優秀性 (excellence)」へと政策の重点が移動した時代である。しかし、レーガン政権期の特質は、ジョンソン大統領以降に進められてきた福祉政策の政策枠組みを批判し、後退させたものの、具体的に新しい政策が打ち出されなかった。

スミスは、こうした現状に対して「体系的な改革」がなされていない点を問題にし、地方学区・学校・教員の同意形成が教育改革には不可欠であると指摘しつつ、上位政府の支援や方向付けの建設的な関係がなければならないと考えた。その方法として、スミスは制度全体の統合性を高めるためにスタンダード・カリキュラムの設定と学力達成基準の設定を求めた。特に、スミスは「危機に立つ国家」以降、教育改革を実施した、教育知事とも呼ばれたテネシー州知事アレクサンダー (Lamer Alexander)、アーカンソー州知事クリ

ントン、ノースカロライナ州知事ライリー（Richard Riley）などによる州知事主導型の教育改革の進展を見て、州の積極的な役割に期待した（佐藤 1997）。

1991 年のスミスとオデイで書かれた「体系的改革」は、もともと 89 年に行われた「教育サミット（Education Summit）」で提唱され、州が教育改革におけるリーダーシップを持ち、地方学区が改革を推進し、連邦政府が支援するという新しいビジョンを提示することで、多くの州知事から注目を集めた（Schwartz 2003）。

スミスとオデイは「私たちが提案したことは、集権的な調整を通した統合性の増加と学校レベルの専門的な判断の増加との間の双方向的でダイナミックな関係である」と述べるように（Smith & O'Day 1991, 254）、アカウンタビリティの考えを使って、州で行われている諸政策や各学区の独自の教育政策を制度的に結びつけ、体系的な教育改善の方向性を導きだそうと考えていた。

この「体系的改革」における双方向的なダイナミズムという発想は、クリントン大統領下の 1994 年に成立した「ゴール 2000（Goal 2000）」と IASA に反映されている。「ゴール 2000」は全米の教育目標とともに全米の標準カリキュラムの設定することが目指された政策である。当時、教育省次官として成立に尽力したスミスは次のように述べている。

「『ゴール 2000』は改革のビジョンを提供しているが、命令をほとんど含んでいない。その意図は州と学区に「実験的改革」を行うことを許容しているためである。それぞれが実施時に独自の計画と方法を行う。……（略）……結果に基づく評価は制度の目的に合致しているかの進捗についての情報を提供する。それは変化と改革の更なる指針となると同様に、制度全体の使命としての目的を補強する」（Smith & Scoll 1995, 402）。

スミスは、結果に対するアカウンタビリティを求めることで、分権というアメリカ制度構造の特質を維持するとともに、デメリットである制度の非統合性を克服しようとした。スミスは、教育実践の質の停滞を放置し、あるいは州と地方学区へ責任を転嫁するのではなく、連邦政府や州政府も協同的に責任を持ち、関与できる政策を考えるべきであるとした。それは集権化と分権化をめぐる問題を捨象しているのではなく、そうした構造の中で、より重

要な問題は教育の質の改善にあるのだと考えるものであった。

　しかしながら、「体系的改革」では、同時にアウトプットに引き付けられたインプットの議論として「学習の機会 (Opportunity to Learn)」の保障が必要であるとして教育予算の拡大を求めていたが、その議論は、早々に挫折する。また、教育改善を引き出すプロセスにも言及していたが、そのプロセスの議論が、政策が実現していくなかで不明確なものとなっていた。

　94年にスミスが尽力した ESEA の再改定である IASA は、ブッシュ (George W. Bush) 政権 (第43代) の下で 2002 年に NCLB 法へと再改定されたが、その中で「学習の機会」が想定していたようなインプット・プロセスの議論はなくなり、アウトプットである厳格なアカウンタビリティや、より強制力のある改革が志向された。例えば、保守派の代表的な論客であるフィン (Chester E. Finn) は、スミスが提言する「ガイドラインとしてのナショナル・スタンダード」ではなく「単一で強制力のあるスタンダード」を設定し、厳格なアカウンタビリティを求めた。さらに、フィンは、スミスが提言するインプットへの着目についても「『学習の機会』は、実際の教授と学習、あるいは、凡庸の正当化に対して、誰も責任を持たなくなるような手軽な弁解を与える」と批判し、「スタンダードに基づく改革」を、より「結果に基づく改革」によって議論を行った (Finn 2001,70)。

　NCLB 法案の中身は、**表 2-2** のように成果が上がらない場合は補助金の交付の停止などの「制裁処置 (sanction)」が段階的に取ることが義務付けられた。NCLB 法では、ある学校が 2 年間、「学力不振校 (low performing school)」として AYP を挙げない場合、3 年目からは学校選択をする権利が親に告知され、4 年目には一人当たり約 500 ドルから 1500 ドル程度の教材や家庭教師を雇うことの出来る「教育バウチャー (ただし、法案内にはバウチャーという言葉は使われていない)」が渡され、5 年目には学校改善だけでなく根本的な改革が学校に迫られ、7 年目には「オルタナティブ・ガバナンス」として民間企業やチャータースクールとして再開校しなければならないとされている。また、アセスメントも人種・民族別に学校は評価され、それぞれの民族グループが学力到達度を達成しなくてはいけないとされている。

表 2-2　毎年度の適切な進歩 (AYP) が達成できない場合のプロセス

（NCLB におけるタイトル 1 を受給する学校を対象とする）

1 年目 －－－－－	学校改善の契機となるのは、2 年連続 の適切な進歩の不達成の場合である。
2 年目 －－－－－	
3 年目 　**学校改善 1** ・学校選択 ・外部専門家による学校改善計画の見直し ・同僚による観察 ・技術補助（地方教育委員会の責任） ・親への告知	4 年目 **学校改善 2** ・学校選択 ・技術補助（地方教育委員会の責任） ・補助教育サービス ・親への告知
5 年目 　**矯正指導 1** ・学校選択 ・技術補助（地方教育委員会の責任） ・補助教育サービス ・矯正指導の実行 　○学校教職員の配置転換 　○新しいカリキュラム 　○学校自治権を大きく減少 　○外部の専門家の採用 　○学校開校時間か日数の延長 　○内部組織の再建 ・市民への告知	6 年目 **矯正指導 2** ・学校選択 ・技術補助（地方教育委員会の責任） ・補助教育サービス ・矯正指導の実行の継続 ・市民への告知 ・オルタナティブ・ガバナンスへの準備
7 年目 　**オルタナティブ・ガバナンス** ・学校選択 ・技術補助 (地方教育委員会の責任) ・補助教育サービス ・オルタナティブ・ガバナンスの実行 　○チャータースクールとして再開校 　○全ての、あるいは、ほとんどの学校の教職員を配置転換 　○民間企業と契約 　○州に (学校の運営を) 移管させる 　○そのほかの再建方法 ・即時に影響を受ける教員と親に告知	

（出典）筆者作成

　しかし、フィンのような考えに対して、スミスは社会経済的な条件が厳しい学校に対して、改善を促すような厳しい基準は、資源がないがためにかえって改革のインセンティブを働かせない危険性もあると考えている。そして、充分な資源、もしくは学校改善に向けた明確な理念のないところでは、カリキュラムと教育の質をより良いものにするというよりは、政策を無視するという戦略を学校にとらせるかもしれないと指摘し、現在の教育改革が教育実践を改善することを主眼とした政策になっていないことを批判した (Smith 2006)。

　スミスが提言した「体系的改革」の本来の意義からすれば、フィンのように「スタンダードに基づく改革」の理念を個別的な改革手法として止めることなく、分権主義というアメリカの教育制度の特質（教育行政と教育実践の関係）を踏まえた上で、「効果のある学校」の教育実践のモデルの創出、支援する枠組みを構築することを探究した教育改革のための新しい政策パラダイムを形成することが重要であった。それは公教育の基本的な前提を再定義したともいえ、教育改革の真摯な議論を成立させるためのパラダイムであるともいえる。

　ただし現実は、スミスとフィンの両者が述べるようには機能しなかった。インプット・プロセスが機能しなかっただけでなく、フィンが述べた単一で強いスタンダードの設定は道半ばで終わっている。次にオバマ (Barack Obama) 政権下の展開を考えたい。

3.　現実と修正

　オバマ政権では、ブッシュ政権下（第43代）の2002年に成立したESEAの再改定版であるNCLB法の改定期限が迫っていた。NCLB法の再改定の審議は2006年度議会以来からつづいていたが、合意できず、毎年度延長されつづけていた。それがオバマ政権の2期3年目となる2015年度でようやくESSAとして再改定された。2015年12月10日にオバマ大統領が法案に署名

するときに、「クリスマスの奇跡」と述べたように、2016 年度に行われる大統領選挙を前にし、大きな法案が通る見込みのある最後のタイミングであった (USA Today 2015)。そこでオバマ政権における ESEA の再改定の過程を追っていきたい。

　オバマ政権が就任してまもなく、NCLB 法の再改定に先鞭をつける政策として 2009 年の ARRA において RTTT と呼ばれる学力向上を目指す政策が実施された (北野秋男・吉良直・大桃敏行 2012)。

　RTTT 政策は連邦政府の教育改革のアジェンダに同意する州が申請を行い、最善の申請書を出した州に競争的資金が配分されるというものである。連邦政府による直接的に命令することは州権を侵害することになるので、あくまで競争的資金により政策の誘導を行おうとした。しかも、申請案に対する評価表を提示することで連邦政府の政策方針に合致する申請案を州に求め、連邦政府の政策の浸透を図った。3 回にわたる審査で最終的には、21 州とコロンビア自治区が RTTT 政策の競争的資金を獲得した。

　RTTT 政策が州に課している政策は 3 つある。一つは厳格なスタンダード・カリキュラムとアセスメントを設定すること、もう一つは能力の高い教員を確保すること、最後に、学力不振学区および学力不振校の是正政策を具体化することである。

　例えば、連邦政府は、数学と英語の 2 教科に「共通カリキュラム (Common Core Curriculum)」を設定し、アメリカ史上初めて準ナショナル・スタンダードを誕生させた。もちろん「共通カリキュラム」といってもガイドラインに留まり、最終的な判断は州に任されている。州のカリキュラムは「共通カリキュラム」を参照して独自に作られ、連邦政府が補助金を出している二つの認可団体である「大学と就職準備に向けたアセスメントのためのパートナーシップ (Partnership for Assessment of Readiness for College and Careers, 以下、PARCC とする)」と「スマーター・バランス・アセメント・コンソーシアム (Smarter Balanced Assessment Consortium, 以下、SBAC とする)」によって提供されるアセスメントとともに認定を受けて、州のスタンダード・カリキュラムとなる。

　さらに、明確になったカリキュラムとアセスメントを通して教員評価を行

い、「メリット・ペイ (merit pay：業績給)」の導入や、場合によっては「テニュア (tenure：終身雇用資格)」を剥奪する政策も導入された。学区・学校自体の介入政策も具体化され、学区が継続的に学力不振である場合は、州や「教育管理団体 (Education Management Organizations)」の管理下に転換され、学校が学力不振校である場合は「転換校 (turn around)」として教育効果を上げているチャータースクールなどに転換するという政策が進められた。

　NCLB 法でも同じように制裁処置が設定されていたが、親に学校選択をする権利が与えられるなどの政策が代表的なように実際にはあまり行われなかった政策もあった (ヘス・フィン 2007)。そのため RTTT 政策では、より具体的でラディカルな介入政策が求められた。

　オバマ政権下において、ダンカン (Arne Duncan) 教育長官で行われた改革を見れば、それが「共通カリキュラム」を通した教育内容のスタンダード化、作られたスタンダードに対する評価の厳格化、そして、教員の身分保障の撤廃であり、それを市場化という観点からみれば、教育市場におけるサービスの規格化、サービスを評価する指標の設定、そして、サービス提供に関わる規制の緩和といえる。

　しかしながら、連邦政府のラディカルな介入政策が政治的な信任が不安定なままに進められたために、厳しく批判され、連邦政府の ESEA の再改定の議論が停滞することとなった。

　2002 年に成立した NCLB 法の「全生徒を習熟レベルに到達させる」という政策目標の期限が 2012 年に迫っており、このままいけば多くの学校が政策目標を達成できずに「学力不振校」として認定されかねないという事態が生まれた。つまり、多くの州では厳格な基準が適用されれば州内の過半数の公立学校が「学力不振校」として認定されてしまうという問題がうまれていた。

　もちろん、NCLB 法の政策目標は当初から実現可能な目標ではないが、NCLB 法の再改定の中で修正される予定のものであったものが、修正されず、法的に矛盾を抱えることになった。そこで NCLB 法の要件を行政上の権限で、つまり教育省長官 (ダンカン) の権限で「免除 (waiver)」の認可をすることが提案された。その結果、各州から政策目標に代替する現実的な目標を各州が申

請し、教育省長官が許諾していくという「免除」申請が行われ、ワシントン D.C
と 37 州で承認されていった。

　そこで問題となるのは、議会での同意を得ずして政策が継続するだけでな
く、政策が RTTT 政策の競争的資金と NCLB 法の「免除」申請で変わってく
という点である。RTTT 政策による競争的資金と NCLB 法の「免除」申請は、
実質的には NCLB 法に代替する連邦政府の教育政策を州に求めている。

　オバマ政権の教育政策の最大の問題は、連邦教育省を中心とする行政官の
裁量権が大きくなり、州からの同意を取れなくなった点にある。マナ（Paul
Mana）が NCLB 法の成立時に「権威の借用」と表現した連邦政府と州政府の協
調的な政治基盤は、教育改革を実施したい州知事と連邦政府が利害を合致さ
せて成立したものであった（Manna 2006）。しかし、ダンカンを中心とする行
政官の独走は、この協調関係を崩し、連邦政府の教育政策への支持を危うく
するもであった。

　前述したとおり、RTTT 政策以降、「共通カリキュラム」が各州で作られ、
それを PARCC と SBAC の二つの団体がアセスメントを提供するとともに認
定されると述べたが、一時は 38 州が参加していたが、2015 年には 28 州ま
でになり、各州で再検討が行われている。「共通カリキュラム」についても、
2013 年の時点で「共通カリキュラム」が 45 州までに広がり、同意していない
州は 5 州だけとなったが（Smith 2013）、2015 年には 42 州となった。

　もともと RTTT 政策が進められた「共通カリキュラム」は、「全集教育長会
議（the Council of Chief State School Officers）」と「全米知事協会（National Governors
Association）」での議論を受けて、それを連邦政府が後押しするというプロセ
スで成立したものである（Rothman 2011）。オバマ政権が進めたというよりは、
ブッシュ（第 41 代）・クリントン・ブッシュ（第 43 代）と続く政権下で進めら
れた教育改革の到達点といえ、州からの同意を取り、「地方自治」の原則が
強く残るアメリカにおいても統一した準ナショナル・カリキュラムが作られ
たことは、連邦政府の教育政策への役割が変化しつつあるといえる。

　しかし、アセスメントの点においては、民主党は教員評価や一つの尺度で
測定することに反対であり、共和党も教育政策は州の自治領域であり、連邦

政府による介入であると反対していた。リーマンショック以降、民主党はより再配分政策を重視するグループと、共和党は「個人主義」と「草の根の保守主義」を掲げるティーパーティが台頭し、両党ともに妥協する余地がなくなり、党内が分断されていった。

　そして、両党ともに共通する点が、連邦政府の主導性への懐疑であった。2014年の11月に行われた中間選挙において、上院と下院の両方ともに共和党が過半数を確保すると、オバマ政権への批判が強まり、ダンカンの教育政策への疑問が噴出するようになった。2015年の1月の中間選挙後の連邦議会において、共和党の重鎮で教育小委員会の中心人物であるアレクサンダーは、今度の議会の中心争点は「州権主義」であると述べ、共和党の信条である地方自治の堅持を明確に主張するようになった。

　そして、2015年の10月に突然、ダンカンが辞意を表明したことにもあり、NCLB法の改定の議論は、皮肉にも「クリスマスの奇跡」と呼ばれるように両党ともにNCLB法における連邦政府の強制力を排除することで、合意することになる。オバマ政権側からみれば、オバマ政権中にどんな形にせよ、NCLB法を再改定させることに重点をおいたといえる。

おわりに：教育政策のアポリア

　平等で質の高い教育を実現するためには、社会経済的な構造改革が必要であるが、一方で、教育改善の道筋をつける必要がある。「体系的改革」にしろ、学校選択にしろ、それが教育改善に結びついているかという点が問題である。

　下の**図2-1**は、「全米学力調査（National Assessment of Educational Progress, 以下、NAEPとする）」の第4学年数学の1992年から2017年までの成績結果の推移である。評価尺度が500ポイントのところを、1992年〜2017年かけて20ポイント近く伸びていることがわかる。しかしながら、このことが教育改善となった言うことは難しい。1994年にIASAが成立し、2003年にNCLB法が成立してするまでは学業成績は上昇しているが、それ以後はほとんど変化がない。このことは介入的な政策が機能していると考えることは難しい。また、

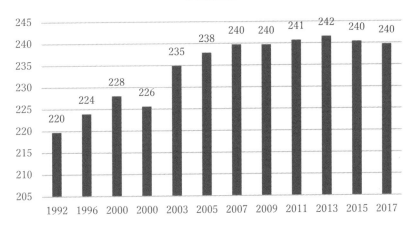

図 2-1 NAEP の結果

(出典) NCES (2019) より、筆者作成。

この間のリーディングのスコアの上昇は5ポイント程度であり (NCES 2019)、さらに各州が実施する各州テストの結果は NAEP とは相関しないばかりか、政策転換の際にテスト成績が上下する傾向がある (長嶺 2012)。

　教育政策にとっての課題は、誰もが平等で質の高い教育目的については同意できるが、それが、どのように実現するべきかについては明確な回答を持ちあわせていない。特に、ガバナンスの問題として、教育改善を促すような理想的なガバナンスの形には明確な答えは未だ見つけられていない。

　リベラル派シンクタンク「センター・フォー・アメリカン・プログレス」のブラウン (Cynthia G. Brown) は、「ESEA や ESSA は、この国の課題である教育の不平等を解決することはできない。それができるのは州教育制度の抜本的な改革のみである」と述べた (Brown 2017, 168)。ブラウンは、平等な教育を実現にするには、財政構造が州40％、連邦政府40％程度の負担とならない限り、実現が難しく、現状では、連邦政府が最低限できることは州の改革を促す財政的なインセンティブを与えることとして、連邦政府の役割を求めている。

　一方で、制度構造の問題は重要であるとしながらも、制度構造を変革する

ことは多大な政治的な障害を越えないといけないという制約の中で、共和党
の教育政策理念を支えたフィンは、現状の制度構造を変わることは現実的で
はないとして、教育改善の明確な方法がない中では結果責任を問いながら、
より良い手段を模索するしかないとして学力テストを問う制度設計を擁護し
ている（Finn 2017）。

　ブラウンの言説にあるように、平等な教育を実現するには州が責任者であ
り、連邦政府は補助的な役割を演じるにすぎないが、そのことは州の教育政
策への関心に依存する。その関心を方向付けるのであれば、連邦政府がアメ
リカにおける最も伝統的な価値観である「地方自治」に対して挑戦しなけれ
ばならないことを意味する。ただし、連邦政府の主導性が、教育改善に有機
的につながっているわけではない。

　1965年にESEAが成立することで連邦政府の関与が行われ、具体的には
一般補助金ではなく特定補助金として支出することで特定の分野に限定し、
「協力と拠出」の原則に基づき州と地方学区の財政支出を促すことで地方自
治を損なわないような配慮がなされた。

　しかし、自由裁量が認められたことによって、州と地方学区にとって自由
な予算として流用されてしまう恐れと、教育目的の政策に使用されない危惧
から「財政上アカウンタビリティ」が求められ、規制がかけられることになっ
た。同時に、補助金にかけられた規制を使って連邦政府が主導性を発揮し、
州と学区に人種統合教育を支援していく側面があった。

　その後、福祉政策の批判とともにESEA政策も批判されるようになり、
1984年の「危機に立つ国家」以降は教育の質が問題とされるようになった。
そこで登場するのがスミスの提示した「体系的改革」の理念である。「体系的
改革」は、教育の結果を問うことで政府間と政策間の有機的な連携を取るこ
とで、教育改善を引き出すメカニズムを作ることを目指すものであった。そ
のため伝統的な共和党と民主党の対立を超えて政策合意する可能性を作り、
ESEAはIASAとNCLB法の再改定を通して、全州にスタンダード・カリキュ
ラムを設定し、かつスタンダード・テストも実施し、その評価から教育改善
を作る目指す政策が成立・実施された。

表 2-3　連邦政府の制度構造・政策・機能

ESEA の時期区分		ESEA 成立前	ESEA 成立後：拡大期	
制度構造	財政年度	1959-60	1969-70	1979-80
	連邦	4.4	8	9.8
	州	39.1	39.9	46.8
	学区	56.5	52.1	43.4
政策手段		不介入	特定補助金	財政上のアカウンタビリティ
機能		特定分野に限定	指導的予算	

レーガン期	IASA 成立	NCLB 成立	ARRA 成立	ESSA 成立前
1989-90	1994-95	2002-03	2009-10	2013-14
6.1	6.8	8.5	12.7	8.7
47.1	46.8	48.7	43.4	46.2
46.8	46.4	42.8	43.9	45
一括補助金	体系的改革	効率的運用	競争と市場	州権主義への回帰
調整	共有された統治		競合・対立的関係	調整

(出典) 筆者作成。

　しかしながら、結果を取るアセスメントが現実の政策化されたときに、教育条件の議論や、教育改善の具体的な支援が忘れられ、「体系的改革」が批判されることになる。NCLB 法が施行され、批判される中でオバマ政権がARRA の中で RTTT 政策を成立させ、連邦議会の同意を得ずして、RTTT 政策による競争的資金によって政策を誘導していく新しい手法が実施された。
　RTTT 政策は「頂点への競争」として、もともと「底辺の競争」を改善する目的で作られたが、そもそも連邦政府には政策目標として教育目標を設定できるが、その教育改善の具体的な道筋は、州と地方学区が実施する。
　表 2-3 に整理したように、教育費における財政負担の割合をみると、連邦政府は ESEA 成立前に 4% であったものが、成立後は 8% 程度となるが、安定的に州と地方学区が 4 割から 5 割の間で負担し、ESEA 成立以降、この構造は変化していない。アメリカにおいて日々の教育実践を支える実態的な教育行政を担っているのは、今日でも地方学区である。地方学区が教育改善の

手段を得ることができないのであれば、改革の実現は難しい。そして、その地方学区に対して直接的に関与するのは州であり、その外側に連邦政府がいる。

　これまで明らかにしてきたことは、IASA、NCLB 法、RTTT 政策と変遷したが、その制度構造から現在も影響力は限定されているという点である。そもそも連邦政府の教育政策は無限定ではなく、あくまで教育内容に関与は間接的な手法によっている。このことは連邦政府には、教育政策を実施する際には州と地方学区の同意や支持がなければ政策が実施できないという基本的な構図は現在も維持されている。ESEA における「テスト・ガバナンス」が意味するのは、この構造下において展開されたものであり、その実態的な意味については冷静に判断する必要がある。

参考文献

OECD (2011) 渡辺良監訳『PISA から見る、できる国・頑張る国―トップを目指す教育』明石書店。

北野秋男・吉良直・大桃敏行編 (2012)『アメリカ教育改革の最前線：頂点への競争』学術出版会。

黒崎勲 (1989)『教育と不平等―現代アメリカ教育制度研究―』新曜社。

佐藤三郎 (1997)『アメリカ教育改革の動向』教育開発研究所。

佐藤全 (1973)「米国の教育課程法制―州憲法教育条項・州憲法の分析―」東北大学大学院教育学研究科『東北大学教育学研究年報』第 21 集、205-226 頁。

渋谷博史・前田高志編 (2006)『アメリカの州・地方財政 (アメリカの財政と福祉国家 2)』日本経済評論社。

志水宏吉 (2006)「学力格差を克服する学校―日本版エフェクティブ・スクールを求めて―」『教育学研究』73 巻第 4 号、14-26 頁。

長嶺宏作 (2012)「テネシー州におけるテスト政策の展開」北野秋男・吉良直・大桃敏行編『アメリカ教育改革の最前線：頂点への競争』学術出版会、91-106 頁。

鍋島祥朗 (2004)『効果のある学校』解放出版社。

ヘス・F・M、フィン Jr・C・F、後洋一訳 (2007)『格差社会アメリカの教育改革 (明石ライブラリー)』明石書店。

Brown, C.G. (2017) "From ESEA to ESSA: Progress or Regress?", Hess, F.M., and Eden, M. (Eds) *The Every Student Succeeds Act*, Harvard Education Press, pp.153-169.

Chubb, J. E. & Moe, T.M. (1900) *Politics, Markets and America's Schools*, Brookings.

Coleman, J.S.（1969）*Equal Educational Opportunity,* Cambridge, MA: Harvard University Press.

Cross, C.T.（2004）*Political Education,* Teachers College Press.

The Commission on No Child Left Behind（2007）*Beyond NCLB: Fulfilling the Promise to Our Nation's Children,* Aspen Institute.

Edmonds, R.（1979）"Effective Schools for Urban Poor", *Educational Leadership,* Vol.37（1）, pp.15-24.

Education of the Committee（1965）February 4th Thursday Subcommittee on Education of the Committee on Labor and Public Welfare, Washington, DC, 1965.

Finn, C.E.（2001）"Selective Reporting: Quality counts only sometimes in Education Week's signature report", *Education Next,* Fall, Vol.1, No.3, pp.69-73.

Finn, C.E.（2017）"From ESEA to ESSA: Fifty Fast Years", Hess, F.M., and Eden, M.（Eds）*The Every Student Succeeds Act,* Harvard Education Press, pp.171-185.

Johnson, L.B.（1965）*Statement by the President Following House Action on the Education Bill,* March 27, 1965.

Kantor, H. and Lowe, R.（2016）"Educationalizing the Welfare State and Privatizing Education: The Evolution of Social Policy", William J. Mathis and Tino M. Trujillo（Eds）*Learning from the Federal Market-Based Reforms,* Information Age Pub, pp.37-59.

Manna, P.（2006）*School's In,* Georgetown University Press.

National Center for Education Statistics（2019）*2017 Mathematics Grades 4 and 8 Assessment Report Cards: Summary Data Tables for National and State Average Scores and Achievement Level Results,*（https://www.nationsreportcard.gov/reading_math_2017_highlights/）

Peterson, P.E.（1995）*The Price of Federalism,* Brookings.

Rothman, R.（2011）*Something in Common,* Harvard Education Press.

Schwartz, R.B.（2003）"The Emerging State Leadership Role in Education Reform: Notes of a Participant-Observer", David T. Gordon（Eds）*A Nation Reformed?,* Harvard Education Press, pp.131-151.

Smith. L.（2013 July 8th）"Common Core Concerns", *CQ Weekly,* p.1155.

Smith, M.S. & O'Day, J.（1991）"Systemic School Reform", Susan H. Fuhrman & Betty Malen（Eds）*The politics of curriculum and testing,* Falmer, pp.233-267.

Smith, M.S. & Scoll, B. W.（1995）"The Clinton Human Capital Agenda", *Teachers College Record,* Vol.96, No.3. pp.389-404.

Smith, M.S.（2006）"What's Next: Our Gains Have Been Substantial Promising, But Not Enough", *Education Week,* January 5, pp.66-71.

Sunstein, C.R.（2004）*The Second Bill of Rights,* Basic Books.

USA Today（2015 December 10th）"The Every Student Succeeds Act vs. No Child Left Behind, What's changed", *USA Today, EST.*

第3章

米国のハイステイクスな学力テスト活用モデル
── 「人事直結型」教員評価の導入プロセスに着目して ──

髙橋　哲

---

1. アメリカの連邦制と教育権限

　本章の目的は、初等中等教育法 (Elementary and Secondary Education Act) の改正法として、2002 年にブッシュ (George W. Bush) 政権のもと制定された「どの子も置き去りにしない法 (No Child Left Behind Act, 以下、NCLB 法とする)」以降、米国における学力テスト政策が、如何にその「ハイステイクス性」を高めてきたのかを、学力テストの結果に伴う「制裁」(sanction) に着目して分析することにある。なかでも、NCLB 法以降、オバマ (Barack Obama) 政権下の「頂点への競争」(Race to the Top, 以下、RTTT とする) プログラム、および NCLB 法の「義務免除政策」(NCLB Waiver) のもと形成された「人事直結型」の教員評価の導入により、「制裁」の対象が学校レベルから教員個人レベルへと拡張されるプロセスに着目する。また、オバマ (Barack Obama) 政権の終盤、2015 年 12 月に制定された NCLB 法の後継である「すべての子どもが成功するための法 (Every Student Success Act, 以下、ESSA とする)」のもと、トランプ (Donald Trump) 政権がもたらしている教育政策への初期のインパクトについて検討する。

　周知のように、合衆国憲法修正第 10 条にもとづき、連邦議会の立法権限の対象とされていない教育権限は、各州政府と学区 (school district) に所在するものとされてきた (Johnson, 1969, 9)。これに伴い教員政策に関わる基本的制度もまた、教員の免許や身分保障、労働基本権に関わる基本事項が州法によって定められ、さらに具体的な教員の採用、評価、労働条件等は、各学区教育委員会に委ねられ、多くの場合、当該地域の教員組合との団体交渉を通じて

決定されてきたのである。一方、連邦政府の教員政策に対する本格的な関与は、1958 年に連邦法として制定された「国防教育法（National Defense Education Act）」を端緒とする。スプートニク・ショックによる国家的危機の認識のもと、理系分野の発展を国家政策として遂行する必要性から、当初は理科や数学の教育実践を刷新・向上させる施策として、これらの教科を担当する教員候補者の高等教育機関への奨学や斡旋が当初の連邦教育政策の主軸とされていた。また、1965 年に制定された連邦法である高等教育法（Higher Education Act）や初等中等教育法を根拠とする連邦政府の教員政策への関与もまた、教員養成機関への奨学や現職教員研修（professional development）への支援など、その内容は教師教育の促進、向上のための連邦補助金支出という捕捉的な施策であったといえる（Cohen-Vogel 2005, 24-25, Sykes 2009, 6-8）。

　ところが、2000 年代以降の連邦法改正に伴う教員政策は、それまでの外形的、補助的な連邦関与とは異なり、州や学区の教員政策に直接的に作用する点に特徴をみることができる。特に、2002 年の NCLB 法の制定以降にみられる教員政策への連邦関与は、連邦補助金を受給する条件として明示的な州、学区の義務を定め、学力テストにもとづく結果責任を伴う制度を構築してきたのである。明示的な教育権限を持たない連邦政府が、このような州や学区の教育政策に強大な影響力をもたらしてきた背景には、連邦補助金による誘導政策と、学力テストの結果に伴う「制裁」機能の強化が存在してきたといえる。そしてその制裁機能は、当初は学校レベルでの制裁であったものが、学力テストの結果を教員評価に活用することにより教員個人レベルへの制裁へと拡大され、そのハイステイクス性を高めてきたのである。この学力テストを教員評価の指標とし、教員の人事に活用する仕組みは、「人事直結型教員評価（high stakes teachers evaluation）」とも呼ばれており（Pogodzinski et al. 2015, Moran 2017）、学力テストのハイステイクスな活用モデルを象徴するものといえる。以下では、NCLB 法制定以降の連邦教育政策が、従来の教員法制を改変させながら、如何に「人事直結型教員評価」を導入してきたのかを検討したい。

2.　NCLB 法以降の連邦教員政策の変遷

(1) NCLB 法による「制裁」機能の形成——中央集権化政策の第 1 段階——

　2000 年代以降の米国の教育財政改革にみるならば、従来の州や学区を中心に形成されてきた教育政策に対して、連邦政府が補助金支出を通じて積極的に教育政策を誘導するという中央集権的特徴を示すに至っている。その第 1 段階となったのが、2002 年にブッシュ政権のもと、連邦初等中等教育法の改正法として制定された NCLB 法である。以下にみるように、NCLB 法は、州による学力スタンダードや州統一学力テストを中心とするアカウンタビリティ・システムを各州に義務付けるものであるが、これらの施策については、すでに、初等中等教育法の 1994 年改正法である「アメリカ学校改善法」(Improve America's School Act, 以下、IASA とする) においても連邦補助金の受給要件とされていた。しかしながら、IASA と NCLB 法との大きな違いは、州スタンダードにもとづくテスト結果への制裁措置に関して、前者が措置の内容を例示するにとどまり、具体的な措置内容については州の裁量に委ねられていたのに対して、NCLB 法においては、具体的な制裁措置に関する義務付けがなされたことにある (世取山 2004, 209；吉良 2014,42)。

　NCLB 法は、まず連邦補助金の受給条件として、州政府が学力スタンダードを設定し、州統一学力テストにおいて、すべての子どもが少なくとも「修得 (proficiency)」のレベルに達することを義務づけ、さらには、学校にその「結果責任」を負わせるという仕組みを形成した (20 U.S.C. §6311 (b) (2) (F))。州は、生徒が「修得」のレベルに達する各年度の目標値を「毎年の適切な進捗 (adequate yearly progress)」として設定するものとされており、2 年続けてこの進捗を到達できなかった学校には、制裁措置が施される。第 2 章に詳述されているように、制裁内容は、到達できなかった年数に応じて異なるが、要改善認定後 5 年たっても改善がみられない場合、「学校再建」(Restructuring) の措置が施され、当該学校のチャーター・スクールへの転換、教職員の配置転換などを含めた措置が義務づけられている (§6316 (b) (8) (B))。

　これらの制裁措置は、従来の米国における教員法制を構成していた団体

交渉にもとづく労働法制、あるいは、教員の身分保障制度である「テニュア (tenure)」からみた場合、重要な法的争点を構成するものとなっていた。NCLB 法のもとでの制裁措置は、教職員の強制的な配置転換を伴うため従来の団体交渉協約にもとづく人事上のルールを阻害する可能性がある。また、チャーター・スクールへの転換は、実質的に公立学校の統廃合に結実するため、教師の整理解雇 (lay off) にもつながる可能性がある。このため、NCLB 法上の制裁措置は、教員の労働条件を定めてきた団体交渉協約、あるいは、テニュア法上の身分保障規定と抵触するおそれがあったのである。実際に、2010 年 2 月にロードアイランド州のセントラル・フォールズ高校では、州統一学力テストの結果、同校が「最低成果校 (worst-performing school)」と認定されたため、所属する全教職員 93 名が解雇されるという事件が起こった (Aaron 2010, 6)。これらは、NCLB 法にもとづく制裁措置として行われものであるが、その後、解雇された教員は、教員組合との団体交渉により、学校の日数の延長や、夏期休暇中の研修への参加などを条件として同校に再雇用されるという措置がなされたのである (AP 2010, 4)。

　ここにみられるのは、テニュア法や労働法は、NCLB 法による「制裁」を実施する上で、これを阻む法律上の「壁」となっていたという事実である。NCLB 法による制裁措置を全面実施するためには、労働法、テニュア法などの「州法」の改正が必要となるが、独立した州政府によって制定されたこれらの立法に連邦政府は介入することができない。このため、これらの教員法制は、NCLB 法では乗り越えることのできない「州法の壁」として存在していたのである。ゆえに、この NCLB 法の導入による第 1 段階にあっては、その制裁機能を全面化するために、テニュア法や労働法によって形成されてきた「州法の壁」を如何に打ち破るのかが重要な政策課題とされていた。

(2)「頂点への競争」プログラムによる教員評価政策への重点化──第 2 段階──

　こうした中、「州法の壁」を乗り越えるべく実施されたのが、初期オバマ政権の目玉政策とされた RTTT プログラムである。RTTT プログラムとは、2009 年にオバマ大統領によって調印された「アメリカの再生・再投資法」

(American Recovery and Reinvestment Act) を根拠とするプログラムである。同法は経済の活性化や雇用対策の一環として、教育を含む重点領域への財政投入を目的として制定され、RTTT プログラムに 43 億 5000 万ドルを支出している。しかしながら、この連邦補助金は全ての州・学区に配分されるものではなく、競争的資金として導入された。すなわち、連邦教育省が点数化した「審査基準 (selection criteria)」を設定し、資金獲得を求める州は独自の改革プランをこの審査基準にもとづいて申請し、審査基準に示された諸政策の実施状況、ならびに、計画の具体性等が審査される。RTTT プログラムの資金は、この審査基準の達成度が高い上位州のみが受給できる資金とされたのである。

　資金獲得の申請は 2 回に分けられ、申請自体は州の自主的な判断に委ねられていた。にもかかわらず、第 1 回、第 2 回のいずれかに申請をおこなった州はワシントン D.C. と 49 州にのぼっている。2008 年のリーマンショックにより多くの州が財政危機に陥るなか、各州は連邦補助金獲得のための競争に自らを投じたのである。第 1 回審査においてはデラウェア州とテネシー州が、第 2 回審査においては、マサチューセッツ州やニューヨーク州など 10 州 (ワシントン D.C. を含む) が予算を獲得した[1]。

　RTTT プログラムの審査基準は 500 点満点で設定され、6 つのカテゴリーから構成されている。このうち教員関連カテゴリーは、D 項目「優れた教員と管理職 (Great Teachers and Leaders)」として 138 点 (全体の 28%) を配点されており、6 つのテゴリーの中で最大の配点がなされた。このことは、RTTT プログラムにおいて、教員関連施策が、最重要課題と位置付けられていたことを示している。

　さらに、教員関連カテゴリーには 5 つの中項目が設定されており、配点上、最も重視されているのが「D (2) 成果にもとづく教員と校長の効果 (effectiveness) の改善」の中項目で、カテゴリー全体の 128 点中、最大の 58 点が配点されている。さらに「(D) (2)」の項目には、以下のような小項目が設定され配点の詳細が示された。第一に、「各生徒の成長度 (student growth) を測るための明確な手段と指標を創設すること」(5 点)。第二に「生徒の成長度のデータを重要な要素として採り入れることで、教員と校長の効果を選別し、かつ、教員と

校長の参加のもとに計画された厳格かつ明白、公正な教員・校長の評価を計画し履行すること」(15 点)。第三に、「適時的かつ構造的な反証 (feedback) を含んだ教員と校長の一年ごとの評価を実施すること」(10 点) があげられる。そして、第四には、これらの評価を以下の教員の人事・処遇に活用することが求められており、小項目中で最大の 28 点が配点される。すなわち、学力テストの結果と結びつけられた教員評価の結果を、①教員と校長に受講させる研修・コーチング、②報酬・昇格・留任、③テニュアと正規免許状の付与の決定に活用すること、さらには、④評価の結果、「非効果的 (ineffective)」と判定された教員と校長を解雇すること、が求められている。そこでは、生徒の学力テストと教員評価を結びつけ、さらに、その評価結果を教員人事に活用することが求められたのである。

この連邦教育省が定めた審査基準のもと、各州は RTTT の資金を獲得するために、基準に沿った改革を矢継ぎ早に計画、実施してきた。第 1 回審査に申請した 41 州のうち、33 州が審査基準にもとづき、教員評価と生徒の学力テスト結果を結びつける計画を提出した。さらに 11 州では、教員評価、テニュア付与の判断において学力テストを活用することを義務づける立法が制定された (Learning Point Associates 2010, 3)。RTTT 資金をめぐる競争により、多くの州が教員評価、テニュア関連の立法改正を行ったため、資金獲得の如何に関わらず、連邦教育省が求める体制づくりが全州的に実施させたのである[2]。その意味で、RTTT プログラムは、従来の教員法制を形成してきた「州法の壁」に風穴をあける機能を果たしたといえる。しかしながら、RTTT プログラムにおいてもなお、その連邦資金が臨時立法を根拠していたことから、継続的に各州に改革を実施させるためには、恒常的な連邦補助金による誘導が必要となっていた。その中で実施されたのが、以下にみる「義務免除」政策であった。

(3) NCLB 法の「義務免除」政策による教員評価政策の強化──第 3 段階──

各州に教員評価制度改革を促進させる決定打となったのが、中央集権化施策の第 3 段階にあたる「義務免除」政策 (NCLB Waiver) である。先にみたように、NCLB 法は、2013-2014 年度の終わりまでに、全ての子どもを各州スタンダー

ドにおける「修得のレベル」に到達させることを連邦補助金の受給条件としていた。しかしながら、当然にして、この条件を満たせる州は一つも存在しなかった。このため、NCLB 法 9401 条により連邦教育省長官に与えられた「特定条項を免除する権限」にもとづき、州政府、学区の NCLB 法上の義務を免除する仕組みとして義務免除政策が実施されたのである。しかしながら、この義務免除は無条件に付与されるものではなく、連邦教育省が義務免除のための条件をあらかじめ示し、各州政府が自主的にこれを申請するという方式がとられた。連邦教育省の正式発表では 2013 年 9 月 27 日までに、43 州とワシントン DC が義務免除を申請し、承認されたことが示されている。

　この連邦政府が義務免除の条件を示したのが、2011 年 11 月 23 日に公布された『ESEA Flexibility』である（その後、2012 年 6 月 7 日に改訂）。これにより、連邦教育省が示した「原則 (Principles)」に沿って、教育改革の遂行可能性を示した州のみが義務免除を与えられることとなった。この義務免除を受けるための条件とされたのが、以下の 4 つの「原則 (Principles)」である (U.S. Department of Education, 2012)。

　第一原則が、「全ての生徒が大学・就職への準備教育を完了 (College-and Career-Ready) することの保障」であり、それを満たす「大学・就職への準備教育を完了するスタンダード」を設置することが求められており、その定義として、「多くの州において共通 (common) のスタンダード」であることを掲げている。ここでは、全米知事協会 (National Governor Association) と全米州教育長協議会 (Council of Chief State School Office) によって作成された「州共通コア基準 (Common Core State Standard)」の採用が求められており、それは実質的に全米統一のナショナル・カリキュラムを構築する試みであったといえる。第 2 原則が「州が開発する差異化された承認 (recognition)、アカウンタビリティ、支援」であり、「最もパフォーマンスの高かった学校への報奨 (rewards)」と、逆にパフォーマンスに問題を抱えた学校に「学校転換の原則 (turnaround principle)」を適用し、3 年間の介入措置 (intervention) を行うことが条件とされている。NCLB 法のもとでは、学力テストの結果に関して、「制裁」措置のみが義務付けられていたのに対して、義務免除政策ではパフォーマンスの高い学校に「報

奨」措置の実施が条件とされたのである。そして、第三の原則とされたのが「効果的な教育活動とリーダシップへの支援」である。以下にみるように、義務免除を受けるための条件として、RTTT と同様に各州で教員評価制度を構築することが求められた。第四の原則が、「重複する負担や不必要な負担の軽減」で、州政府が、学区や学校に課せられた負担を軽減するための調査、および必要な措置を講ずることが求められている。

　本章の主題とする教員評価との関連において注目すべきは第三原則である。そこでは、以下の要素を含んだ教員評価を開発し実施することが求められている。すなわち、①実践の継続的改善を行うこと、②評価結果にもとづいて、少なくとも三段階の評定を設けること、③全ての生徒の成長度(student growth)を主要素(significant factor)とする多面的評価を利用すること、④定期的な評価を行うこと、⑤適時のフィードバックを提供すること、⑥人事上の決定における情報として評価結果を利用することが求められている。州はこれらのシステムのガイドラインを作成、採用し、学区はこのガイドラインに沿った教員評価を履行しなければならない。義務免除条件の第三原則では、教員評価と学力テストを結びつけ、評価結果を教員人事に活用するという RTTT プログラムにおいて強調されていた「人事直結型教員評価」の枠組みが、義務免除の条件として継続されたのである。

　このように、義務免除政策においては、上記 4 つの「原則」が連邦補助金受給の条件とされた。しかしながら、これらの原則の履行状況に対する連邦政府の監視には、濃淡のあったことが指摘されている。すなわち、連邦政府は、特に、教員評価に関する第三原則の履行について最も厳格な対応を行ったのである。連邦教育省のモニタリングにより、原則の履行が芳しくない州に対しては、義務免除の取消し、ないし、取消しの可能性があることが宣告される。実際に義務免除が取り消されたワシントン州では、教員評価の実施にあたり、学区が州統一学力テストのみではなく地域のテストも活用できることを許可していることが取消し措置の理由とされた。その他、カンザス州、オレゴン州、アリゾナ州が義務免除取消しの可能性を宣告されたが、いずれも第三原則の教員評価が事由とされていた(Klein and Ujifusa 2014, 28)

　こうしたなか、義務免除政策以降の各州の教員評価政策の調査によれば、2015年までに、教員評価に生徒の学力テストの結果を結びつける州が43州、さらに、評価結果をテニュア付与の判断に活用する州が23州、「非効果的 (ineffective)」の評価結果の教員の罷免事由として州法に定める州が28州となったことが報告されている (Doherty & Jacobs, 2015, 6)。「頂点への競争」プログラムが臨時立法を根拠とし、一時的かつ付加的な補助金であったのに対し、義務免除政策は、連邦補助金本体の受給の可否に直結するため、各州に対してより強制力を持つものであったことが伺える。

(4) 州政府による学区への教員評価政策——第4段階——

　上にみられるように、連邦政府は RTTT プログラム、NCLB 法の義務免除政策を通して、教員評価に学力テストを活用し、さらにその評価結果を人事に結び付けるという「人事直結型」の教員評価を各州政府に促してきた。このような連邦教育省の補助金誘導施策のもと、各州政府は、各学区に州統一の教員評価システムを実施させるために、州補助金の受給条件を設定するという、中央集権化の「第4段階」ともいえる動向を示したのである。

　その一つであるニューヨーク州では、2015年4月に「州教育刷新法」(Education Transformation Act) が 2015-2016 年度予算の一部として制定され、各学区が以下の条項に定める教員評価を実施することが、州教育補助金を受給する条件とされた (N. Y. Cons. Law Serv., Art. 62, §3012-D (1))。

　そこでは第一に、学区における教員と校長の年次評価 (annual evaluation) が、「昇給、昇格、テニュアの付与、免職その他の給与に関する雇用上の決定を行う上での主要素となるものとする」と人事上の措置への活用が義務づけられた (§3012-D (1))。その上で、評価結果を①「特に効果的 (highly effective)」、②「効果的 (effective)」、③「成長段階 (developing)」、④「非効果的 (ineffective)」の4段階に評定することが義務付けられた (§3012-D (3))。また、教員の評価手法は二つのカテゴリーによって構成され、第一カテゴリーが「生徒の成果」で、州統一学力テストの対象とされる学年と教科の教員に関しては、テスト結果にもとづいて提供される「生徒の成長度 (student growth)」を活用することが義

務付けられている。州学力テストの対象でない教員は、「生徒学習目標」(student learning objectives) を設定し、これに基づいて生徒の成長度を測定するものとされた[3]。第二カテゴリーは「教員観察 (teacher observation)」とされており、校長やその他の教員、あるいは、訓練を受けた評価者による観察が義務付けられている (§3012-D (1) (A) - (B))。

　これらの教員評価のもと、評価結果は新任教員のテニュア付与の判断に活用することが義務づけられており、4 年間の試用期間を経てそのうち少なくとも 3 年連続で評価結果が「特に効果的」ないし「効果的」でなければならないとされた (§2509 (2))。さらに、同法においては、テニュアを取得する前の教員については、如何なる時でも、学区教育委員会の過半数の投票により解雇できることが明示された (§2509 (1))。また、テニュアを所持する教員においても、2 年間連続で評価結果が「非効果的」であるとされた場合、免職の「正当事由 (just cause)」となると定められた。さらに 3 年連続で「非効果的」とされた教員に対しては、学区に免職手続きのための訴追を義務づけ、当該教員は評価手続きの不正が立証されない限り、この訴追を覆すことができないと明示されたのである (§3020)。

　このように、ニューヨーク州では、連邦教育省によって促された「人事直結型教員評価」を、州内の学区に実施させる手段として州教育補助金の受給条件が設定されたのである。ここには、教員評価政策をめぐる連邦―州―学区という上意下達の集権化傾向をみることができる。ローカルコントロールを教育政策の大原則としてきた米国において、連邦政府を中心とする教育政策によって「人事直結型教員評価」が構築されてきたのである。このような連邦補助金を通じた「人事直結型教員評価」の導入は、NCLB 法のもとで形成された連邦教育省主導の中央集権化政策と学力テストのハイステイクス性を象徴するものであったといえる[4]。

3. 新初等中等教育法（ESSA）における教員法制改革

(1) ESSA のアカウンタビリティ条項

　第2章で示されたように、初等中等教育法の最新改正法である 2015 年 12 月 15 日に制定された「すべての子どもが成功するための法（ESSA）」は、連邦政府の中央集権化政策を促してきた NCLB 法への批判を背景として制定された。実際に、同法においては州政府の教育権限を重視する傾向がみられるため、これを教育における「州権限の復権」（Rebell 2016）とする評価や「学校の評価を州の監督下に戻そうとするもの」（末藤 2017, 168）と位置付ける向きもある。本節では、ESSA のアカウンタビリティ条項、教員関連条項を分析し、さらに、ESSA 制定直後の各州における教員評価関連法の改正動向をみることで、ESSA の法的特徴を検討したい。

　NCLB 法から ESSA への移行にともない、各州は ESSA を遵守するための州プランを策定の上、これを連邦教育省に提出し、承認を得てこれを施行する[5]。ESSA においては旧法と同様に、①州による挑戦的な学力スタンダードの策定義務（20 U.S.C. § 6311 (b) (1) (B)）、ならびに、②このスタンダードに基づく国語（reading）、数学、科学の州統一学力テストの実施義務が課せられている。なお、国語と数学は、旧法と同様に第3〜8学年で毎年、および、高校において1回、科学は第3〜5学年、第6〜9学年、第10〜12学年にそれぞれ1回実施することが義務づけられている（§ 6311 (b) (2) (B)）。

　ESSA が旧法と大きく異なるのが、テスト結果をめぐるアカウンタビリティの仕組みである。先にみたように、NCLB 法においては、毎年の適切な進捗目標（AYP）が設定され、最終的に 2014 年までに全ての子どもが学力テストの結果において適性のレベルに達することが義務づけられていた。また、この毎年の進捗目標を達成できなかった学校には、「学校再建」などの制裁措置が義務づけられていた。これに対し、ESSA においては、この進捗目標の到達義務が削除され、代わりに、「長期目標」（long-term goals）と「中途進捗」（interim progress）を州政府が独自に策定する義務が課せられている（§ 6311 (c) (4) (A)）。

　長期目標は、学力到達度と高校の卒業率をもとに設定される（§1111 (c) (4) (A) (i)）。また、長期目標と中途進捗を測るために、以下の4つの指標を設定することが義務づけられている。第一に、旧法と同様の「学力到達度」（academic achievement）で、州統一学力テストにもとづく適性にどれだけの生徒が達しているかが求められる。第二に、学力テストを用いたその他の指標で、これも旧法のもと RTTT プログラム以降に求められた生徒の成長度（student growth）や学校のパフォーマンスの差異を示す指標がこれにあたる。第三が「英語の適性」で、英語の言語能力が十分でない子どもたちがどれだけ適性レベルに達したかが問われる。第四に、学校の質、生徒の成功を示すその他の指標、たとえば、生徒の学校参加や学校環境の改善などのうちから1つを設定することが義務づけられている（§6311 (c) (4) (B)）。

　また ESSA においては、学校の生徒構成に注目した制裁措置が設けられている。旧法と同様に、ESSA は、①経済的不利な立場にある生徒、②特定の人種・民族の生徒、③障がいのある子ども、④英語学習者の4つの「特定グループ（subgroup）」を設けることが義務づけられている（§6311 (c) (2)）[6]。ESSA においては、これらの指標、および特定グループにもとづいて、制裁措置の対象となる学校が認定される。ただし、旧法においては要改善と認定された学校への具体的制裁措置が定められていたのに対し、ESSA においてはこれらの義務づけ規定が削除された。さらには、連邦教育省長官が、連邦教育省規則や義務免除条件を策定し、州の設定するアカウンタビリティの仕組みに介入することを明示的に禁止している（§6311 (e) (1)）。

　ESSA においては制裁措置について以下のような二種類の措置が定められている。第一に、州全体の下位5%の学校を対象として行われる「包括的支援・改善（comprehensive support and improvement）」の実施である（§6311 (d) (1)）。是正措置の内容は、州と学区に委ねられており、当該学校の所在する学区は、対象学校の改善計画を策定、履行しなければならず、また、学区は、包括的支援・改善の対象に認定された学校の生徒を他の公立学校に転校させることができる（may）と定められている。

　第二に、既述の特定グループの生徒集団の一つが、成績下位5%、あるい

は、継続的成績不振であることが認定された学校に実施される「集中的支援・改善 (targeted support and improvement)」の実施である (§6311 (d) (2))。包括的支援・改善と同様に、対象となる学校を州が学区に告知し、学区から告知を受けた学校は、学校レベルでの改善計画を策定、履行しなければならない。なお、上記のいずれかの措置を執ったにも関わらず、4年以内に改善がみられない場合は、「介入措置の履行など、州が決定するより厳格な措置 (more rigorous State determined action)」を行うことが義務づけられている。

　このように、ESSA を旧法と比較した場合、州スタンダードの策定、アカウンタビリティ構築における州、学区の大幅な裁量拡大をみることができるため、ESSA の分権的性格をみることも可能である。しかしながら、学力スタンダードを策定し、また、州統一学力テストを実施することは依然として州政府に義務づけられている。成績不振となった学校を対象とする制裁措置に関する義務づけは削除されたものの、それらはあくまで NCLB 法のもとで構築された仕組みを禁止するものではなく、州や学区の裁量のもとに同様の制裁措置を実施することは可能となっている。実際に、ESSA の制定後も多くの州においては、旧 NCLB 法のもとで構築された制裁措置がそのまま多くの州で継続されていることが指摘されている (Klein and Ujifusa 2017, 17-18)。

(2) ESSA の教員関連条項

　一方、教員評価において注目されるのは、教員の「効果 (effectiveness)」概念が、ESSA においては法律上の条文に「格上げされた」という点である。これらの教員「効果」概念は、RTTT プログラム、および、「義務免除」政策における連邦教育省の行政文書上の用語であり、学力テストの結果と教員評価を結びつける用語して使用されてきた。これが ESSA においては、連邦法上の文言となったのである。

　この「効果」概念は、ESSA の「タイトルⅡ」に明記されており、そこではタイトルⅡ補助金の目的として、「学校における生徒の学力到達度を改善するのに効果的 (effective) な教員、校長、その他の学校管理職の数を増やすこと」((20 U.S.C. §6601 (3))を掲げている。これをもとに、州政府と学区の「努力義務」

として、以下のように、「効果」概念にもとづく教員評価制度を策定することを定めている。

　第一に、州政府に対しては、「この条項の補助金を受領する州は、……以下の一つ、あるいは、それ以上の措置を行うために資金を活用することができる（may）」とした上で、その施策の具体例として、「教員、校長、その他の学校管理職の免許、免許更新、あるいはテニュア・システム、養成プログラムの基準と認可過程の改善」、ならびに、学区が「生徒の成長度（student growth）を含めた生徒の学力到達のエビデンスにもとづく教員、校長、その他の管理職の評価・支援システムを策定、履行するための支援の策定、改善、援助」をあげている（§6611 (c) (4) (B)）。第二に、タイトルⅡ補助金を受給する学区が措置すべきプログラムとして、「以下のものを含めることができる（may）」としながら、その一つとして「厳格、かつ、可視的で公正な、教員、校長、その他の学校管理職のための評価・支援システムを策定、改善すること」を掲げ、その評価にあたっては「生徒の成長度（student growth）を含めた生徒の到達度に関するエビデンスにもとづいていること」という例示がなされている（§6613 (b) (3) (A)）。

　なお、アカウンタビリティの条項と同様に、各州、学区の策定する教員評価に関して、連邦政府が過度な介入を行うことについて禁止し、「この条項は、長官、あるいはその他の連邦政府の役員、職員が以下のものを命令、指示、コントロールするものとして解釈されてはならない」とした上で、その第一として「教員、校長、その他の学校管理職の評価システムの要素を策定、改善、履行すること」を掲げている（§6611 (e) (1)）。

　このように、NCLB法がアカウンタビリティや制裁措置に関して、「しなければならない（shall）」としていたのに対し、ESSAにおいては教員評価に関して「できる（may）」規定とし、また、具体的な評価制度の策定等において、連邦教育省が実質的なコントロールを行う事を禁止している。一方で、これまで、NCLB法の本体には存在しなかった教員の「効果」概念が法文上明記され、タイトルⅡ補助金の対象となる具体的な施策として「生徒の成長度」にもとづく教員評価が例示されるなど、RTTTや義務免除政策によって促さ

れてきた「人事直結型教員評価」の枠組みが残存しているともみることができる。

(3) ESSA のもとでの各州教員評価法制改革の動向

①各州の動向

このような法構造をもつ ESSA の制定後、各州における教員評価関連の州法がどのように変化しているのかを、同法制定直後に教員評価関連法を改正した州の動向をもとに検討したい。以下では、全国州議会協会 (National Conference of State Legislatures)、および、州教育審議会 (Education Commission of the States) のデータベースをもとに 2017 年 5 月 31 日現在にまでに、教員評価関連の州法を改正した事例の分析を行う。この間、12 州が教員評価関連の州法を改正しており、うち 8 州が、教員評価における学力テスト結果の活用手法を変更している。ジョージア州 では教員評価における学力テストの占める割合が 50％から 30％に (Act No. 529)、ルイジアナ州では 50％から 35％に縮減されている (Act No. 504)。また、ユタ州では、州が策定するガイドラインに、学力テストを教員評価に活用することを禁じるよう明記することが法定された (HB 201)。ノースカロライナ州とユタ州では教員の評価者に対する研修義務が追加されており、授業観察による教員評価を重点化するための法改正がなされている。このように、多くの州において教員評価への学力テストの活用を緩和し、授業観察などの手法を重視する法改正が行われている。

一方で、教員評価を人事に活用することに関して法改正をしている州は 1 州に過ぎない。オクラホマ州では、教員評価の人事活用に関して、当初は、評価結果が非効果的 (ineffective) の評定を受けた教員は免職されるとしていたが、これに但し書きが加えられ、「教育長の勧告 (recommendation) と学区教育委員会の承認のもとに当該教員の雇用を継続することができる」(HB 2957 §6-101.22 (c) (1)) とし、教員評価に基づく免職措置を緩和する法改正がなされている。このように、教員評価における学力テストの活用について、法改正を行う州が多数存在する一方で、評価結果と人事への結びつけは少数に留まっていることがみられる。

②ニューヨーク州の事例分析

　また、ESSA 制定後、法改正を伴わない形で、教員評価の変更を行った州もある。ニューヨーク州では、ESSA 制定後も、先述の州教育刷新法が継続され、2015-2016 年度より「生徒の成長度」の活用が 40％、授業観察が 60％を占めるものとされていた。これに従い、ニューヨーク市学区では、「生徒の成長度」の 40％のうち半分（20％）が州統一学力テストによって、残り半分（20％）が市の実施するテストによることが予定されていた（New York City Department of Education 2016, 2）[7]。

　ところが、州統一学力テストの教員評価への活用に関して、2015 年 12 月に州教育委員会（Board of Regent）が、「一時留保」（moratorium）を公布し、州法上義務付けられていた国語（English language arts）と数学の州統一学力テストの教員評価への活用を 2019-2020 年まで延期する措置を行った。この州の措置を受けて、各学区は、州統一学力テストに代わり生徒の学力を測定するツールを学区ごとに選択することが求められたのである（Clukey, 2015）。この「一時留保」を受けて、ニューヨーク市学区では、教員組合との団体交渉が行われ、学力テストの活用について修正が行われた。同学区では、従来と同様に教員評価を授業観察によって測定する「教員実践指標」（Measurement of Teacher Practice）と学力テストによって測定する「生徒学習指標」（Measurement of Student Learning）の二つを構成要素とするが、それぞれのパーセンテージを排し、両者の総括評価によって最終的な評定を決定するとしたのである。さらに後者については、国語と数学の州統一学力テストの義務づけがなくなったことに伴い、「生徒学習指標」の対象となる学力テストを学校ごとに、州、市学区、あるいは、民間等の第三者が提供するテストから選択し、教員評価に活用するものとされた（New York City Department of Education 2017, 5）[8]。

　このように、ニューヨーク州では、州法の改正がなされぬまま、州教育委員会の行政措置により、州統一学力テストの教員評価への活用義務が留保されるという措置がとられた。このような州法と運用の「ねじれ」状況のもと、ついに 2019 年 1 月には州法本体の法改正が行われた。この法改正により「第

3 学年から第 8 学年までの国語と数学の州統一テスト、あるいは、その他州が策定し運用するテストは、教員、あるいは、校長の評価を判定する上で、活用を義務づけられてはならない」(N. Y. Cons. Law Serv., Art. 62, §3012-D (12) (a)) という条文が新設され、上記の「一時留保」が恒久化されたのである。さらに、「教員、あるいは、校長の評価におけるアセスメントの選択、活用については、……団体交渉事項とする」として、教員評価に如何なる学力テストを活用するのかは、各学区教育委員会と教員組合との団体交渉に委ねられることが明記された (§3012-D (12) (a))。

　このように、ESSA 制定直後に多くの州でみられたのと同様に、ニューヨーク州においても、州統一学力テストの教員評価への活用に関して、一定の後退現象がみられる。また、「生徒の成長度」に活用される学力テストの選択が、教員組合との団体交渉に委ねられ、各学校の裁量が高められたように、教員組合の復権ともいえる動向をみることができる。他方で、ニューヨーク州においても、先にみた教員評価と教員の人事の結びつけについては、変更されておらず、依然として「非効果的」とみなされた教員が解雇の対象なる制度構造はそのまま引き継がれている。その意味で、学力テストの活用をめぐる教員評価の「手法」についての変化はみられるものの、「人事直結型教員評価」はそのまま維持されている。ESSA においては、学力テストの教員評価への活用の程度は各地域の政治力学によって今後も変化する余地が大きいと考えられるものの、州統一学力テストの実施義務は依然として維持されていることから、テスト結果を活用する制度枠組みもまた維持されているといえる。それゆえ、ESSA によって与えられた州、学区の裁量は、「枠づけられた裁量」とみることもできよう。

4.　おわりに——ESSA のもとでの教員政策の展望——

　以上にみられるように、アメリカの学力テストをめぐるハイステイクス性は、テスト結果に伴う制裁措置の強化、拡充という形で高められてきた。具体的には、NCLB 法のもとで州政府と学区に義務づけられてきた学校レベ

ルの制裁措置が、RTTT プログラム、義務免除政策を通して、教員個人レベルへと拡大され、「人事直結型教員評価」の導入によりそのハイステイクス性が強められてきたのである。一方、2015 年にオバマ政権の終盤に制定され、トランプ政権のもとで運用されている ESSA においては、テスト結果への制裁措置をめぐる州政府、学区の裁量拡大がみられ、また教員評価の実施についても「できる」規定にとどまり、同法の制定後、教員評価の「手法」や学力テストの扱いをめぐり、各州で変更が加えられている。これらをもとに、NCLB 法から ESSA への移行を「州権限の復権」と評することは的を射ているといえる。

　しかしながら、ESSA のもとでも学力テストの実施については依然として厳格な義務付けがなされたままとなっており、州や学区の「裁量」としてNCLB 法下と同様の厳格な制裁措置を継続することは可能となっている。さらには、RTTT プログラムや、義務免除政策によって構築されてきた教員の「効果」概念は、ESSA によって連邦法上の法文に格上げされており、関連する教員評価条項は「できる (may)」規定であるものの、タイトル II 補助金の受給条件とされていることから、旧法において形成された教員評価制度が継続されることも考えられる。その意味で、ESSA もまた、NCLB 法のもとで形成された中央集権的側面を、特に教員評価をめぐり残存させているとみることもできる。このことは、教員評価の「手法」が多様化する一方で、評価結果を教員の処遇に結び付ける「人事直結型教員評価」が依然として継続されているという実態からもみることができる。このため、「人事直結型教員評価」の継続性という側面をみる限り、ESSA は RTTT プログラムや、義務免除政策の内容を連邦法の本文に取り入れ、これを恒常化するという側面を有しているとみることができる。

　ESSA の制定は、果たして「州権限の復権」といえるのか、それとも NCLB 法の中央集権的構造を継続しているのかについては、「枠づけられた裁量」のもとに各州、学区が如何なる施策を展開しているのかをもとに評価されなければならない。教員評価を通じて学力テストのハイステイクスな活用モデルを展開してきた連邦教育政策が、ESSA とそこで実施される各州、学区の

施策を通じて如何に変化しているのか、トランプ政権後の関連政策の動向と併せて継続的に検証される必要がある。

注

1　その後、追加予算により第 2 申請の最終選考に残った 9 州を対象とする第 3 申請により、さらに 7 州が予算を獲得した。

2　これら RTTT プログラムにいたる連邦教員政策の詳細、ならびに、RTTT の資金が得られなかった州でも同様の教育改革が遂行されたミシガン州の事例分析については、髙橋 (2012)、及び篠原 (2018)。

3　ニューヨーク州教育省の例示によると、たとえば州統一テストの対象とされていない小学校 1 年生の国語に関しては、地域の学力テストを活用し、「第 1 回テストにおいて 26-49 ％の得点であった生徒が、第 2 回テストにおいて 65 ％の得点となる」などが具体的目標例として示されている (New York State Education Department, "New York State Student Learning Objective (SLO): ELA, 2nd Grade"〔https://www.engageny.org/resource/student-learning-objective-samples-from-new-york-state-teachers-2012-13, 2019/10/9〕)

4　これら連邦教育省主導の政策とは異なり、教員の専門性向上を主眼とする形成的な教員評価が構築されているミネソタ州の事例については、藤村 (2017) を参照。

5　州プランの審査にあたっては、教育行政関係者や学校教員等が審査にあたるとされているが、後にみる教員評価に関する条文を含めたタイトル II については、連邦教育省職員が管轄するとされている (U.S. Department of Education, 2017)。

6　このうち、④のカテゴリーが、「英語の適性が十分でない子ども」(limited English proficiency) から「英語学習者」(English learners) にされたことにより、法律上、バイリンガル教育が後退したことについては、髙橋 (2020, 71)。

7　2014 年までのニューヨーク州、ニューヨーク市学区の動向、および、以下にみる「一時留保」の背景については、末藤 (2016、2017) に詳しい。

8　このような制度枠組みが実施された 2016-2017 年度において、たとえば、ニューヨーク市第 5 学区に所在する市立 Ralph Bunche 小学校 (P.S. 125) では、州が提供する理科 (science) の学力テストが、担当学年や担当教科に関わりなく、すべての教員の「生徒学習指標」として活用されているとの証言が得られた。また、同校での授業観察については、すべて校長が評価者となって実施されている (Ralph Bunche 小学校 Reginald Higgins 校長へのインタビュー：2017 年 10 月 23 日実施)。

参考文献

吉良直（2012）「アウトカム重視への政策転換―1989 年教育サミットから 2002 年 NCLB 法まで―」北野秋男・吉良直・大桃敏行編著『アメリカ教育改革の最前線―頂点への競争―』学術出版会、35-51 頁。

篠原岳司（2018）「アメリカの教育政策の今日的展開から考える教育の正統性の問題」『日本教育政策学会年報』第 25 巻、81-89 頁。

末藤美津子（2016）「ニューヨーク市の教員評価制度の現状と課題」『東洋学園大学紀要』第 24 号、149-161 頁。

末藤美津子（2017）「ニューヨーク市の教員評価制度―テスト政策とのかかわりから―」『東洋学園大学紀要』第 25 号、165-175 頁。

髙橋哲（2012）「NCLB 法制下の連邦教育政策と教員の身分保障問題」北野秋男・大桃敏行・吉良直編『アメリカ教育改革の最前線―頂点への競争―』学術出版会、145-160 頁。

髙橋哲（2020）「『内なるグローバル化』による日本型公教育の揺らぎ」大桃敏行・背戸博史『日本型公教育の再検討―自由、保障、責任から考える―』岩波書店、63-87 頁。

藤村祐子（2017）「ミネソタ州の『形成的』教員評価制度の構築過程とその特徴」『教育制度学研究』第 24 号、46-59 頁。

世取山洋介（2004）「アメリカ新自由主義教育改革における教育内容基準運動と『サンクション』としての学校選択」堀尾輝久・小島喜孝編『地域における新自由主義教育改革』エイデル研究所、199-220 頁。

Aaron, Dakarai I. (2010) "Mass Firing Plan in R.I. Sparks Debate on Turnarounds," *Education Week*, Vol. 29, No. 24.

AP (2010) "R.I. Board Backs Off Firing: Teachers Keep Their Jobs," *Education Week*, Vol. 29, No. 33.

Clukey, Keshia (2015) "After Test Score Moratorium, School Districts Retool Teacher Evaluations," Politico New York (https://www.politico.com/states/new-york/albany/story/2015/12/after-test-score-moratorium-school-districts-retool-teacher-evaluations-029509, 2019/10/9).

Cohen-Vogel, Lora (2005) "Federal Role in Teacher Quality: "'Redefinition' or Policy Alignment," *Educational Policy*, Vol. 19, No. 1., pp. 18-43.

Doherty, Kathryn M. & Jacobs, Sandi (2015) *State of the States 2015: Evaluating Teaching, Leading and Learning*, National Council on Teacher Quality.

Johnson, George (1969) *Education Law*, Michigan State University Press.

Klein, Alyson, and Ujifusa, Adrew (2014) "First Wave of ESSA Plans Gives Early Look at State Priorities," *Education Week*, Vol. 36, Iss. 27.

Learning Point Associates (2010) *Evaluating Teacher Effectiveness: Emerging Trends Reflected in the*

State Phase 1 Race to the Top Application.

Moran, Renee M. R. (2017) "The Impact of a High Stakes Teacher Evaluation System: Educator Perspectives on Accountability," *Educational Studies*, Vol. 53, No. 2, pp. 178-193.

New York City Department of Education (2016) *Advance Guide for Educators 2015-2016.*

New York City Department of Education (2017) *Advance Guide for Educators 2016-2017.*

Pogodzinski, Ben, and Umpstead, Regina and Witt, Jenifer (2015) "Teacher Evaluation Reform Implementation and Labor Relations," *Journal of Education Policy*, Vol. 30, No. 4, pp. 1-22.

Rebell, Michael A. (2016) "The New Federal ESSA Statute: A Step Backward for Fair School Funding," (https://educationalequityblog.org/2016/01/25/the-new-federal-essa-statute-a-step-backward-for-fair-school-funding/., 2019/10/9)

Sykes, Gary, and Dibner, Kenne (2009) *Fifty Years of Federal Teacher Policy: An Appraisal*, Paper Commissioned by the Center on Education Policy.

U.S. Department of Education (2012) *ESEA Flexibility*, Updated, June 7, 2012.

U.S. Department of Education (2017) *State Plan Peer Review Criteria: The Elementary and Secondary Education Act of 1965, as Amended by the Every Student Succeeds Act.*

第4章

米国企業財団による教育政策形成への関与
── ゲイツ財団による「州共通コア基準」構築への関与を中心に ──

後藤　武俊

はじめに

　2000年代以降の米国における教育政策形成において近年、急速に注目されてきているのが、ゲイツ財団 (The Bill and Melinda Gates Foundation) などの巨大企業の資本を元手に設立された財団 (以下、企業財団とする) による「投資的慈善活動 (venture philanthropy)」である。サルトマン (Kenneth J. Saltman) によれば、投資的慈善活動は、財団が提供する助成金を「社会的投資」と位置づけるものである。すなわち、はじめにビジネス・プランを策定し、有効性を数値で表し、規模拡大が容易になるよう複製可能にすることで、資金提供者の意に沿うように公共政策を方向づけようとするものである (Saltman 2011, 2)。また、グリーン (Jay P. Green) によれば、投資的慈善活動とは、少ない資金で大きな「効果」をあげられる「投資効果の高い (higher-leverage)」対象に資金を提供するやり方である (Green 2005)。その「投資」の対象となってきたのが、チャータースクールや「州共通コア基準 (Common Core State Standards, 以下、CCSS とする)」であり、それらの促進に向けた調査研究やアドボカシー（連邦や州の議員等に働きかける政治的活動）である。

　なぜ、企業財団がチャータースクールや CCSS を「投資」の対象先と定め、巨額の資金を投入するようになったのか。それは、米国におけるテスト・ガバナンス、ひいては教育政策形成のあり方にどのような変容をもたらしているのか。

　以下、本章では、2000年代に台頭してきた企業財団の概要を確認したう

えで、企業財団による教育政策形成への関与のあり方がどのように変容してきたかを述べる。次に、2000 年代後半から顕著になってきたテスト政策への企業財団の関与を、ゲイツ財団の動向を中心に整理し、こうした動きに対してどのような批判が向けられているかを示すことにする。

1. 企業財団による教育政策形成への関与と変容

(1) 企業財団の概要

はじめに、2000 年代以降の教育改革に深く関与している巨大財団として頻繁に取り上げられる、3 つの財団について概観しておく。

①ゲイツ財団（The Bill and Melinda Gates Foundation）

ゲイツ財団は、マイクロソフト社を創業したゲイツ（Bill Gates）とその妻（Melinda Gates）の名前を冠して 2000 年に創設された。創設時の総資産は約 300 億ドルであったが、2006 年に世界的な投資家バフェット（Warren Buffett）により同財団に総額 300 億ドル以上の寄付を行うことが発表されて以降、徐々に資産を増やし、2018 年時点で総資産は約 480 億ドルとされる[1]。創設から2018 年度までに支出された助成金の総額は 500 億ドルにのぼり、1 年あたりの助成金は 30 億ドルから 50 億ドルで推移している。2018 年度には米国内を対象に約 4 億 9 千 300 万ドル（全体の約 10%）が拠出された。このうち 72%（約3 億 5 千 500 万ドル）が米国の学校教育関係（K-12）への助成である[2]。

ゲイツ財団が 2000 年代前半に巨額の資金を投じてきたのが、大規模なハイスクールをチャータースクールや特定のテーマに特化した複数の小規模校（スモールスクール）に分割する「小さな学習コミュニティ（Smaller Learning Communities, 以下、SLC とする）」の創設であり、その普及に支出した金額は、8年間で約 6 億ドルとされる。たとえば、2003 年の年次報告では、最も多くの助成金を受けた教育関係の団体として、ニューヨーク市で SLC 創設を支援している New Visions for Public Schools や、カリフォルニア州を中心にチャータースクール創設を支援している NewSchools Venture Fund などが挙げられて

いる (Bill & Melinda Gates Foundation 2003, 20)。ただし、2000 年代半ば以降、支援した複数のハイスクールで SLC が失敗したことや、学力向上への効果も明確ではないことが報じられるようになると (後藤 2011a)、SLC への助成をやめ、「データシステムの作成、政治活動団体への援助、ナショナル・スタンダードとテストの推進、学区による教員の成果の測定と無能な教員の解雇のための方法の研究」に力を入れるようになったとされる (ラビッチ 2013, 239)。ここに挙げられている「データシステムの作成」と「ナショナル・スタンダードとテストの推進」が、後に見る CCSS の開発と普及につながっていくことになる。

②ウォルトン・ファミリー財団 (The Walton Family Foundation)

　ウォルマート社の創設者であるウォルトン (Sam Walton) により 1987 年に創設された。環境保全をはじめ様々な問題に関与しているが、学校教育改革はその主要な対象の一つであり、学校選択の拡大を基本方針としている。具体的には、チャータースクールや学校選択、アカウンタビリティの厳格化や教員に対するメリットペイなどに資金を投入している (Scott 2009, 122-123)。同財団は、2007 年には、チャータースクールに 8,200 万ドル、学校選択プログラムに 2,600 万ドル、アーカンソー州とミシシッピ州の学校改革活動に 800 万ドルを拠出したとされる (ラビッチ 2013, 231)。

③ブロード財団 (The Broad Education Foundation)

　住宅建築と保険業で財を成したブロード (Eli Broad) により 1999 年に創設された。教育、科学、芸術を主な助成分野とするが、特に教育分野では、チャータースクールの拡大に多額の資金を拠出している。ロスアンゼルスやニューヨーク、サンディエゴなど大都市の教育改革に関与するほか、2002 年には、学校改善に成果を挙げた学区に対する賞、Broad Prize for Urban Education を創設した。これに加えて、Green Dot Public Schools や KIPP など、ロスアンゼルスを拠点とする多くのチャータースクール運営組織を支援したり、前出の NewSchools Venture Fund を通じてさらに多くのチャータースクールへの支援を行ったりしている (Scott 2009, 122)。

　以上 3 つの財団が代表的なものとして挙げられるが、この他にも無数の財団が学校教育分野に資金提供を行っている。企業財団による教育政策への関与について多数の研究を行っているレックハウ（Sarah Reckhow）とスナイダー（Jeffery W. Snyder）は、2000 年以降で教育分野（K-12）に資金提供を行った財団の傾向を示すために、2000 年、2005 年、2010 年の各年度における上位 15 団体を挙げている（**表 4-1**）。2000 年には 2 位にあったアンネンバーグ財団が 10 年後には姿を消していること、ゲイツ財団とウォルトン財団は常に最上位に位

表 4-1　2000 年／ 2005 年／ 2010 年に学校教育分野に資金提供を行った上位 15 財団

2000 年	2005 年	2010 年
1. Bill and Melinda Gates Foundation	1. Bill and Melinda Gates Foundation	1. Bill and Melinda Gates Foundation
2. The Annenberg Foundation	2. Walton Family Foundation Inc.	2. Walton Family Foundation Inc.
3. Walton Family Foundation, Inc.	3. Lilly Endowment, Inc.	3. W.K. Kellogg Foundation
4. J.A. and Kathryn Albertson Foundation, Inc.	4. The Wallace Foundation	4. The Michael and Susan Dell Foundation
5. The Ford Foundation	5. The Annenberg Foundation	5. Silicon Valley Community Foundation
6. Wallace-Reader's Digest Funds	6. Broad Foundation	6. Robertson Foundation
7. Lilly Endowment, Inc.	7. The Ford Foundation	7. Carnegie Corporation of New York
8. The Joyce Foundation	8. Oberkotter Foundation	8. The William and Flora Hewlett Foundation
9. Ross Family Charitable Foundation	9. The William and Flora Hewlett Foundation	9. Broad Foundation
10. The Brown Foundation, Inc.	10. H.N. and Frances C. Berger Foundation	10. GE Foundation
11. Carnegie Corporation of New York	11. Daniels Fund	11. The James Irvine Foundation
12. The William and Flora Hewlett Foundation	12 J.A. and Kathryn Albertson Foundation, Inc.	12. Doris & Donald Fisher Fund
13. The Skillman Foundation	13. The Starr Foundation	13. Communities Foundation of Texas, Inc.
14. Bank of America Foundation, Inc.	14. Carnegie Corporation of New York	14. Daniels Fund
15. W.K. Kellogg Foundation	15. Community Foundation Silicon Valley	15. Ford Foundation

（出典）Reckhow and Snyder（2014）, Appendix A より、筆者作成。

表 4-2　多方面から助成金を受けている団体・プロジェクト（各年上位 5 つ）

	団体・プロジェクト名	金額	出資財団数
2000 年	Rural School and Community Trust	$12 million	2
	Schools of the 21st Century Coroporation (Annenberg Challenge, Detroit)	$11 million	3
	Public Education Network	$10 million	2
	Chicago Annenberg Challenge	$9 million	2
	Bay Area School Reform Collaborative	$7 million	3
2005 年	Council of Chief State School Officers	$23.5 million	4
	Academy for Educational Development	$18 million	3
	NewSchools Venture Fund	$17 million	5
	New Visions for Public Schools	$15 million	3
	Children's Scholarship Fund	$15 million	2
2010 年	Charter School Growth Fund	$46 million	6
	Teach for America	$44.5 million	13
	KIPP	$24 million	9
	D.C. Public Education Fund	$22 million	5
	NewSchools Venture Fund	$18 million	10

(出典) Reckhow and Snyder (2014), 191 より、筆者作成。

置づいていることが分かる。

　また、レックハウらは企業財団から多額の助成金を受けた上位 5 つの組織について、その受給金額と出資財団数を表 4-1 と同様の時期区分で整理している（**表 4-2**）。これによると、2000 年以降の 10 年間で、教育改革に関与する組織への助成金は増額傾向にあり、また 1 組織あたりに出資する財団の数も増加傾向にある。これは、財団の助成先が特定の組織に収斂しつつあることを示している。また、2000 年にはアンネンバーグ財団からの助成金が上位に位置づいている一方で、2005 年と 2010 年にはチャータースクール推進を目的とする団体が複数挙がっていることや、2005 年にはのちに CCSS の開発をリードすることになる「全米州教育長協議会 (Council of Chief State School Officers, 以下、CCSSO とする)」が首位にあることが注目される。

(2) 企業財団の投資戦略――調査とアドボカシーの強化――

　近年の企業財団による助成＝投資戦略は、冒頭で述べたように、少ない投資で大きな効果をあげることを目指すものである。こうした方針は、2000年代初頭を境に顕著になってきた。それ以前の教育分野における財団の助成金は、奨学金給付やテスト開発（NMSQT や NAEP など、教育現場への直接的影響の小さいもの）、教職の専門職化、人種的マイノリティの教育改善などを対象とするものであった（Buss 1980）。教育改善への関与は、具体的には改善を実施する学区や改革推進団体への資金提供であり、実施の詳細は学区や団体に委ねられてきた。

　こうした手法に変化が生じるきっかけとなったのが、1993年に開始されたアンネンバーグ財団による巨額の助成金提供プロジェクト、The Annenberg Challenge Grant（以下、「チャレンジ」とする）である。「チャレンジ」は、公立学校改革のために5年間で5億ドルを拠出する計画であり、この金額は当時の私的・公的な教育への助成金の総額に相当するものであったとされる（ラビッチ 2013, 226）。

　この資金を受けて、たとえばニューヨークでは、スモールスクールのネットワークが拡大し、そのなかで「真正の評価」を軸とする教育実践が確立してくるなど、一定の成果を挙げつつあった（後藤 2012b）。しかし、都市部における学力格差の縮小という点で目覚ましい成果を挙げるには至らなかったと評価され、慈善活動家の間では「チャレンジ」は失敗に終わったという評価が広がることになった（ラビッチ 2013, 198）。ヘス（Frederick Hess Jr.）によれば、「チャレンジ」は都市部の学校教育の改善に対して大きな期待を集めた反面、「失敗した」という理解が広まったことで、その原因となった資金提供方針や運営の在り方への追究が進むことになった（Hess 2005, 5）。そこで課題とされたのが、資金を受け取る改革推進団体の自主性を尊重し、学力向上や学力格差の縮小といった「結果」を強く求めてこなかった点である。この点への反省から、財団の支持する教育政策の確実な履行を要求し、投じた資金に見合う「結果」を要求する資金提供戦略、すなわち「投資的慈善活動」が採られるようになったのである。

　投資的慈善活動は、その手法だけでなく、助成の対象も大きく異なっている。それは、調査とアドボカシーへの力点の変化である。これは、教育改革の直接の実施主体（学区や改革推進団体など）への助成よりも、むしろ特定の改革手法の導入・推進に向けて連邦や州の議員に働きかけるアドボカシー団体や、改革の分析を行う調査機関への助成を重視するものである。グリーンは、投資的慈善活動が調査とアドボカシーに力点を置くようになった理由を次のように説明している。

　　どんなに素晴らしい教員研修やカリキュラム、教育プログラムであったとしても、それらが慎重に調査され活発に推進されなければ、だれもそれが素晴らしいとは分からない。慈善活動家は、実験的プログラムに多くの資金を費やしてしまい、それ自体への調査やアドボカシーをおろそかにしがちである。調査が重要なのは、そうした実験的プログラムの背後にある理念が本当に素晴らしいものかどうかを明らかにするからであり、アドボカシーが重要なのは、政策立案者が調査をつうじて影響を受ける可能性を高めるからである。偉大な理念はそれだけでは自明ではなく、支持を得ることもできない。そこには調査とアドボカシーが必要なのである。（Green 2005, 73）

　実際、先述のレックハウらは、学校教育分野への助成金の増加にともなって、調査・アドボカシー分野への助成金も増加していることや、多額の助成金を得ている団体が増加しつつあることを明らかにしている（**表 4-3**）。

表 4-3　調査・アドボカシー分野への助成金とのその受給団体の動態

	2000 年	2005 年	2010 年
学校教育分野の助成金総額	\$486.6 million	\$738.1 million	\$843.7 million
調査・アドボカシー分野への助成金額	\$56.3 million	\$69.9 million	\$110.6 million
100 万ドル以上の助成を受けている団体の数	7	18	34

（出典）Reckhow and Snyder（2014), 189 より、筆者作成。

2.　企業財団による学力テスト政策への関与

　それでは、2000 年代後半以降、企業財団は調査とアドボカシーを通じて
何を推進しようとしてきたのか。その代表例の一つが CCSS の構築である。
ここでは、2000 年代後半の CCSS 導入に至る経緯と、ゲイツ財団およびピア
ソン財団 (Pearson Charitable Foundation) による共通スタンダード構築への関与に
ついて、詳細に見ていくことにする。

(1)　CCSS 導入までの経緯

　1990 年代以降、米国では教育内容スタンダードが教科団体ごとに、また
成果スタンダードの作成が州ごとに進められてきた。2001 年に成立した「ど
の子も置き去りにしない法 (No Child Left Behind Act, 以下 NCLB 法とする)」は、
英語と数学に関する成果スタンダードの共通化という側面をもっていたが、
教育内容に関しては、教科団体作成のスタンダードはあくまでも参考資料と
して扱われ、州や学区によって教育内容のスタンダードは異なっていた。
　しかし、2000 年代を通じて、英語と数学に関する全米共通の教育内容ス
タンダード作成への機運が高まっていった。背景には、成果スタンダードに
よって「習熟 (proficiency)」と評価されたハイスクール卒業生の多くが、大学
でリメディアルの講義を受けなければならず、就職した場合にもスキルの獲
得に苦労しているものが多いという課題があった。この共通スタンダード作
成の動きをリードしたのが、アチーブ社 (Achieve Inc.) である。アチーブ社は、
2001 年から財団や企業団体とともに American Diploma Project (以下、ADP とす
る) という取組を始めた。この取組の目的は、全てのハイスクール卒業生が、
どのような進路に進んでも身につけておくべき英語と数学の知識・スキルの
基準を示すことにあった。ADP は 2004 年に報告書を出し、英語および数学
のベンチマークを公表するとともに、翌年からアチーブ社が主導するかたち
で ADP Network という、各州が自発的に参加するネットワークが発足した。
このネットワークには、2008 年までに 22 州が参加し、その活動を通じて英
語と数学に関する一定程度の「共通の核 (Common Core)」にたどり着いたとさ

れている (Achieve Inc. 2008, 1)。

　2008 年 12 月には、アチーブ社と「全米知事協会 (National Governors Association, 以下、NGA とする)」および CCSSO が連名で共通スタンダードに関する報告書 *Benchmarking for Success: Ensuring U.S. Students Receive a World-Class Education* を公表し、各州の英語と数学に関するスタンダードのアップグレードを求めた。これを機に 2009 年 4 月から CCSS の作成が始まり、翌年 6 月には CCSS の最終版が完成、2012 年から各州での導入が開始された。

　CCSS は、英語運用能力 (リテラシー) と数学 (算数) に関する幼稚園から第 12 学年までの標準的教育内容を示したものであり、2019 年 10 月時点で 41 州とワシントン DC、4 つの準州で採用されている[3]。著作権は NGA と CCSSO にある。また、CCSS に即したアセスメントに関しては、Partnership for Assessment of Readiness for College and Careers (以下、PARCC とする) と、Smarter Balanced Assessment Consortium (以下、SBAC とする) という二つのコンソーシアムがそれぞれ連邦政府の「頂点への競争」資金 (詳しくは第 2・3 章を参照) を得て開発したシステムがある。どちらかのシステムを導入している場合もあれば、州独自のシステムを運用している場合もある。

(2) CCSS へのゲイツ財団の関与

　こうして成立した CCSS だが、その完成・普及の背後には、ゲイツ財団からの巨額の資金があったことが指摘されている。シュナイダー (Mercedes K. Schnider) によると、CCSSO の会長であったウィルホイト (Gene Wilhoit) と、Student Achievement Partners 社 (2007 年創設のスタンダード導入支援企業。以下、SAP とする) の創設者であったコールマン (David Coleman) が、CCSS の普及拡大に向けて、2008 年の夏にゲイツ本人に資金的支援を求めた。この要請に応じて、ゲイツ財団はこの年から共通スタンダードの作成・普及に多額の資金を投じるようになったとされている (Schnider 2015)。実際、ゲイツはこの年からマイクロソフト社を離れて財団の運営に専従するようになるとともに、同年の大統領選ではブロード財団と協力して 6000 万ドルにのぼる資金を調達し、超党派で教育を争点とするためのアドボカシー活動 (Ed in 08) を展開した。

このときに掲げられた 3 つの優先事項が、①強力な米国教育スタンダード、②すべての教室に力のある教師を、③学習により多くの時間と支援を、というものであった。

　こうした運動の成果もあって、2009 年に発足したオバマ (Barack Obama) 政権ではゲイツ財団の元職員や、ゲイツ財団から多額の資金を受けてきた教育改革団体の関係者が、連邦教育省の要職に就いている。たとえば、ゲイツ財団で要職に就いていたロジャース (Margot Rogers) とシェルトン (James Shelton) の二人は、ダンカン (Arne Duncan) 長官のもとでそれぞれ首席補佐官と教育革新担当官 (のちに事務次官) に就任している。そもそも、ダンカン自体、かつてシカゴ市の教育長だった時代にゲイツ財団の資金を受けて大きな改革を断行した実績があり、そのときにロジャースを知ることになったとされている (Layton 2014)。そして、こうしたスタッフとともにダンカン長官が最初に行った政策が「頂点への競争」であり、これにより CCSS 導入への圧力が一層強まることになった。この政策を率いたワイス (Joanne Wiess) も、ゲイツ財団から多額の資金を受けてきた NewSchools Venture Fund の出身であった (Layton 2014)。当時、連邦教育省の職員は教育政策の優先順位をめぐってゲイツ財団の職員と頻繁に情報交換を行っていたとも言われている (Green 2015, 65)。

　こうしてオバマ政権への影響力を強めたゲイツ財団は、CCSS を政府アジェンダとしてセッティングすることに成功すると、その後は CCSS の普及に向けた活動を展開していく。ここで、ゲイツ財団が CCSS にどれくらいの資金を投じたかを見ておこう。**表 4-4** はゲイツ財団が CCSS に費やした助成金総額の年度毎の推移と助成団体数、ならびに各年度の上位 5 団体と助成名目を整理したものである。ここから以下のことが読み取れる。① CCSS に最も多額の資金を投じたのが 2011 年、また、最も多くの団体に資金を投じたのが 2013 年である。その一方で、2016 年以降は急速に助成金を減らしている。②全体として、助成対象の多くは CCSS 関連の技術開発・調査研究・導入支援であり、特に CCSS と教員評価を連動させることに重きが置かれている、③ CCSS の開発をリードした CCSSO、および SAP 社がそれぞれ 2011 年、2015 年に多額の資金を得ている、④ 2011 年は翌年からの運用開始を見据え

表4-4　ゲイツ財団による CCSS への助成金および助成対象の概要

年度・助成総額・助成団体数	上位5団体名	助成額	助成名目
2009年以前 $4,821,495 団体数：(6)	The Education Trust	$2,039,526	CCSS に連動したオープンソースのリテラシーコースの開発
	Thomas B. Fordham Institute	$959,116	CCSS のレビューと補助教材の開発
	Alliance for Excellent Education	$551,336	CCSS への支持拡大活動
	Common Core Inc.	$550,844	CCSS に連動した第10学年までの英語カリキュラム開発
	National Association of State Boards of Education	$450,675	CCSS への理解促進に向けた政治家等を対象とする会合の開催
2010年 $17,284,660 (21)	MetaMetrics, Inc.	$3,468,005	CCSS のリテラシーに関するインタラクティブな通信教材の開発
	Georgia Department of Education	$1,980,892	CCSS に連動したリテラシーと数学の教材開発とジョージア州での当該教材の利用促進
	Khan Academy Inc.	$1,464,667	カーン・アカデミーのコンテンツを CCSS に位置づけ、利便性を高めるための包括的支援
	Purdue University	$1,432,263	Purdue Online Writing Lab の開発促進と CCSS への連動
	Research for Action Inc	$1,309,409	CCSS に連動するリテラシーと数学の教材開発・研究
2011年 $68,503,458 (27)	Kentucky Department of Education	$9,800,877	CCSS の実践と教員評価システムに関連するケンタッキー州教育委員会への支援
	Colorado Education Initiative	$9,707,210	CCSS の実践と教員評価システムに関連する Colorado Legacy Foundation への支援
	Council of Chief State School Officers	$9,388,911	CCSS 普及活動への支援
	Louisiana Department of Education	$6,526,252	CCSS の実践と教員評価システムに関連するルイジアナ州教育委員会への支援
	Council of the Great City Schools	$5,446,615	全米の主要な都市学区における CCSS 導入支援
2012年 $27,183,378 (16)	American Federation of Teachers Educational Foundation	$4,400,000	教員の職能成長と CCSS 定着に向けた当該団体への支援
	Student Achievement Partners Inc	$4,042,920	CCSS への理解と導入にむけた全米の教員の支援
	BetterLesson, Inc.	$3,524,252	教員と生徒に対する CCSS への移行支援とコースの開発
	Illustrative Mathematics	$3,416,901	CCSS の数学に関する教材開発
	The Achievement Network	$3,002,252	暫定版アセスメントやコーチング、連携促進を通じて学校関係者の CCSS 実践に向けた力量形成の促進

2013 年 $41,693,741 (61)	Charter Fund Inc	$4,000,000	学区と連携して、教員評価と CCSS の導入を推進するチャータースクール運営組織への支援
	Council of Chief State School Officers	$4,000,000	CCSS を評価する質の高いアセスメントの開発支援
	The Aspen Institute Inc	$3,615,655	CCSS と教員評価政策の統合、および研究成果の活用による全米的な政策提言
	Rockefeller Philanthropy Advisors, Inc.	$2,500,000	CCSS に連動したカレッジないし職業への適応度を測るアセスメントを実施する州への支援
	Council of the Great City Schools	$2,000,000	CCSS の導入と教員評価を連動し、PARCC もしくは SBAC による評価に対応する学区への支援
2014 年 $31,628,970 (23)	New Venture Fund	$12,750,300	CCSS 導入支援
	Consortium for Educational Change	$7,500,000	CCSS と新しい教員評価システムの統合支援
	Mills College	$2,840,620	CCSS 導入支援
	Rockefeller Philanthropy Advisors, Inc.	$1,000,000	CCSS に連動したカレッジないし職業への適応度を測る質の高いアセスメントを実施する州への助成活動への支援
	University of California - Berkeley	$999,793	学区による数学の CCSS 導入を支援するネットワークの創設
2015 年 $21,227,853 (10)	New Venture Fund	$10,800,000	CCSS 導入支援
	Stand for Children Leadership Center	$4,311,641	4つの州における CCSS とそのアセスメントの運用および広報、教員政策の転換に向けた支援
	Student Achievement Partners Inc	$2,800,000	CCSS で求められる指導上の転換について学区や教員の理解促進を図る取組への支援
	Rockefeller Philanthropy Advisors, Inc.	$1,250,000	CCSS に連動したカレッジないし職業への適応度を測る質の高いアセスメントを実施する州への助成活動への支援
	Learning First Alliance	$680,182	CCSS の効果的な実践への継続的支援による米国の学校教育のイノベーションの参考事例を広げること
2016 年 $12,063,481 (3)	CORE Districts	$6,350,000	CCSS に連動した指導方法改善に向けた学区への支援
	WestEd	$4,350,875	CCSS 導入支援と現場教員による質の高いスタンダードに基づく教材利用と実践を促進すること
	EdSource Inc.	$1,362,606	CCSS や ESSA を含む州および連邦の改革についての理解促進
2017 年 $101,622 (2)	Riverside County Office of Education	$75,000	地域の中等後教育機関に接続可能で、CCSS とも連動したハイスクールの数学コースの開発と実践
	University of Michigan	$26,622	CCSS 導入による指導上の変化とその生徒の学習への影響についての研究

2009 年以前〜 2017 年までの CCSS 関係助成金総額：$ 224,508,658　／　のべ受給団体数：169

（出典）ゲイツ財団 HP より、筆者作成。[4]

て特定の州(ケンタッキー、コロラド、ルイジアナ)への導入支援に力を入れている、⑤全体を通じて最も多額の資金を得ているのが New Venture Fund である。この財団もゲイツ財団同様に各種の慈善活動への助成を目的としているが、より個別のプロジェクトへの資金提供を中心としている。このように、ゲイツ財団が連邦政府や州政府、民間団体に幅広く資金を配り、CCSS の普及・拡大を推し進めてきたことがわかる。

(3) CCSS とピアソン財団(ピアソン社)の関係

　金額面ではゲイツ財団の関与が突出しているものの、それとは別のかたちで CCSS の普及・拡大に大きな影響を及ぼした財団として、ピアソン財団を無視することはできない。ピアソン財団は、その名が示すとおり、教育コンテンツおよびアセスメント開発で世界的に市場を広げているピアソン社(Pearson PLC)の資金により 2003 年に創設された財団である(2014 年 12 月 31 日に活動終了)。同財団による CCSS 関係の助成金としては、CCSS の開発を率いた CCSSO に対し、2009 年に 10 万ドル、2010 年に 34 万ドル、2011 年に 10 万ドルを助成したことが明らかとなっている(Schnider 2015, 178)。

　ゲイツ財団と比べると、金額面では注目すべき点はないように見える。しかし、重要なのは、CCSS が以下の 2 点でピアソン社本体に多額の利益をもたらす可能性があったことである。第一に、CCSS のアセスメントを担うコンソーシアムの一つ、PARCC のシステムはピアソン社が開発したものであった。したがって、PARCC 加盟州は CCSS に即したテスト結果の分析をピアソン社に委ねることになり、ピアソン社はそこから利益を得るはずであった。その金額は 2 億 4 千万ドルにものぼると見込まれていた(Schnider 2015, 184)。第二に、より重要な点として、CCSS に即した教材開発、特にデジタル教材の開発を通じて、これまでも大きなシェアを占めてきた教材販売の分野でさらに利益を得られるようになったことである。たとえばロスアンゼルス学区では、ピアソン社のデジタル教材をすべての学年で利用できるようにするため、2013 年に 10 億ドルを費やして約 65 万人にのぼる全ての生徒のためにタブレット端末をピアソン社から購入した。また、ニューヨーク、イリノイ、

ケンタッキーなどの州では、同社の開発したテスト用ソフトや教員研修用ソフト、テスト運用のための解説書などを利用する長期契約を結んだとされる（Piette 2014）。ロスアンゼルス学区やニューヨーク州が挙がっていることが意味するのは、PARCC に加盟しているかどうかにかかわらず、州や学区の単位でピアソン社の教材やテストが採用されている場合があるということである。

　さらに、ゲイツ財団との密接な関係も見逃すことはできない。ピアソン財団は、2011 年にゲイツ財団からオープンアクセス講座の開発を名目として約 300 万ドルの助成を受けている[5]。また、2013 年にはゲイツ財団で要職に就いていたジェームス（Kate James）がピアソン社に移り（Farey-Jones 2013）、翌年にはマイクロソフト社のタブレット端末にピアソン社の開発した CCSS 関連教材を搭載することが発表された（Layton 2014）。

　したがって、CCSS は、数学および英語の各学年段階における標準的内容を明示し、それに即した学習を通じて高校卒業後の進路への適応性を高めることを理念としているが、その開発・普及のあり方は、CCSS の運用に伴って発生するハード面・ソフト面の多様な需要に応えうる企業が、自ら出資した財団を通じて連邦政府や州政府、研究機関等に資金面・人材面で積極的に働きかけ、自社の製品が採用される環境を作り出してきた過程であったと言えるだろう。

3.　企業財団による教育政策形成への関与に対する批判

　企業財団による教育政策形成への関与については、様々な批判がなされてきた。第一に、企業財団が民主的監視を受けることなく不当な影響力を行使しているというものである（Saltman 2011, ラビッチ 2013）。こうした批判は CCSS にも向けられており、マックシェーン（Michael Q. McShane）らは「CCSS は私的な主体が私的なプロセスで作り上げたものであり、議員等であれば受けるはずの必要な監視やチェックがなされずに進められたものである（McShane & Hatfield 2015, 137-138）と指摘する。

　第二に、特定の教育政策の推進を通じて、本来禁じられている財団の親会社の利益拡大に寄与していることへの批判である。ゲイツ財団に関しては、CCSS の推進がマイクロソフト社の利益拡大を図るものであったのではないかという疑いが持たれ、2014 年にワシントンポスト社によってゲイツ本人への追及がなされた (Layton 2014)。同記事によると、ゲイツ自身は、共通スタンダードが教室をデジタル学習に開くこと、それによりソフト開発のイノベーションを起こすことに注目したのであって、利益をもたらすためではない、と述べている。しかし、教材のデジタル化は PC・タブレット等の端末の導入を必須とするものであり、マイクロソフト社に利益をもたらすことは明らかである。同様の嫌疑はピアソン財団にも向けられ、2013 年には、同財団による CCSS 開発への関与が、ピアソン社に利益をもたらすための活動であったとしてニューヨーク州法務長官による査察を受けることになった (Strauss 2014)。結局、査察を受けるまえに財団の解消が発表され、770 万ドルの和解金をニューヨーク州に支払うことで合意したため、真相の追及はなされなかったが、財団の活動が特定企業の利益拡大につながることには厳しい目が向けられている。

　第三に、企業財団・中間団体・連邦政府間の政策ネットワークを活用した教育政策の促進は州権侵害にあたる、という批判である (Schnider 2015)。CCSS は、NGA と CCSSO という中間団体が著作権を持ち、ゲイツ財団が技術開発・調査研究・導入支援に多額の助成金を配り、連邦政府が各州に採用を促し、テスト開発企業がアセスメントの技術的核心部分を担うという役割分担のなかで推進されてきた。しかし、これが教育という州の専権事項への不当な介入であるとする批判が、2015 年頃から急速に高まってきた。背景には、2016 年大統領選を控え、ティーパーティー運動の高まりを受けた共和党内部で連邦政府の権限縮小が争点になったことや、ピアソン社による技術開発の遅れが教育現場に多大な混乱をもたらしたことがあったとされる (Rothfeld 2016)。その結果、特に PARCC の採用州は激減し (2019 年時点で 2 州とワシントン DC のみ)、州独自のアセスメントを導入する動きが広がってきている (Porter and Callahan 2018)。ただし、コンソーシアムから外れたとしても、

各州独自のアセスメント開発にテスト産業は依然として関与しており（たとえば、ピアソン社の代わりに College Board や ETS が参入しつつある）、教育に関する州の主体性の維持が困難な状況にあることがわかる。

　そして第四に、企業財団の関与によって、教育者の専門性よりもテスト開発とそれに関連する計算技術の専門性が優位になりつつあることへの批判である。アナグノストポルス（Dorothea Anagnostopoulus）らは、次のように指摘する。「テストとそれを支える計算技術は、どのような知識や考え方が重要であり、誰が『良い』教師や生徒なのか、何が『良い』学校なのかを定義するので、成果の測定が、教育について実践し、価値を与え、考える方法を規定することになる。測定は『客観的』と見なされるので、テストに基づくアカウンタビリティのスタンダードや測定基準を反映した実践・価値・イデオロギーへの批判はどうしても弱くなる」（Anagnostopoulus et al 2013, 11）。アカウンタビリティの基盤となる知識・技術の高度化によって、測定可能な目標や指標が教育のあるべき姿を強く規定するようになったというのである。そして、このような傾向を生み出すことに大きな役割を果たしたのが、本稿で見てきたような企業財団であると指摘する。「私的財団は、テストに基づくアカウンタビリティの情報基盤の創出にとって決定的に重要な役割を果たしている。そうすることで、財団のような組織が政府の計算技術に基づく権力に貢献しているのである。また、これらの組織は、自分たちのためにもその影響力を行使し、多様なモデルや技術的選択肢を提供することで、政府とは異なるかたちで計算技術の中心的存在となりうるのである」（Anagnostopoulus et al 2013, 12）。したがって、アカウンタビリティが問われ続ける限り、たとえピアソン社一社が批判され、撤退したとしても、他の企業がテストやアセスメントに参入する条件はすでに整えられてしまっているのである。

　ちなみに、リンガード（Bob Lingard）らは、こうした既存の専門家への不信に根ざすアカウンタビリティを、新自由主義的、もしくは垂直的アカウンタビリティと表現し、これが「他の潜在的にはより教育的なアカウンタビリティを押しのけてしまっている」と批判する（Lingard et al. 2013, 544）。「より教育的なアカウンタビリティ」とは、学校とコミュニティとの間の水平的なアカウ

ンタビリティであり、教師・保護者・生徒・地域住民・企業の間で交わされる言論の空間に生起するものとされる。この点に関して、ランソン（Stewart Ranson）は「アカウンタビリティの言説的実践は、単に組織的なプロセスに集約されるものではなく、あらゆる公正な市民社会が満たすべきコミュニケーション的合理性として定義される」（Ranson 2003, 461）とし、これを言論的理性としてのアカウンタビリティと述べる。そして、「アカウンタビリティの異なる捉え方は、公共圏の本質として言論の多元性とその競合性を認めるところから始まる。公共サービスと公的諸制度は（中略）、何が人々にとっての内在的な善（goods）なのか、その意味や目的、実践などに関する共通理解と合意に到達しなければならない。応答可能性についての直線的でヒエラルキー的で規制的な概念はいかなるものであれ、この文脈では適切とは言えない」（Ranson 2003, 473）と指摘している。言論の多元性と競合性は同時に、水平的関係における葛藤を引き起こす可能性があるため、容易な方向性ではない。しかし、垂直的アカウンタビリティの暴力性に歯止めをかけるためには、この方向性を堅持する努力が不断に求められる。具体的には、企業財団もまた、こうした水平的アカウンタビリティのフィールドに置かれ、民主的な応答性を果たすことが求められると言えるだろう。

おわりに

　本章では、2000年代以降、ゲイツ財団をはじめとする企業財団が教育政策に積極的に関与するようになってきたこと、その関与の方法として調査とアドボカシーが重要な手段になってきたことを確認した。次に、企業財団によるテスト・ガバナンスへの関与を示す事例としてCCSSをとりあげ、特にゲイツ財団とピアソン財団の関与に注目しながら分析を加えた。その結果、CCSSとは、一方では英語と数学の教育内容の標準を示すことで、どの州やどの学区で学んでも高校卒業後の進路への適応性が確保されることを目指すものであったが、他方では、その開発・普及により利益を得ることが見込まれる企業が、自らの資金で設立した財団を通じて、各州が採用するよう働き

かけてきた過程であることが明らかとなった。最後に、こうした企業財団による教育政策形成への関与に対する批判を整理し、①民主的監視を受けることもなく不当に大きな影響力を与えていること、②財団に本来禁じられている企業の利益拡大に寄与している可能性が高いこと、③企業財団・中間団体・連邦政府による州の教育権限への侵害となっている可能性があること、④テスト開発とその関連技術の専門性が教育の専門性を強く規定する状況を生み出していること、という4点を指摘した。

特に4点目に関連して、支配的になりつつある新自由主義的な垂直的アカウンタビリティへの代替案として、言論的理性としての水平的アカウンタビリティという方向性が提起されていることを確認したが、それを可能にする条件をいかにして確保するのか、それは企業財団のあり方にどのような変容を求めるものなのか、今後のさらなる研究が求められるところである。

注

1　ただし、一度に寄付されるのではなく、毎年約15億ドルから25億ドルずつ寄付されることになっている。https://www.gatesfoundation.org/Who-We-Are/General-Information/History, 2019/9/30.

2　ゲイツ財団HPの各年度のAnnual Reportより。
https://www.gatesfoundation.org/Who-We-Are/Resources-and-Media/Annual-Reports, 2019/10/1.

3　2015年の時点では45州にまで広がっていたが、州内の反発を受けて2019年までに4州が脱退している。

4　ゲイツ財団HPの受給団体検索エンジン（https://www.gatesfoundation.org/How-We-Work/Quick-Links/Grants-Database, 2019/10/1）にて、"Common Core State Standard"で検索してヒットした169団体を集計したものである。

5　上記の受給団体検索エンジンでPearson Charitable Foundationを検索すると、これが1件のみヒットする。

参考文献

後藤武俊（2012a）「米国スモールスクール運動の展開にみるオルタナティブな教育制度構築の課題」『教育学研究』第79巻第2号、170-181頁。

後藤武俊（2012b）「中間組織による草の根の教育改革支援―ニューヨーク市のスモール・スクール運動を事例に―」北野秋男・吉良直・大桃敏行編『アメリカ教育改革の最前線』学術出版会、215-230 頁。

Achieve Inc.（2008）*Out of Many, One: Toward Rigorous Common Core Standards from the Ground Up*. Achieve Inc.

Anagnostopoulos, D., Rutledge, S. A. and Jacobsen, R.（2013）"Mapping the Information Infrastructure of Accountability," Anagnostopoulos, D., Rutledge, S. A. and Jacobsen, R.（eds.）*The Infrastructure of Accountability: Data Use and the Transformation of American Education*. Harvard Education Press, pp.1-20.

Bill & Melinda Gates Foundation.（2003）*Closing the Graduation Gap: Toward High Schools That Prepare All Students for College, Work, and Citizenship*. Bill & Melinda Gates Foundation.

Buss, D. C.（1980）"The Ford Foundation in Public Education: Emergent Patterns," Arnove, Robert F.（ed.）*Philanthropy and Cultural Imperialism: The Foundations at Home and Abroad*. Bloomington: Indiana University Press, pp.331-362.

Farey-Jones, D.（2013）"Gates Foundation's James to join Pearson in January," *PRWeek UK*, October 10, 2013.（https://www.prweek.com/article/1274398/gates-foundations-james-join-pearson-january, 2020/8/6）

Green, J. P.（2005）"Buckets into the Sea: Why Philanthropy Isn't Changing Schools, and How It Could," Hess, Frederick, M.（ed.）*With the Best of Intentions: How Philanthropy Is Reshaping K-12 Education*. Cambridge: Harvard Education Press, pp.49-76.

Green, J. P.（2015）"Buckets into Another Sea: Why Philanthropy Isn't Changing Schools, and How It Could," Hess, Frederick, M. & Henig, Jeffery R.（eds.）*The New Education Philanthropy: Politics, Policy and Reform*. Cambridge: Harvard Education Press, pp.11-28.

Hess, F. M.（2005）"Introduction," Hess, Frederick, M.（ed）*With the Best of Intentions: How Philanthropy Is Reshaping K-12 Education*. Cambridge: Harvard Education Press, pp.1-17.

Layton, L.（2014）"How Bill Gates pulled off the swift Common Core revolution," *Washington Post*, June 7, 2014.（https://www.washingtonpost.com/politics/how-bill-gates-pulled-off-the-swift-common-core-revolution/2014/06/07/a830e32e-ec34-11e3-9f5c-9075d5508f0a_story.html, 2020/8/6）

Lingard, B., Martine W. and Rezai-Rashti, G.（2013）"Testing Regimes, Accountabilities and Education Policy: Commensurate Global and National Developments," *Journal of Education Policy*, 28（5）, pp.539-556.

McShane, M. & Hatfield J.（2015）"The Backlash Against 'Reform' Philanthropy," Hess, F. M. & Hening, J. R.（eds.）*The New Education Philanthropy: Politics, Policy and Reform*. Cambridge: Harvard Education Press, pp.137-138.

Piette, B.（2014）"For-profit tech corporations gain from Common Core testing," *Workers World*, June 17, 2014.（https://www.workers.org/2014/06/14880/, 2020/8/6）

Porter W. & Callahan K.（2018）*Whatever Happened to All Those New & Better State Tests?* Education First.

Ranson, S.（2003）"Public Accountability in the Age of Neo-liberal Governance," *Journal of Education Policy*, 18（5）, pp.459-480.

Ravitch, D.（2010）*The Death and Life of the Great American School System: How Testing and Choice are Undermining Education.* New York: Basic Books.（ラビッチ・ダイアン著、本図愛実監訳（2013）『偉大なるアメリカ公立学校の死と生―テストと学校選択がいかに教育をだめにしてきたのか―』協同出版）

Reckhow, S. & Snyder, J. W.（2014）"The Expanding Role of Philanthropy in Education Politics," *Educational Researcher.*43（4）, pp.186-195.

Rothfeld, M.（2016）"Pearson's Bet on Common Core Fails to Pay Off," *Wall Street Journal*, Nov. 22, 2016.（https://www.wsj.com/articles/pearsons-bet-on-common-core-fails-to-pay-off-1479830401, 2020/8/6）

Saltman, K. J.（2011）"From Carnegie to Gates: The Bill and Melinda Gates Foundation and the Venture Philanthropy Agenda for Public Education," Kovacs, Philp E.（ed）*The Gates Foundation and the Future of U.S. "Public" Schools*, New York: Routledge, pp.1-20.

Schnider, M. K.（2015）*Common Core Dilemma: Who owns our schools?* New York: Teachers College Press.

Scott, J.（2009）"The Politics of Venture Philanthropy in Charter School Policy and Advocacy," *Educational Policy*, 23（1）, pp.106-136.

Strauss, V.（2014）"Pearson Foundation closing（after paying big fines for helping corporate parent）," *Washington Post*, Nov. 20, 2014.（https://www.washingtonpost.com/news/answer-sheet/wp/2014/11/19/pearson-foundation-closing-after-paying-big-fines-for-helping-corporate-parent/, 2020/8/6）

コラム①　学力テストと学力観の変容：イギリス

佐藤　千津

　イギリス[1]の地方当局（Local Authority）が管理する公営の初等学校（primary school）や中等学校（secondary school）では、ナショナル・カリキュラム（National Curriculum）で設定される学習プログラム（Programme of Study）によって教育内容が定められている。但し、新しいタイプの公営学校であるアカデミーや、独立学校（independent school）はその限りではない。

　こうした全国共通のカリキュラムの枠組みがイギリスで設けられたのは30年程前のことである。1988年教育改革法によりナショナル・カリキュラムが設けられ、キーステージ（key stage）[2]ごとに学習プログラムと到達レベル（attainment target）が設定され、公営学校においてはナショナル・カリキュラムに沿って教育を行うことが法的に義務づけられた。このナショナル・カリキュラムと対になるナショナル・テスト（Standard Assessment Test）の実施はその後のイギリスの教育の性格を大きく変えたといわれる。

　1980年代のカリキュラム改革に弾みをつけたのは、結果として教育の大討論（Great Debate）を巻き起こした1970年代の学校教育批判である。子どもたちの学力低下の要因として、「秘密の花園」と揶揄された授業実践や、教師の指導力不足が挙げられ、教員養成において主体的役割を担っていた大学の責任も問われた。こうした議論がナショナル・カリキュラムの実現に向けた大きなうねりになっていった。それまで教師が享受していたカリキュラムに関する裁量には制約が加えられ、1967年の「プラウデン報告書（Plowden Report）」において提唱された「子どもを教育のプロセスの中心に据える」という、いわゆるプラウデン主義（Plowdenism）的なアプローチは、もはや時代遅れであるかのように、かつての輝きをなくしていったのである。

　1997年に保守党から労働党に政権が移ってからも子どもたちの学力向上は教育の重点課題であり、教育予算を増額し、就学前教育や低所得者層への学習支援の充実とともに、学力の底上げがめざされた。1997年当時の初等学校児童の約3分の1が英語と算数の基礎を習得せずに初等教育を終えているという深刻な現実も衝撃とともに報じられていた（DES 2005）。

　このように基礎学力向上が大きな政策課題となるなか、子どもや教師にはナショナル・テストで良い成績をおさめることが求められ、学校での教育活動がテストに向けた学習に特化する傾向が見られるようにもなった。ナショナル・テストの結果は、教育水準局（Office for Standards in Education, Children's Services and Skills）のホームページにおいて学校別成績データ（performance data）として公表される。一般に「リーグテーブル（league table）」と言われるように、このデータから学校の成績ランキングを作成するのは容易であるため、こうした情報は保護者による学校選択にも影響を及ぼすとして、テストの在り方が問われた。

　その一方で、キーステージ1（第1~2学年）終了時のテストは2004年から内部

評価的な位置づけに変わり、教師による評価結果(英語と算数)を学校から地方当局に報告する形になった。また、キーステージ3(第7~9学年)のナショナル・テストは2008年に廃止されている。その背景には学習評価観の変化がある。前述したように、かつてのイギリスでは子どもの主体性が学習の中心に位置づけられ、教育活動の成立要件の一つと考えられてきたが、テストに向けた学習に追われ、学習における子どもの主体性は失われていった。そのようなときに、ブラック(Paul Black)とウィリアム(Dylan William)は形成的アセスメント(formative assessment)と子どもの学力水準向上には相関関係が見られるものの、こうした評価が教育活動においてほとんど用いられていないという研究結果を示し、大きな反響を呼んだ(Black and William 1998)。子どもの学力を上げるとはどういうことか、本当に必要な教育とはどのようなものかという問いを、教育実践者や政策立案者に投げかけ、評価の在り方に一石を投じたのである。

　こうした評価観の変化を背景に、2014年からは新しいナショナル・カリキュラムが実施されている。必修12教科のうち、中核教科(core subject)となる英語、算数、理科の指導を強化するとともに、他の教科については教師の裁量の余地を大きくした。また、子どもの到達度を示す「レベル」を廃止し、教師による学級での日常的な評価を重視している(DfE 2013)。

　2015年からの保守党政権下でも前政権時代の政策を継承しながら学力向上に向けた取り組みが進められているが、教師による評価の重視や、英語や算数など中核教科の知識・スキルの重視といった方針にはあまり変化は見られない。

　イギリスのテスト・ガバナンスの構造はいまだハイステイクスな性格を帯びるものの、学力観や評価観が変わるなか、ナショナル・テストに依存しない評価方法が求められるなど、その在り方が模索されている。

注

1　本稿では主にイングランドの初等教育におけるナショナル・テストをめぐる政策を対象とする。
2　キーステージ1(初等教育第1～2学年)、キーステージ2(初等教育第3～6学年)、キーステージ3(中等教育第7～9学年)、キーステージ4(中等教育第10～11学年)の4つのキーステージがある。

参考文献

Black, P. and William, D. (1998) *Inside the black box – Raising standards through classroom assessment*, London: School of Education, Kings' College.

DES (Department for Education and Skills) (2005) *Higher Standards, Better Schools for All – More choice for parents and pupils.* (http://www.educationengland.org.uk/documents/pdfs/2005-white-paper-higher-standards.pdf, 2020/8/5)

DfE (Department for Education) (2013) *The national curriculum in England Key stages 1 and 2 framework document.* (https://assets.publishing.service.gov.uk/government/uploads/system/uploads/attachment_data/file/425601/PRIMARY_national_curriculum.pdf, 2020/8/5)

第Ⅱ部

学力テストの影響力と対峙する国

第5章

オーストラリアにおける学力テストと学校予算の関係性

澤田　敬人

1. 全国学力テスト導入の背景

　オーストラリアのテスト・ガバナンス構造を解明するには、1901 年に成立した連邦政府と州政府の関係に注視する必要がある。憲法の規定上、オーストラリアの初等中等教育は州政府が管轄する。連邦政府およびその機関が初等中等教育に関与する場合は、各州の政府との調整による限定的な役割を果たすのみであるのだが、存外その影響力は大きい[1]。学力テストについては各州の政府が独自の教育政策の下で自律的に実施していたが、1990 年代に連邦政府が徐々に全国レベルでのテストの構想を実施に移した。オーストラリアでは 1989 年の「ホバート宣言」(The Hobart Declaration on Schooling) によりナショナル・カリキュラムの開発の動きが始まった。

　2008 年にはオーストラリアで全国初となる教育に関する国家目標を掲げる「メルボルン宣言」(Melbourne Declaration on Educational Goals for Young Australians) がなされた。連邦国家としての教育指針であるメルボルン宣言では、ナショナル・カリキュラムの開発が、ラッド (Kevin Rudd) 首相の下で推進された。メルボルン宣言には、ナショナル・カリキュラムおよび全国レベルでの学力テストの開発と実施を進める根拠としての意味があった。メルボルン宣言では、公正さと卓越性のいっそうの追求とともに、若者全てを「成功した学習者」、「自信あふれる創造的な個人」、「活動的で知識のある市民」を育成することを目標に掲げる。メルボルン宣言に基づき、「オーストラリアン・カリキュラム評価報告機構」(Australian Curriculum, Assessment and Reporting Authority, 以下、

ACARA とする）が設立された。議長はマクゴー（Barry McGaw）前 OECD 教育局長であった。彼は、2000 年から 2009 年まで「オーストラリア教育研究審議会」（Australian Council for Educational Research, 以下、ACER とする）の議長を務めた。これは OECD が進める「生徒の学習到達度調査」（Programme for International Student Assessment, 以下、PISA とする）のオーストラリアの実施に係る団体である。そして、2009 年から 2015 年まで ACARA の設立議長を務め、ナショナル・カリキュラムとしてのオーストラリアン・カリキュラムと全国学力テストの開発と実施に尽力した。オーストラリアが社会民主主義的に社会構造を再編しようとする中で、多文化社会の周辺部で暮らす生徒に手厚く教育への機会を開き、必要な知識とスキルを保障することが基本的な狙いとしてある。

　メルボルン宣言がなされた時期には、全国レベルで実施する学力テストが、ナショナル・カリキュラム開発という形での連邦政府の関与を後押しした。すなわち、一つのまとまった国家として、すべての初等中等教育に共通する制度と基準があるべきだとする考えを前進させるための根拠となった。この時までにはすべての州または準州（オーストラリア首都特別地域、ニューサウスウェールズ、ヴィクトリア、クイーンズランド、南オーストラリア、西オーストラリア、タスマニア、ノーザンテリトリー）において、「ナショナル・アセスメント・プログラム」（National Assessment Program, 以下、NAP とする）の「識字能力と計算能力のナショナル・アセスメント・プログラム」（National Assessment Program-Literacy and Numeracy, 以下、NAPLAN とする）として、全国レベルでの学力テストが浸透している。州政府が初等中等教育の所轄であることに変わりはないため、連邦政府が各州の学力テストに関与して全国レベルに移行させた事実から、テストに係る連邦と各州の諸機関による相当な協議と合意ができていたことは明らかである。

　この全国学力テストを開始するにあたり、普及する範囲は国よりも狭いが、類似した目的で行われていた州ごとの学力テストが廃止された。ニューサウスウェールズ州の場合、「基礎能力テスト」（Basic Skills Test, 以下、BST とする）、「英語言語識字能力アセスメント」（English Language and Literacy Assessment, 以下、ELLA とする）、「中等教育計算能力アセスメント・プログラム」（Secondary

Numeracy Assessment Program, 以下、SNAP とする）がそれぞれ NAPLAN に移行する形で廃止となった。連邦と州との事前協議が綿密に行われ、メルボルン宣言の 2008 年より前から、全国学力テストの実施に向けて州政府は協力した。とりわけニューサウスウェールズ州の Basic Skills Test（BST）は、NAPLAN が実施される前から、先住民と移民を含めて多様な社会文化的背景を持つ人々が共存する社会で実施するオーストラリアならではの多文化主義的なテストとしての完成度が高かった。テストを受ける多様な社会文化的背景のある生徒たちのプロファイルに配慮し、テスト受験前後のケアがテストの実施主体からなされていた。多文化主義的な配慮のあるニューサウスウェールズ州のテスト政策は、その実施主体が NAPLAN および OECD による PISA のオーストラリアでの実施に係る関係者と同じことから、BST はたんに廃止となったのではなく、NAPLAN に発展的に引き継がれたと見ることができる[2]。

　2008 年に全国レベルでの学力テストを導入してしばらくは、州の学力テストの結果との読み替えが試みられた。そのようなニーズは各学校からもあった。ヴィクトリア州では州政府による学力テストを 2003 年から 2007 年まで実施し NAPLAN を導入した 2008 年の前年に廃止したが、読み替えのスコアとして「ヴィクトリア州基礎学習スタンダード読み替えスコア」（Estimated Victorian Essential Learning Standards Equivalent Score）を開発し、全国調査と州政府の調査を連続性のあるものとして取り扱った。この読み替えスコアを開発する意義は、たんに複数のテストによる混乱を収拾するだけにあるのではない。ヴィクトリア州が所轄する同州の初等中等教育と本来は関与しないはずの連邦政府の国家教育指針との、テストだけではない連邦政府とヴィクトリア州のカリキュラム全体の調整である。ヴィクトリア州では独自に州の教育カリキュラムを長年に渡り開発してきた。1980 年代からはほぼ 10 年おきに州カリキュラムを策定し、2005 年には前述のテスト読み替えスコアで用いられたカリキュラムであるヴィクトリア州基礎学習スタンダード（Victorian Essential Learning Standards, 以下、VELS とする）を策定した。この時代になると 21 世紀にふさわしい学びのような形で州政府のカリキュラムが提示され、個人と社会の発展、伝統的教科領域、学内外で機能するための学際能力を組み合

わせている。他方、連邦政府はナショナル・カリキュラムとしてのオースト
ラリアン・カリキュラムを 2013 年に開始した。ACARA が学習領域 (英語、数学、
理科、人文社会、芸術、技術、保健体育、言語の 8 領域) で特に習得させたい力と
汎用的能力 (読み書き、計算、情報通信技術の能力、批判的・創造的思考、個人的・
社会的能力、倫理的理解、異文化理解) や学際的優先事項 (アボリジナル・トーレ
ス海峡諸島民の歴史文化、オーストラリアとアジアの関係、持続可能性) を明示した。
州独自のカリキュラムは、2013 年に連邦政府が実施するオーストラリアン・
カリキュラムとの整合性を保つ必要があるため、州内で検討がなされた。こ
のようにナショナル・カリキュラムが導入されたときは、州独自のカリキュ
ラムに優先度の高さを認めることと、各学校による教育プログラムの責任の
所在を確認し、連邦政府、州政府、学校をそれぞれ活かす工夫をした (青木
2015, 101-117)。全国学力テストは、このような州政府による学力テストとカ
リキュラムに係る自律した教育政策の保障なくして運営することができない。

2.　全国学力テストとゴンスキー予算

全国学力テストの NAPLAN は読み書きと計算の能力を公立と私立の学校
に在籍する第 3、第 5、第 7、第 9 学年の生徒を対象に評価するテストである。
試験科目は基礎言語能力 (Language Conventions)、文章読解 (Reading)、文章作成
(Writing)、計算 (Numeracy) の 4 つに分かれ、試験時間は試験科目・学年ごと
に異なり 1 科目 40 〜 65 分となっている。文章作成を除き、3 択・4 択式の
出題を中心に記述式を含めた形になっている。毎年 5 月に実施し、9 月に結
果がわかる。出題内容と範囲については、各州の教育行政と関係機関の合意
によって設定されており、各州は出題内容と範囲を承知している。

NAPLAN の結果は「ナショナル・アセスメント・スケール」(National Assess-
ment Scale) によって全国平均の中程度である 60 % が到達する成績範囲と生徒
個人の成績が 10 段階のバンドで示される。すべての学年でそれぞれ最低限
達成するべき下限のバンドが示されている。このバンドは学年が上がっても
有効であるため、生徒や学校は経年比較を行うことができる。これらのフィー

ドバックは生徒、保護者、学校に対して行われる。とりわけ保護者向けには全国学力テストの意義と成績報告書の読み方を伝えるための情報をホームページに掲載している。また、この調査自体のアカウンタビリティのために報告書が書かれるとともに、「マイ・スクール」(My School) のサイトが開設されている (Australian Curriculum, Assessment and Reporting Authority 2017)。最近は NAPLAN のオンライン化によるテイラード・テストが考えられている。受験する生徒の能力に応じて難易度が変わり、より正確に学力を把握し、難しすぎないテストと生徒に認識されることから、テストへの不安を減らすことがメリットと考えられている。

　連邦政府の「オーストラリア教育法 2013」(Australian Education Act 2013) において、2025 年までに世界でトップ 5 の学力レベルに入ることを目指している (Department of Education and Training, Australian Government 2013)[3]。オーストラリアン・カリキュラムと連動する形で実施する学力テストの NAPLAN に関連して、遠隔地にあって社会経済的に不利な生徒たちが学ぶ学校の先生に対し、予算面での支援がなされる。実際に遠隔地にある学校の生徒たちの成績は必ずしも低いわけではない。しかし、国土が広大なオーストラリアでは、遠隔地において教育に携わる際の手当てをきめ細かにランク付けして定め、遠隔地に教育に従事する人材が確保できるようにとの意味で優遇する。学校にはそれぞれ NAPLAN の結果に基づく数値的な算定レベルがあるが、その他にも遠隔地であることのランク付けが共存する。この遠隔地教育のためのメカニズムよりも準市場的なメカニズムが全国的には優勢であり、それはテスト結果の公表の仕方に確認できる。オーストラリア・ニューイングランド大学教員の高山 (2012) が述べるには、NAPLAN ではマイ・スクールにおいて、学校ごとのテスト結果が全国平均と比較されているが、学校地域の経済レベルを元に算出する社会経済指標が同じレベルの 60 校が、比較可能な学校として提示され、これらの学校の結果との対比が可能である。これは、NAPLANがアカウンタビリティ、学校比較、親の学校選択、競争を政策の中心に位置づけて、準市場的なメカニズムを積極的に導入していることの現れと高山は述べる。親や地域の視線という準市場が生み出す間接的な圧力を利用するこ

とで、世界に伍することのできるレベルでの教育水準の向上という国家目標を遂行している[4]。また、アカウンタビリティのための結果の公表は、そのテスト結果の公表の方法次第で学校の序列化につながるため、懸念する声が上がる（Thompson 2013, 62-69）。学力テストの対策を競って行うことの問題が指摘され、準市場としてのメカニズムといっても納得を引き出せるわけではなく、結果の不適切な利用への懸念もいくつか報告されている。

　たとえば、ニューイングランド大学の教員を務めるアンダーソンとボイル（Anderson and Boyle）は、NAPLAN に関する学校への資金提供について「高い成績を上げた学校への罰」（penalized for success）があり得るとして警鐘を鳴らしている。まず、高い成績を上げた学校はそれ以上の資金投入は必要ないという考えはある意味公平で成立しやすいが、NAPLAN の点数の高低にかかわらず、オーストラリア全土のどの学校も NAPLAN で点数を上げるためにたいへん苦労している。この苦労に対して報いるべきであって、たとえ NAPLAN での成績が上下したといっても学力の限られた一面を測定する NAPLAN を使って毎年のように資金提供の金額を変えることは、すべての学校と生徒に害があるという。NAPLAN で高い成績を上げた学校への罰があり得るとすれば、「優れた学校と劣った学校の資金提供のパラドックス」（strong-poor school funding paradox）の下で、優れた学校が容易に劣った学校に転落し、政府からの資金提供によって再び優れた学校に戻るという、一つの学校がレベルを昇降させることによるパラドクスを無意味なものとして懸念している（Anderson and Boyle 2015）。

　全国学力テストとナショナル・カリキュラムが実施されている時期である 2010 年代の予算策定を、連邦政府のラッド労働党政権下で教育大臣を務めたギラード（Julia Gillard）から 2010 年に諮問された有力な企業経営者であるゴンスキー（David Gonski）の名前から「ゴンスキー予算」（2011 年）と呼んでいる[5]。2013 年の政権交代でいったん連邦政府の政策からは消滅したが、2018 年以降は「ゴンスキー予算 2.0」として改めてオーストラリアの教育政策についてレポートをまとめ、命脈を保っている。2010 年代前半のゴンスキー予算では、オーストラリアの連邦政府と各州政府は教育関係の追加予算として 94

億オーストラリアドルを支出するよう求めた。ゴンスキーは、連邦政府も各州政府も教育予算については論理的な考え方をせず、透明性に欠けていると見た。巨額の公共予算を扱う連邦と各州の政府に対していくつかの勧告を出した。2011年の段階でゴンスキー報告書に見られる勧告のポイントは次の3点である。

- 2011年ゴンスキー報告書の勧告1：連邦、州、準州政府は非政府部門と相談のうえ、学校資金のスタンダードを、透明性が高く、順守することができ、公平かつあらゆる部門や制度からの適用が可能なものに変える必要がある。
- 勧告5：新しい資金提供のモデルは、最も不利益を被っている生徒たちを対象にしたものに高い優先順位を置くことはもとより、教育上の不平等を減らすことに高い優先順位を置くが統治機関に関するものとする。
- 勧告35：オーストラリアの連邦政府、州と準州政府は、三者が共同で出資しつつも独立した団体として、国家学校資金提供団体（National Schools Resourcing Body）を設立し、能力と専門知識を基準に参加者を指名するべきである（Department of Education, Employment and Workplace Relations 2011, xxi-xxviii）。

　2013年にギラードから提示された94億オーストラリアドルについては、連邦政府と各州、準州政府の責任になったが、2013年のうちに労働党が政権の座から下りた。2013年に連邦政府と共同で州政府としての資金提供の実施を決めたニューサウスウェールズ州では、ゴンスキー予算を利用し、なおかつNAPLANの成績を参考にしながら、継続的に教育改革が行われている。ニューサウスウェールズ州のシドニー郊外にあるカンリー・ヴェイル・ハイスクール（Canley Vale High School）では、校長がゴンスキー予算の意義を称えている。この学校は長きにわたり教育格差に苦しめられてきた。近隣住民の社会経済的指標は州の下位5％に入り、生徒の88％が国家語の英語を第一言語としない移民の子弟である。NAPLANの結果は著しく州の平均を下

回る低いバンドに入る。カンリー・ヴェイルには 2014 年からゴンスキー予算が配分され、NAPLAN の出題分野でもあるリテラシーのプログラムに時間をかけ、より多くの専門家を配置することが可能になった。この学校は 2010 年から 2013 年の間に「低い社会経済的指標の学校コミュニティ国家連携プログラム」(Low Socio-Economic Status School Communities National Partnership) に 300 万オーストラリアドルの資金提供を受けていた。ゴンスキー予算からは 2014 年から 2016 年の間に増額して 400 万オーストラリアドルとなった[6]。この成果は著しく、2015 年には第 9 学年の生徒の 97％が読み書きと計算で全国ミニマムスタンダードに到達した。また、2015 年に読み書きの上げ幅では全国で上位 1％以内に入ることになった。これらはゴンスキー予算の成果と校長は考えており、資金提供が途切れることには困惑する (Canley Vale High School 2017, 7)。

　各州では 2013 年のゴンスキー予算が途切れる時期の 2010 年代の後半には、教育格差是正の点からゴンスキー予算 2.0 が期待された。逆にまったく期待していないことを表明する識者もいる。ゴンスキー予算 2.0 で個人の学習ニーズに合わせることを目的としているので、標準化されている NAPLAN への攻撃が増すであろうし、構造化された教科内容を教えることから遠ざかるであろう (Hewett 2018, 1-3)。2018 年のゴンスキー予算 2.0 では、23 の勧告を出す中で、優先順位の高い 3 つの重要な領域を定める。

- 2018 年ゴンスキー予算 2.0 の 3 つの領域　その 1：毎年すべての生徒の学びを少なくとも 1 年分の成長につなげる。
- 3 つの領域　その 2：すべての生徒が急速に変化する世界において、創造性を発揮し、関係を取り持ち、深くかかわる学び手となるようにする。
- 3 つの領域　その 3：適応力があり、革新的で、継続して改革する教育システムを作る (Commonwealth of Australia 2018, xii)。

ゴンスキー予算 2.0 につながるものと見られているゴンスキー・レポートでは綿密にここ 12 年の生徒の変化を主に国際的な指標に基づいて調べ、こ

れらの 3 つの領域を定めている。OECD 平均やランクなどという国際的な比較の対象が頻繁に出てきて量的な分析がなされており、これまでのオーストラリアの 12 年間はネガティブな評価を受けている。オーストラリア教育の 12 年間については、「立派な教育の遺産があるが、成果は落ちている」(a fine educational heritage, but declining performance) また「多くのオーストラリアの学校は改善しているのではなく、船で遊覧している」(many Australian schools are cruising, not improving) と述べている (Commonwealth of Australia 2018, 5-10)。2011 年のゴンスキー予算の継続版として 2.0 に安易に頼る姿勢では足元をすくわれるであろう。すべての生徒たちの学習を深化させるために新たなカリキュラムと教科書を開発させたいとする計画では、ほぼすべての学校への配分額が以前よりも増額となる。

3. 全国学力テストのハイステイクスな性格

全国学力テストとしての NAPLAN の導入当初より、オーストラリアではテストを用いるアセスメント行政で先行するアメリカでのテスト政策の状況を研究していた。NAPLAN の実態がハイステイクスなのか否かを精査することなく、オーストラリア人研究者による調査や研究の前提が、NAPLAN はアプリオリにハイステイクス・テストであるとみなされる場合もあった。アメリカは世界の基準と目されやすく、オーストラリアでも同じテスト政策を採用するならば同じ危険が想定されるという考え方である。実態としては、国際的であるために国の内部でハイステイクスとはなりにくい OECD の PISA が 2000 年代に成長したことを受けて、世界的視野に立ってメガコンペティションの競争力を欲したオーストラリアが全国で統一したテストを求めたという流れであり、アメリカの政策は直接には何も関係ない。

ハーストとマクネレージ (Hurst and McNeilage 2013) が伝えるように、このところ「NAPLAN はハイステイクス・テスト」という考えが、学校、家庭、マスコミに広がっている。連邦政府が所轄する NAPLAN 実施団体は、「(ハイステイクス・テストではないと想定する) NAPLAN をハイステイクス・テストに

するのは、学校と先生がたが作り出す説明の調子と見通しによるものであり、その責任は学校と学校の先生がたが負う」との意味の発言をした。NAPLAN 実施団体からこれを連邦政府に伝えたとの発言があり、教員組合との間で騒動となった。ここ数年は、ハイステイクス性をめぐり真面目な議論になり得るテストと見られている。NAPLAN に NO という会も大学教員の支持を得て成長している。また、NAPLAN を本質的にハイステイクス・テストで問題だとする人はたいてい、NAPALAN の代替案を持っている。NAPLAN に NO という会の中でも、リテラシーをテストするべき対象とするのでなく、新しい時代に必要なスキルを規定したうえでリテラシーをその中に含めれば、ハイステイクスな性格を帯びることになるリテラシーのテストそのものが不要になるという考えもある (Klenowski and Wyatt-Smith 2010, 65-69)[7]。

　NAPLAN には連邦政府の全国実施団体のほか、特別地域・準州を含む州ごと（ニューサウスウェールズ、ヴィクトリア、南オーストラリア、西オーストラリア、クイーンズランド、タスマニア、首都特別地域、ノーザンテリトリー）の実施団体があり、州が独自に決める教育スタンダードの中で NAPLAN がどのように位置付けられるのかが異なる。数年前にヴィクトリア州では州の行政トップが「NAPLAN をハイステイクス・テストとして活用する」と言明した。この発言は NAPLAN の本来の目的に照らして点検する必要がある。NAPLAN は結果の公表をウェブサイトで行い、学校監査の際に査察監は NAPLAN の結果を見るが、NAPLAN のパフォーマンスの低い学校により多くの学校改善用の資金がわたる仕組みである。また、教員給与への影響はない。ハイステイクス性を生み出す可能性のある強い権力を多方面から指摘されているのは、各州教育省の中にある小部局の NAPLAN 実施団体ではなく、学校監査とアカウンタビリティの要請、教員認証評価の実施を進める教育省のほうである。また、NAPLAN にハイステイクス・テストの要素が見られると判断された場合、それは、受験することによる不必要なストレスといった形での生徒とその学習への影響にネガティブな意味を帯びるものとして焦点化される。

　ニューサウスウェールズ州では高等学校卒業の資格に、第 11・12 学年で「上級学校修了証書」(Higher School Certificate, 以下、HSC とする) の課程を修了し

た証明を添えて、各州の大学入学センターで受験資格を得る。ニューサウス
ウェールズ州の教育スタンダード当局は、2017年から第9学年のNAPLAN
の結果を、HSCの代わりとなるリテラシーとニューメラシーの証明として
利用することに決めた。これにより、「誰の目からも見ても明らかなハイス
テイクス・テストとしてのNAPLAN」を構築させた。しかし、これが問題と
なって、2018年で中止と決まった。理由の一つとして、ハイステイクス性
を州当局が認め、HSCでのNAPLANの利用は不適切とした。NAPLANでは
ないHSC独自のテストを実施することになった[8]。

　もう一つの理由として上げられるのは、NAPLANの第9学年向けのリテ
ラシーとニューメラシーのテスト結果では、第9学年の生徒の70%がHSC
を取得できないレベルと判明したことである。HSCを取得する率はニュー
サウスウェールズ州全体で80%前後であり、さらに大学進学希望者は当然
のようにHSCを取得するため、70%もの生徒が落第しているようでは問題
があるとの判断である。明確なハイステイクス・テストとしてのNAPLAN
の利用は、1年限りで終わった。これはあまりに性急な動きであったが、現
在は権力によってハイステイクス・テストになり得るNAPLANを問題視し
た各州の教育大臣が集まり、NAPLANを見直す方向性を共同で模索した。

　ホイットラム研究所(Whitlam Institute)のような公共政策のレポートにも見
られる傾向であるが、連邦議会の政治家はNAPLANの導入当初からの動向
を注視し、政治活動でNAPLANを取り上げる。超党派(労働党、自由党ほか)
の委員会でNAPLANの課題をレポートした(Whitlam Institute 2003)。一部の政
治家もNAPLANがハイステイクスであることを問題視し、生徒への影響を
懸念している。生徒の不受験や棄権も顕在化している。これは、教師が親と
生徒にNAPLANをどのように説明するかに影響を受ける危険があり、生徒、
親と教師の関係を変えるという点を問題視した研究成果もオーストラリアに
ある。また、NAPLAN導入後10年でどのような効果があったのかと疑問を
呈することもあるが、生徒のスコアについて毎年NAPLANから得られるエ
ビデンスに基づき改善をしていくことが重要との考えに通じる。エビデンス・
ベースを唱えている限りはオーストラリアでNAPLANの意義は残るものと

見られている（Wahlquist 2017, 1）。しかし、ゴンスキー予算 2.0 による教育への投資は、NAPLAN 対策のための教育に向けて行われるわけではない。

注

1　1901 年に連邦政府が成立するとともに、それまでイギリスの植民地であった政府が州となった。初等中等教育は州の管轄である。この独特な歴史的背景の下に連邦と州の関係を理解する必要がある。

2　ニューサウスウェールズ州の BST などの州ごとのテストを NAPLAN の開始に合わせて廃止することは、州の政治判断である。ニューサウスウェールズ州の資料として保存されている BST の実施状況を見ると、テスト題材と学習方法の多文化主義のほか、実施後の個人情報を含むデータ処理などテストとしての完成度は高く、明らかな落ち度があるわけではない。運営のノウハウの一部は NAPLAN に継承されている。

3　「オーストラリア教育法 2013」においてメガコンペティションの観点から他国との競争を意識した規定がなされた。通常の教育行政では他国との競争を意識するのかという点では、OECD の PISA の結果が出たときにドイツなどの先進加盟国で生じた PISA ショックや PISA パニックはオーストラリアにおいても多少なりとも同様に発生した。

4　NAPLAN のマイ・スクールによる学校選択のような準市場の動きはオーストラリア独特である。準市場の動きは日本の教育行政にもあるが、学力テストの結果公開による学校選択を促すような形を取らない。準市場においては市場の形を取りながらも中央政府からのコントロールと併存している。準市場は教育、医療、福祉の部門で実施される。

5　ゴンスキーは数々の企業経営に携わり、「ミスター・ネットワーク」の異名を持つ傑出したビジネスマンである。1953 年に南アフリカのケープタウンで生まれ、1961 年にオーストラリアへ移住した。連邦の労働党政権のギラードから予算案を諮問されたゴンスキーは、教育格差の是正を重視しつつも、教育予算の配分のあり方にメスを入れた。

6　NAPLAN において関連付けられる社会経済的指標については、このところのオーストラリアの教育政策では参照するべきデータとなっているが、オーストラリアにおいて本当に必要なものであるのかどうかの議論は少ない。社会経済的指標の有効性を量的に調べたマークス（Marks 2017）が指摘するところによると、オーストラリアの教育政策では指標を用いた理論的な説明を量的な調査からは支持することができないとしている。

7　「NAPLAN に NO という会」に所属するシドニー大学のアンダーソン (Michael Anderson) 教授と 2019 年 3 月 7 日に面会したところ、テストには政治家、業者を含めさまざまな関係者の利害が絡むことがわかった。教育の理論と実践方法について見解のある大学教員も利害関係者として相対化されてしまう。州の教育省や教育スタンダード当局に権力はあるが、運用の仕方には別の方法があることも本稿で指摘する通りである。

8　ニューサウスウェールズ州の高校に通う大学進学希望者が取得する HSC でテストを実施する部分は、ハイステイクス・テストと考えていいだろう。この問題は、ハイステイクス・テストとしての HSC にさらにハイステイクス性を上塗りする目的で NAPLAN の結果を援用することにある。そもそも NAPLAN はハイステイクス・テストではないと明言する人に、オーストラリアでの導入に際して尽力したマクゴーがいる。

参考文献

青木麻衣子 (2015)「「オーストラリアン・カリキュラム」導入はなぜ実現できたのか―全国実施に至った政策的・制度的背景の検討―」『オセアニア教育研究』第 21 号、101-117 頁。

高山敬太 (2012)「同化と差異化が同時進行する世界の教育政策：学力テストの日豪比較から」*Asia Pacific Memo* http://www.asiapacificmemo.ca/national-testing-in-japan-and-australia-to-publish-or-not-to-publish-scores-japanese-version。

Anderson, J. and Boyle, C. (2015) "NAPLAN data and school funding: a dangerous link," August 20, 2015 *AEST*. https://theconversation.com/naplan-data-and-school-funding-a-dangerous-link-46021.

Australian Curriculum, Assessment and Reporting Authority (2017) "My School," https://myschool.edu.au/.

Canley Vale High School (2017) "Canley Vale Thanks Gonski," *Education*, 98 (4), p.7.

Commonwealth of Australia (2018) *Through Growth to Achievement: Report of the Review to Achieve Educational Excellence in Australian Schools (Gonski 2.0).*

Department of Education, Employment and Workplace Relations, Australian Government (2011) *Review of Funding for Schooling: Final Report (Gonski Report)*, 2011.

Department of Education and Training, Australian Government (2013) "Australian Education Act 2013," https://www.education.gov.au/australian-education-act-2013.

Hewett, J. (2018) "Gonski 2.0 won't help schools," *The Australian Financial Review*, 2, pp.1-3.

Hurst, D. and McNeilage, A. (2013) "NAPLAN agency blames teachers, principals for turning exams into high-stakes test," 19 June 2013 *SYDNEY MORNING HERALD*. https://www.smh.com.au/politics/federal/naplan-agency-blames-teachers-principals-for-turning-exams-into-high-stakes-test-20130618-2ogw7.html.

Klenowski, V. and Wyatt-Smith, C. (2012) "The Impact of High Stakes Testing: The Australian Story," *Assessment in Education: Principles, Policy & Practice*, 19, pp.65-79.

Marks, G. N. (2017) "Is SES really that important for educational outcomes in Australia? A review and some recent evidence," Australian Educational Research, 44, pp.191-211.

Thompson, C. (2013) "NAPLAN, MySchool and Accountability: Teacher perceptions of the effects of testing," *The International Education Journal: Comparative Perspectives,* 12 (2), pp.62–84.

Wahlquist, C. (2017) "Naplan testing: students' skills show little improvements 10 years on Data shows small rise in average reading and numeracy skills for primary school students, but decrease in writing results," 2 Aug 2017 *AESTFirst.*

Whitlam Institute (2003) *Senate Inquiry into the Effectiveness of the National Assessment Program - Literacy and Numeracy (NAPLAN),* For the Senate Education, Employment and Workplace Relations Committees Submission prepared by The Whitlam Institute within the University of Western Sydney & Nicky Dulfer, Prof. John Polesel and Dr Suzanne Rice from University of Melbourne's Graduate School of Education 5 June.

第6章

アメリカと似て非なる学力テストの様相
——カナダ・オンタリオ州——

森本 洋介

　カナダは国全体として PISA（生徒の学習到達度調査）のどの調査項目についても、成績が調査国・地域のなかで毎回上位に位置している。しかしカナダの場合、教育に関する権限は各州及び準州が所管することになっており、カナダ全体で学力テストについて論ずることは困難である。そこで本章では、PISA においてすべての科目（読解力、数学的リテラシー、科学的リテラシー）で国の平均よりも上に位置し、総合的には国の平均より少し上に位置する[1]オンタリオ州に焦点を当てる。また、オンタリオ州は首都であるオタワ、国内最大の都市であるトロントを有していることから、オンタリオ州の子どもは多様な人種・民族から構成されている（つまり多様な文化、言語、経済レベルの人間が調和して生活している）が、総じて国際学力調査の結果が高い水準にあり、またいわゆる学力格差も OECD 平均に比べるとどの科目でも小さい（CMEC 2019, 35）というデータもある。よって、オンタリオ州に焦点を当てることは、カナダの国全体の学力傾向をつかむヒントになろう。

　オンタリオ州において、PISA のような国際学力調査や、州統一テスト（オンタリオ州における学力テストを本章ではこのように呼称することとする）の実施・検証を行う機関として設立された「教育の質とアカウンタビリティに関するオフィス（Education Quality and Accountability Office, 以下、EQAO とする）」は、オンタリオ州が参加している主な国際学力調査[2]と州統一テストを比較し、国際学力調査で測られる 21 世紀型スキルは EQAO が実施しているテストで測っている能力（コミュニケーションスキル、ニューメラシースキル、批判的思考力と問題解決能力）よりも幅広い能力を想定していると述べている（EQAO 2011）。

つまり州統一テストと PISA 等の国際学力調査は内容に相関があるものの、国際学力調査の準備として州統一テストを実施しているわけではない。また州統一テストの実施に関するプロセスは、2000 年に実施された第 1 回 PISA よりも早く始まっている。つまり、オンタリオ州では国際学力テストの論理とは別に、独自のガバナンスのために州統一テストを実施していると考えられる。それでは、オンタリオ州のテスト・ガバナンスは何を目的に、どのように実施され、どのような影響を州民に及ぼしているのだろうか。

　本章ではカナダ・オンタリオ州におけるこのようなテスト・ガバナンスの構造的特質について、オンタリオ州の学力テスト自体や、学力テストをめぐる議論を基に探っていく。本章の構成は、まず、カナダ連邦としての教育制度や、学力テストについて述べる。その次にオンタリオ州に焦点を当て、州統一テストの内容、運営と結果の利用、ステークホルダーが州統一テストをどのように捉えているか、について述べ、テスト・ガバナンスの構造的特質を検討する。

1.　カナダの教育制度と全国的な学力テスト

(1) カナダ連邦の教育制度

　カナダは元々英国の植民地である「英国領北アメリカ」であった。アメリカが英国植民地に敵対的な態度をとっており、1860 年代には「英国領北アメリカ」に領土を拡大しようとする恐れなどがあったことから、英国領植民地の指導者たちは、それぞれの植民地の存在を維持しながら、連邦化を求めたとされている（セイウェル 1987）。「英国領北アメリカ」が新しい連邦国家を創設するという合意に達したのは 1864 年であり、それから 2 年間、新しい国家の具体的な内容を検討した。その結果、英国議会は 1867 年に「英国領北アメリカ法（British North America Act）」を採択した（セイウェル 1987、66）。この「英国領北アメリカ法」が 1982 年に制定された「1982 年憲法法」によって「1867 年憲法法（Constitution Act）」と改称され、同時に制定された「権利と自由の憲章（Canadian Charter of Rights and Freedom）」などとともに、カナダの憲法として

現在位置づいている (松井 2012)。「英国領北アメリカ法」制定後、カナダ連邦内では中央集権化が強い時代もあれば、地方分権化へと進む時代があったが、現在ではきわめて分権化し、「州は誰にも予想できなかったほど強大になった」(セイウェル 1987、83) とされている。

　「1867 年憲法法」第 93 条ではカナダの教育について「州において、かつ、州のために、立法府は、次に掲げる規定[3]に従うことを条件として、教育に関する法律を制定する権限を専属的に有する」と規定され、州の立法府の管轄事項であることを明記している。このことから、教育行政は州を単位として行われ、各州に日本の文部科学省にあたる州教育省が設置されているものの、カナダ連邦政府としての教育省は存在しない。連邦としての教育省が存在しない代わりに、各州・準州の情報交換や相互協力を円滑にするため、1967 年にカナダ教育担当大臣協議会 (Council of Ministers of Education, Canada, 以下 CMEC とする) を発足した。CMEC は、州ごとに異なる中等教育修了条件を定めているカナダにあって、州を超えて転校する生徒のために、各州の履修条件を示し州相互の科目認定用参考資料を提供したり、あるいは全国規模の学力テストを実施したりするなどの活動を行っている。しかし CMEC は連邦政府内の組織ではなく、各州教育省の連絡・調整機関であり、何らかの強制力をもって州政府を拘束するものではない (小林・関口・浪田他 2003)。カリキュラムや教育財政のみならず、基本的な学校体系や学力調査・修了試験の有無も州ごとに異なる。カナダ全体の学校体系と学力調査・修了試験の有無を**表6-1**に示した。

　表 6-1 からわかるように、カナダは州によって教育制度が大幅に異なるため、国家として教育政策を論じることは困難なことが多い。冒頭で述べたように本章ではオンタリオ州に焦点を当てる。なお、次章のアルバータ州はオンタリオ州とは異なった州独自の学力テスト体制を整備していることを、ここでことわっておく。

(2) カナダ全土を対象とした学力調査

　既述のように、基本的には各州が独自に学力テストを開発し、州民を対象

表 6-1　カナダ各州の学校体系と学力調査・修了試験の有無

州 (province)	学校体系	学力調査	修了試験
ニューファンドランド (Newfoundland and labrador)	Primary (K-3), Elementary (4-6), Intermediate (7-9), High (Level 1-3)	×	○
プリンス・エドワード島 (Prince Edward Island)	Kindergarten and Elementary (K-6), Intermediate (7-9), Senior (10-12)	×	×
ノヴァスコシア (Nova Scotia)	Primary-3, Grade 4-6, Grade 7-9, Grade 10-12	○	○
ニューブランズウィック (New Brunswick)	(英語系) Elementary (K-5), Middle (5-8), High (9-12), (仏語系) Primary (K-8), Secondary (9-12)	○	○
ケベック (Quebec)	Preschool (2 years), Elementary cycle one (1-2), Elementary cycle two (3-4), Elementary cycle three (5-6), Secondary cycle one (7-8), Secondary cycle two (9-11)	×	○
オンタリオ (Ontario)	Elementary (K-8), Secondary (9-12)	○	○
マニトバ (Manitoba)	Early years (K-4), Middle years (5-8), Senior years (9-12)	○	○
サスカチュワン (Saskatchewan)	Elementary (pre-K and K-8), Secondary (9-12)	○	○
アルバータ (Alberta)	Elementary (K-6), Junior high (7-9), High (10-12)	○	○
ブリティッシュ・コロンビア (British Columbia)	K-9, 10-12	○	○
ユーコン準州 (Yukon)	ブリティッシュ・コロンビア州のカリキュラムに従う	○	○
ノースウェスト準州 (Northwest Territories)	Junior kindergarten (4/5 years old), Elementary (1-6), Junior high (7-9), High (10-12)	×	×
ヌナブト準州 (Nunavut)	elementary (K-6), secondary (7-12) ※カリキュラムと教材はノースウェスト準州、アルバータ州、サスカチュワン州、マニトバ州のものを一部共有している。	×	○ (アルバータ州の試験を使用)

(出典) 各州教育省のウェブサイト (2020/3/26)、小林・関口・浪田他 (2003)、小川 (2007) より、筆者作成。

に実施しているが、カナダ連邦として、すべての州・準州を対象とした学
力テストも存在している。1993年から2004年までは、合計9回実施された
School Achievement Indicators Program（以下 SAIP とする）という学力テストが存
在していた。SAIP には13歳と16歳の生徒が参加し、1回のテストあたり、
カナダ全体で24000人程度が受験した。たとえば2002年のライティングの
テストでは、13200人の13歳と、11400人の16歳の生徒がカナダ全体で参
加している（EQAO, 2003a）。テスト科目は数学（mathematics）、リーディングと
ライティング（reading and writing）、科学（science）があり、これらのうちいずれ
かの科目がその年に実施された（**表6-2** 参照）。テストの結果はレベル1未満、
レベル1〜レベル5で示された。各州は各レベルの達成者がどの程度いるの
かを他州と比較しながら、自州の教育政策について検討するための資料とし
ていた。

　2003年に CMEC は各州におけるカリキュラム改革の状況を鑑み、SAIP の
内容をあらためることで合意した。テスト内容の変更に伴い、名称も汎カナ
ダ学力評価プログラム（Pan-Canadian-Assessment-Program, 以下 PCAP とする）となっ
た。CMEC によれば、カナダ全体の傾向を測るためのテストであって、個人
の成果を測るものではないため、抽出調査であることには変更ないが、サン
プリング数を3万人程度とし、2007年から3年おきに実施することとなった[4]。
テスト科目は数学、リーディング、科学の3科目であり、すべての科目を一
度のテストで実施する。ただし毎回どれか1つの科目が調査の中心となる科
目とされ、その科目についてはそれ以外の2つの科目より多くの生徒が受験
する（それぞれの科目について受験する生徒は異なる）。PCAP のテスト内容の特
徴として、特定の州・準州のカリキュラムの内容を参照しておらず、実社会
の問題解決スキルに関する問題を出題している。学習の成果を測るテストで

表6-2　SAIP の各テスト科目の実施状況

数学	リーディングとライティング	科学
1993、1997、2001	1994、1998、2002（ライティングのみ）	1996、1999、2004

（出典）https://www.cmec.ca/544/SAIP_1996-2004.html（2020/7/23）より、筆者作成。

表6-3　2007年以降のPCAPの結果

2007年調査	・2007年春に実施。 ・無作為抽出された10州、ユーコン準州の13歳の子どもが参加した。 ・15,000人が英語のリーディングに、5,000人が仏語のリーディングに、7,500人が英語の数学、科学に、2,500人が仏語の数学、科学のテストを受験した。
2010年調査	・1,600校、32,000人の第8学年の生徒が調査に参加した。 ・数学が主たる調査科目であり、リーディングと科学も実施した。
2013年調査	・1,500校、32,000人の第8学年の生徒が調査に参加した。 ・科学的リテラシー（科学的探究、問題解決、推論）の能力と、4つの領域（化学、生物、物理、地学）が主たる調査科目であり、リーディングと数学も実施した。 ・10州の参加のみで、準州は参加しなかった。
2016年調査	・1,500校、27,000人の第8学年の生徒が調査に参加した。 ・リーディングが主たる調査科目であり、文章そのものの理解、文脈の理解、文章に対する自分なりの理解、文章に対する批判的な理解、の4つの能力を評価した。科学と数学も実施。主たる調査科目が二回りしたため、本調査で初めて本格的な経年比較が可能になった。 ・10州の参加のみで、準州は参加しなかった。

（出典）https://www.cmec.ca/240/Pan-Canadian_Assessment_Program_（PCAP）.html（2020/3/26）より、筆者作成。

あり、学習方法を評価しようとするものではない。生徒は英語か仏語のどちらかの言語で回答することができる。2007年の第1回調査は13歳の生徒が参加した。2010年の第2回調査以降は各州の第8学年（ケベック州はSecondary cycle two）にあたる生徒が参加している。**表6-3**は、各回の調査の概要について整理したものである。

　以上のように、PCAPはカナダ全土（主に10州）を対象とした学力テストではあるが、抽出調査であり、全体の傾向を把握するための調査にすぎない。これは、各州のカリキュラムが独自に作成されていることを考慮しているためである。テスト結果の利用について、CMECはとくに言及しておらず、各州がこの結果をどのように教育政策に反映しているのかは不透明である。しかし、たとえばオンタリオ州のように、いくつかの州は独自に報告書を作成し、州内での経年比較や、自州がカナダ全体の平均と比べてどのような結果であったのかを考察している（EQAO 2014）。このような実態はあるものの、カナダ連邦として実施しているPCAPは、学力テストとしてのガバナンスは

緩く、参考データ程度の位置づけにすぎないと考えられる。

---

2. オンタリオ州における学力テスト

---

(1) オンタリオ州の教育制度

　オンタリオ州では、言語・宗教の観点から、英語系公立学校、仏語系公立学校、英語系カトリック学校、仏語系カトリック学校の 4 種類の初等・中等の公立学校が存在し、これに対応する形で教育委員会も 4 種類が存在する。また一般的に初等教育は第 1 〜 8 学年 (Grades 1 〜 8)、中等教育は第 9 〜 12 学年 (Grades 9 〜 12) であるが、カトリック学校では初等教育が第 1 〜 6 学年、中等教育が第 7 〜 12 学年であるところもあり、公立学校自体が多様であることが特徴であるとも言える。

　中等教育までの学校選択に関しては、初等学校の場合、通常は自分の居住地に最も近い学校に行くことになる。中等学校進学に際しては第 8 学年時にガイダンス・カウンセラーに進路について相談する機会が子どもに与えられる。初等教育と同様、自分の居住地に最も近い学校に通うことになるのが通常である。最も近い中等学校に進む場合は学校の定員に関係なく学校側が生徒を受け入れなくてはならない。最も近い学校に進学を希望しない場合は、希望する学校の定員に欠員がある場合に限り受け入れられるのが通常である。オンタリオ州の初等教育は 8 年、中等教育は 4 年であり、義務教育は学年ではなく年齢 (7 歳から 16 歳まで) で決められている。

　カリキュラムは大きく初等教育用と中等教育用に分けることができる。オンタリオ州のカリキュラムは学校段階もしくは科目ごとに改訂されており、日本の学習指導要領のように学校段階で一斉に改訂されるわけではない。1980 年代からの改訂をみていくと、1987 年、1995 年、2000 年代半ば、2010 年代後半あたりにそれぞれ改訂が行われているが、中等教育「英語」のように 2007 年から 2020 年 9 月時点まで改訂されていない科目もあれば、初等教育「社会科」のように 2013 年の次は 2018 年に改訂された科目もある。

　学校や教員はオンタリオ州教育省が発行する認定教科書のリストである

「トリリアムリスト (Trillium List)」から、使用する「教科書」を選ぶことになる。「トリリアムリスト」は基本的にすべての教科・科目を網羅しているが、カリキュラムのある一部分に特化した資料や、参考資料のようなものまでは把握していない。それらの資料は「補助教材」という扱いになる (Ministry of Education, Ontario 2008)。「補助教材」の選定については各教育委員会に責任が委ねられる。教員は「トリリアムリスト」に載っている「教科書」や、「補助教材」から自由に選択して授業を行うことができる。

(2) 州統一カリキュラムおよび州統一テストがつくられた背景

　オンタリオ州における州統一テストに関して、古くは 1950 年代から 1960 年代にかけて、第 13 学年の修了試験がすべての科目で行われ、そのテストは大学入学の基盤ともなっていた。1960 年代末期、試験は中断し、教員の生徒評価のみが大学入学の基盤となったということが確認できる (Royal Commission on Learning 1994, 3-4)。第 13 学年の修了試験以外には統一テストがなく、1977 年から 1990 年代前半までは州統一テストはまったく存在していなかった (Fagan and Spurrell 1995)。しかし 1980 年代に入り、アメリカのスタンダード運動の影響もあったことから、州統一で実施される標準テストが必要とされる機運がオンタリオ州にも生まれた (Fagan and Spurrell 1995)。なお、第 13 学年は 2002 年度に廃止され、2003 年度からは第 12 学年が中等教育の最高学年になっている。

　オンタリオ州でいわゆる「統一カリキュラム」が作成されたのは、1990 年の新民主党政権下であった。オンタリオ州では、『共通カリキュラム (Everybody's Schools: The Common Curriculum) 第 1-9 学年』(1993) が登場するまで、「統一カリキュラム」が存在しなかった。州政府からは、「ブックリスト」にすぎないガイドラインが示されていた程度だったという (平田 2007)。成果重視で公正さを強調し、学術的な学びを目標とした、自由党政権の教育政策を受け継いだ新民主党政権 (Gidney 1999) は、学校環境や学習内容における人権問題に着手するとともに、到達度を詳細に示した共通カリキュラムに基づく州統一テストの実施計画と、教員に対してそのテスト結果に応じた学習計画の策定を求めた

（上杉 2008）。1995 年から政権をとった進歩保守党は、成果主義的な教育路線を継続し、州統一カリキュラム（*The Ontario Curriculum*）と州統一テストの実施に踏み切った。2003 年に政権与党となった自由党は、州統一カリキュラムおよび州統一テストを、社会に対する教育のアカウンタビリティを果たすものとして、現在（2020 年 9 月時点）でも実施している。

(3) 州統一テストを企画・運営する EQAO の設立

　標準テストが支持された背景には、オンタリオ州がカナダの他の諸州と比較して、学力テストの伝統を持たなかったがゆえに、スタンダード運動の影響によって、公教育の説明責任を州民に対して果たすべき、という声が強まったことが推察できる。ファーガンとスパレル（Lenora Perry Fagan and Dana Spurrell）によれば、「（カナダの）全 12 の州・準州のうち、3 つを除いたすべての州・準州がなんらかの中等教育試験を課している。また、ほとんどの州が明確に設定された卒業要件と、カリキュラムにおける詳細なプログラムを確立させようとしている。より早い学年段階から、成果に基づいた教育（outcome-based education）制度を行おうとする明らかな変化がみられる」（Fagan and Spurrell 1995, 1）とされ、オンタリオ州でも学校教育における質保証の指標が必要だと指摘している。

　州統一カリキュラムの策定および、そのカリキュラムを学んだ成果を測るため、1996 年 6 月 27 日に、公立学校に通うすべての子どもは州統一の学力テストに加わらなければならないという主旨の法律が制定され、州統一テストや国際学力テスト等の実施・運営・分析などを統括する EQAO が設立された。EQAO は第 3・6 学年のリーディング・ライティング・算数、第 9 学年の数学、第 10 学年の中等教育リテラシーテスト（Ontario Secondary School Literacy Test, 以下、OSSLT とする）といった、州統一テストを実施し、採点および結果の公表、調査結果の分析と報告を行う。各学校および各教育委員会は EQAO 報告書及び自らの学校や管轄学区の結果を考慮して、改善のための行動計画を作成することが求められている（小林・関口・浪田他 2003）。州統一テストは 1997 年から試験運用が始まり、2002 年 2 月に本格実施された。

(4) 州統一テストの種類と内容

　先述したように、州統一テストは第3学年と第6学年のリーディング・ラ
イティング・算数のテストと、第9学年の数学のテスト、そして第10学年
のOSSLTから構成される。なおOSSLTは中等教育修了要件の1つとしての
ハイステイクスなテストとなっている。すなわち、中等教育修了のために必
要な履修単位を取得し、そのうえでOSSLTにも合格していなければ、中等
教育を修了することはできない。すべてのテストは多肢選択式および文章(短
文および長文)記述式から構成される。テストサンプルはEQAOのホームペー
ジで公開されており、誰でもアクセスできるようになっている。

　第3学年と第6学年のリーディング・ライティング・算数について、児
童が達成すべきスタンダードがEQAO(2019c)に示されている。これらは *The
Ontario Curriculum* にも記載されている事項であり、州統一テストは州統一カ
リキュラムに記載された学習目標や児童の達成度に基づいた内容のテスト
であることが周知されている。第9学年の数学のテストには大学進学コース
(academic)向けとそれ以外の進路(applied)向けの2種類のテストがある。どち
らも①数学的内容：数的感覚・代数、関数、解析幾何学、計量と幾何学など、
②数学的思考：問題解決、推論などの数学的な学力を問うテストになっている。

　次にOSSLTについて、テストの趣旨としては、生徒に対してテスト結果
に基づいて合否判定をすることで、中等教育を修了するに足る資格があるか
否かを判定することにある。そして学校に対しては当該生徒に対してどのよ
うな技能が足りないのかについての説明を行い、今後の指導に役立てること
ができるようにしている。つまり、合否判定についても重要であるが、その
結果を生徒の指導にどのように活かすか、ということもテストの目的になっ
ている。不合格者は次年度に再受験することになるが、第12学年までに合
格できそうにない場合はオンタリオ州中等教育リテラシーコース(OSSLC)
という講座に出席し、修了することでOSSLTの合格に代えることもできる。
ハイステイクスな性格を持っているが、やり直しが可能であり、また第12
学年までに合格できなかったとしても、他のルートで中等教育修了資格を得

ることは制度上可能となっている。なお、各年度の年次報告書（*Annual Report*）によれば OSSLT の通過率は、運用開始当初は 75％前後であったが、2004 〜 2005 年度以降は 80％を超えたあたりで通過率が高止まりしている。これらの通過者のうち、大学進学コースの通過率は 92％であるが、applied コースの生徒の通過率が 44％となっており、2013 〜 2014 年度と比べると 7％下がってきていることが課題となっている（EQAO 2018, 12）。

　OSSLT が中等教育修了要件である理由は、オンタリオ州の中等教育受講者が獲得していなければならない 21 世紀型スキルを獲得できているか否かを評価するためである。OSSLT は 21 世紀型スキルとしての「リテラシー」を、次のように定義する。

　　　リテラシーは広義の意味において、活字および視覚テクストを読み書きすることを通じた意味の生成である。言語やリテラシーは生徒が他人とコミュニケーションを行う社会文化的な文脈（ジェンダー、人種、社会階層、年齢などにおけるアイデンティティや権力関係を含む）において発生する社会的実践であるとみなされる。（EQAO 2016, 14）

　すなわち、学校で学ぶリテラシーは社会生活にリンクしていなければならないと、オンタリオ州は考えていることがわかる。また、OSSLT はペーパーテストであるため、ここでの「視覚テクスト」はグラフや写真などのいわゆる非連続型テクストを指しているが、初等・中等教育の英語科では「メディア・リテラシー」ないし「メディア・スタディーズ」という、デジタルメディア、インターネット、動画などの多様なメディア様式やジャンルも読み解くべき教材として扱っている（森本 2014）。OSSLT におけるリテラシー概念は、現代社会に生きる子どもたちが中等教育を修了した後に、実生活を送ったり、仕事をしたりするうえで、必要な能力である。そのことを公的に証明するために OSSLT が必要だとするのがオンタリオ州や EQAO の論理である。

3.　州統一テストとアカウンタビリティ

(1) アカウンタビリティの方向性

　前節において、州統一テストはすべてのオンタリオ州の生徒が中等教育を修了するために必要な能力を備えていることを公的に証明するために存在している、ということを述べたが、このようなアカウンタビリティの果たし方については批判もある。たとえば、経済原理を教育に導入すること、すなわち教育における競争原理の導入により、経済的生産性を保障することが公教育における学校のアカウンタビリティであるとする、新右翼的な政治思想である (小林・関口・浪田他 2003)。オンタリオ州における州統一テストの構造は、オンタリオ州教育省が作成した州統一カリキュラムに基づいて EQAO がテストを作成し、そのテストの結果に基づいて各教育委員会が教育改善計画を作成し、そしてこの計画に基づいて各学校が何をどのように教えていく必要があるのかを決めていくことになる。結果として「何を子どもに教えるかについて、各教師あるいは各校は各教育委員会に、各教育委員会は EQAO あるいは州政府に対してアカウンタビリティを負うことになる。つまり、アカウンタビリティの方向が上を向く」(小林・関口・浪田他 2003, 78) ことになり、このようなアカウンタビリティのあり方は垂直型アカウンタビリティなどと呼ばれる。

　このようなアカウンタビリティのモデルにおいては、評価がトップダウン的に一方向で行われる。この場合、アカウンタビリティを果たせなかったことの批判の矛先は、基準を作成した州政府や EQAO ではなく、学校現場や教育委員会、教師に向くことになる。実際に筆者が 2013 年 10 月 29 日に行った、オンタリオ州教員組合 (Ontario Teachers' Federation, 以下、OTF とする) の I 氏への州統一テストに関するインタビューにおいて、「学校や教育委員会はテストのために多大な労力を使っている。一方で保護者はテスト結果を学校選択のために使う可能性が高い。子どもはアカウンタビリティという言葉に反応し、学校や教師に対してストレスを溜めている。」と I 氏は述べている。教員組合の広報誌においても、州統一テスト準備の指導に通常の授業時間が割かれて

いること、教師はテストで良い結果を出さないといけないという強いプレッシャーにさらされており、そのためテスト準備に多くの時間を割かざるを得なくなっていることを指摘している (OTF, AEFO, ETFO, OECTA and OSSTF 2011)。

　一方、クレハン (Lucy Crehan) は「説明責任」という言葉の類義語に「結果責任」、「遂行責任」、「法的責任」、「過失責任」という4つの言葉があることを基に、フィンランドや日本、シンガポールやカナダのような PISA 上位国では「結果責任」と「遂行責任」の意味で「説明責任」が使用されている一方、イギリスとアメリカでは「法的責任」と「過失責任」の意味で「説明責任」が使用されているという (クレハン 2017, 253-254)。すなわち校長が学校運営に責任を持ち、何のために、どのようなことを行っているのかを地域や管轄機関に納得のいく形で説明できるようにすることで学校改善を図ることが「結果責任」、「遂行責任」であり、何かが起こったときに校長の責任を追及し懲罰を課すこともありうるのが「法的責任」と「過失責任」である。クレハンは、オンタリオ州は「結果責任」と「遂行責任」を果たすために州統一テストを行い、教員もそのことを理解したうえで子どもの学力改善のために教員が州統一テストに積極的に関わっていることを、よい意味で評価している。外部の人間から見れば、オンタリオ州のアカウンタビリティの果たし方が理想的に見えることもあることを示している。

　このように、一定のアカウンタビリティはオンタリオ州として必要であるとしつつ、そのことが学校現場に与えるプレッシャーについても州教育省と EQAO は理解を示している。このアカウンタビリティについて、学校現場やオンタリオ州民に理解を求めるため、州教育省と EQAO が意識しているのが透明性 (transparency) であると考えられる。以下、州教育省と EQAO がどのように透明性を確保しようとしているのかについて考える。

(2) 州統一テストの作成過程

　EQAO は自ら開設する動画サイトにおいて、州統一テストの作成・実施・評価方法を紹介している[5]。そのサイトによれば、プレテストや毎回のテストのスコアに対する分析、教育学、心理学等の専門家の意見を交えて、テ

ストの内容を検討している。そのうえで、問題の作成にあたっては、パイ
ロットテストを依頼された教員が自分の授業で児童生徒に問題を解かせ、そ
の設問が「明確か」、「問われていることは何か」などをチェックする。その
コメントを12名の教員や管理職から構成される「評価開発委員会（Assessment
Development Committee）」に送り、検討する。そこで検討されたことを24人の
多様な文化・言語・民族・障がいを持つ人の構成員から成る「配慮に関する
委員会（Sensitivity Committee）」に送り、すべての児童生徒にとって理解可能な
問題であるかどうかを審議する。ここで審議された設問はその年度のテスト
に使用される内容だけでなく、ストックもつくっておき、別の年度の試験に
使用することもある。設問は審議等を経てパイロットテストを依頼された教
員がわからない形に変換され、公平性を保つ。実際のテストでは各設問を組
み合わせ、全体としては各設問を考える段階とはまったく異なる新しいテス
トとして構成される。最終的にテスト内容の妥当性はオンタリオ州内の各地
域で管理職、教育委員会、教員、保護者、児童生徒から構成される諮問機関
（Assessment Advisory Committee）や、心理測定の有識者会議によって判断される。
テスト実施に関してはEQAOのウェブサイトで公開されている実施の手引
き（*How to Administer the OSSLT*）に基づいて行われる。

(3) 採点のプロセス

　EQAOではテストの作成、実施、採点のすべての段階においてオンタリ
オ州全体の教育者（教員と教育委員会のスタッフ）が任意で参加する。およそ
18000人がこれらの作業に参加している（EQAO 2006）。

　とくに採点に関して、評価の前に採点のガイドラインとルーブリックを
採点者に認識させるための会議を行い、そのうえで採点を行っている。2002
〜2003年度は2200人程度の教育者が採点に参加した（EQAO 2003b）。その後
も2500人程度（最大で2006年度の3500人）の仏語、英語の教育者が採点と、結
果の協議に参加した。

　採点に参加するのはオンタリオ州教員協会（Ontario College of Teachers）に所
属している、主に「定年退職した元教師、現職教師、さらに公募による学士

号を持つ個人」(Jones 2014, 101) である。採点者の訓練や、事前の採点基準の構築は綿密に計画されて行われている (Jones 2014)。採点に参加する教員は事前に研修を受け、研修でのテストに合格した人間が採点に参加できる。なお、1 つの解答用紙に対して 2 名の採点者が採点する。まず 1 人目の採点者が答案を採点する。次に 2 人目の採点者が 1 人目の採点を確認したうえで独自に採点する (事実上、二重チェックとなる)。そのうえで評点 (レベル 1 〜 4 で評価)が異なる場合は第三者が確認して妥当な方の評点を採用する。また、採点の時期や採点方法は OSSLT とそれ以外のテストによって分かれる。

　OSSLT の場合、テスト実施日から 2 週間以内(州統一テストの実施された週の週末には EQAO が各学校から回収し、翌週の月曜日から採点が始まる)に採点を行う。採点には退職教員、学士号を持つ教育学部所属の学生、非常勤(特定の学校に所属していない) 教員が多く参加する (学校は学期中のため)。採点者が同じ採点会場に集まり (1500 人程度)、短期間に集中して採点する。結果に関して生徒側から不服がある場合、当該学校長に期日までに申し出ることで、再度成績を確認してもらうことができる[6]。

　第 3・6 学年のリーディング・ライティング・算数のテスト、第 9 学年の数学のテストの場合、夏休み中に採点を行う。現職教員のみが採点する。これは、現職教員がオンタリオ州の児童生徒の理解度や苦手分野の傾向を把握するためでもある。答案をすべてスキャンして電子データ化し、採点者のみアクセスできるサイトから答案をダウンロードして自宅で採点する。採点者 10 〜 15 人につき 1 名の監督者が付き、採点の妥当性を評価する。個人作業になるため、採点者によっては作業効率が低い、もしくは採点にばらつきがある場合があり、採点への信頼性は低くなる傾向がある。別の問題として、生徒による不正なハッキングが行われたとみられるケースがある[7]。

(4) 結果の公開およびフィードバック

　すべての州統一テストの結果の公開およびフィードバックの方法について、EQAO のサイトで教育委員会・学校別の結果と報告書を公開している (たとえば EQAO 2019b)。なお、OSSLT については通過率を示し、その他のテス

トについては達成レベル別の結果および州の最低基準以上の子どもの割合を
示している。また、受験者(第3学年と第6学年の場合はその保護者)には個人
の成績を示したレポート(「個人成績報告書(Individual Student Report)」)が渡され、
自分の点数、州の平均点、所属する学校の平均点、それぞれのテストの点数
(レベルで示される)、それ以前のテストの個人成績の変遷(第6学年のテスト以
降)、通過者／非通過者に向けた手続き(OSSLTのみ)、が主な情報として伝え
られることとなる。また、移民の状況(カナダに移住して〇年以内など)や家庭
環境、文化資本などの子どもの背景も詳細に分析し、別途レポートとして公
開している。このようなきめ細やかなテスト結果の分析は、単に州統一テス
トを学校のランク付けや、学校間・教員間の競争を煽る道具にしないための
配慮であると考えることができる。

　OSSLT以外の州統一テストは調査目的であるとはいえ、最終的には
OSSLTの通過にこれらの成績が関係している。このことは各児童生徒や教
員に相当のプレッシャーを与えていると推測される。実際に筆者が2016年
3月1日に訪問したカトリック系英語学校(S校とする)では、第3・6・9学年
での州統一テストの点数が低い子どもはOSSLTの通過率も低い傾向にある
ため、そういった子どもに対してサポートを行っていた。具体的には、放課
後に補習教室を開く、個人の苦手な分野についてデータを基に本人に知らせ、
意識させて克服させる、などのことをやっていた。S校のOSSLT通過率は
90%(調査時点年度の州平均が82%)で比較的高く、Eligible(1回目で通過できなかっ
た生徒)のその後の通過率も高いということであった。このように、オンタ
リオ州の学校のなかには、OSSLTを意識してその他の州統一テストの結果
を活用するところも存在しており、OSSLTを中心に、すべての州統一テス
トが連結していると捉えることもできる。

4.　州統一テストにかかわるステークホルダー

　これまでにみてきたように、オンタリオ州のテスト・ガバナンスにおいて
は、州統一テストを中心とした垂直型アカウンタビリティによる学校現場へ

の締め付けが指摘されている（小林・関口・浪田他 2003）。また OSSLT が実施され始めたころは、その結果が男女の学力差を問題にすることがあっても、英語を母語とする子どもとそうでない子どもの差を出していなかったり、特殊な才能を持つ子どもが OSSLT で合格点を取ることができないケースについて分析できていなかったりするケースがあり、標準テストが子どもの学力を評価するには限界があるという意見もあった（Volante, Beckett, Reid and Drake 2010）。一方で、EQAO は透明性やきめ細やかな結果分析を行うことで、このような州統一テストへの批判をかわそうとしている面もみられる。それでは、オンタリオ州におけるテスト・ガバナンスの構造的特徴をどのように捉えることができるのか、各ステークホルダーの主張から検討する。

(1) 学力を評価する手段の1つとしての州統一テストの強調

　オンタリオ州教育省が子どもの学習状況の評価の指針として作成したガイドブック（2010）によれば、大規模な評価は授業での評価・評定とは目的が異なり、設計のされ方や実施のされ方、採点のされ方によって評価方法も異なるということが強調されている。授業における評価と大規模な評価の両方を実施することが重要かつ効率的であり、同時に用いられることで、生徒の学びや成績の全体の見取り図を描くことが可能になるという（Ministry of Education, Ontario 2010, 92）。

　EQAO も州統一テストと、学校レベルでの評価の両方の必要性を述べる。なぜなら2つの評価方法は異なる目的、異なる情報を有しているためである。図 6-1 はその違いを示している。

　2013年10月30日に EQAO の J 氏に行ったインタビューによれば、EQAO が測定しているのは狭い意味、基本的な意味での言語スキルであり、話す・聴くといったコミュニケーションスキルは含んでいないとして、州統一テストによる学力評価の限界を指摘している。このように、少なくとも EQAO は州統一テストが子どもの学力のすべてを評価できているとは考えておらず、学校での教員による形成的な評価も同レベルで重要であると考えている。他方で、EQAO は独自にオンタリオ州民にアンケートを取り、州統一テスト

EQAO の評価	学校での評価
生徒の探究的な知識とスキルを、州のスタンダードと関連させて測る。	今の学年の学習をどの程度理解しているかを測る。
教師、学校、教育委員会、州政府が状況を精査し、教育の改善に活かせるような恒常的な情報を提供する。	教師が自分の授業方法を改善できるようにするため、生徒の現段階の学習状況を反映した情報を提供する。
オンタリオ州の教員資格を満たす教師によって、一貫性のある客観的な方法で作成、実施、採点される。	教師個人によって作成、実施、採点されるため、教師は自分が担当する生徒の学年や教科・科目の内容を加味して学習を評価する。
経年比較および教育委員会同士で比較できるような、妥当で信頼性の高い評価結果を提供する。	結果は州内の他の学校や教育委員会と比較できない。
↓	↓
より包括的な子どもの学習像の把握。	

図 6-1 州統一テストと学校での評価の目的

(出典) EQAO (2012), 10 より、筆者作成。

の必要性のエビデンスとしている (EQAO 2012a)。また J 氏はアメリカのように州統一テストの結果が学校や教員に対して何らかの賞罰をもたらすわけではないが、州教育省はテスト結果を教育政策のエビデンスとして利用していると考えられるとも述べている。このことから、州統一テストがテスト・ガバナンスに利用されていることがうかがえる。

(2) オンタリオ州の各教員組合による批判

　オンタリオ州には学校種や言語系学校別の教員組合がそれぞれ存在し、それらをまとめる存在として OTF がある。OTF は 1944 年に成立した Teaching Profession Act を根拠に結成されたが、それ以前から中等教育教員の 90％以上が組合的な組織に加入していこともあり、とくにオンタリオ州中等学校教員組合 (Ontario Secondary School Teachers' Federation, 以下、OSSTF とする) はオンタリオ州の教育政策に強い影響力を持っていたとされる (Gidney 1999, 22)。1970年代前半には、教員の労働環境と給与の上昇をめぐって OSSTF を中心にストライキやデモ行進などを行い、州政府に一部法改正を実施させた実績もあ

る（Gidney 1999, 117-119）。

　OTF などの教員組合は、EQAO のテストのような、学びの一側面をある時点で切り取っただけのデータが今後の教育政策の意思決定の基盤になることがあってはならず、社会、経済、文化的な背景こそが個々の子どもの学習にとって重要な要因になっていることを認識し、州教育省は子どもの社会、経済、文化的な背景が学習成果に影響しないような教育政策を行うべきであると述べている（OTF, AEFO, ETFO, OECTA and OSSTF 2011）。さらにオンタリオ州民の州統一テストに対する認識に対し、多くの市民は州統一テストが学校の指導方法の質を評価していると錯覚していると述べる（OTF, AEFO, ETFO, OECTA and OSSTF 2011）。テスト結果の通知に対しても、個人成績報告書の様式と子どもの学習にほとんど関連がなく、かつ個人成績報告書はテスト終了後数か月経ってから渡されるため学習改善とつながりが薄く、また個々の子どもの長所や短所がわからない内容になっていると指摘する（OTF, AEFO, ETFO, OECTA and OSSTF 2011）。

　また OSSTF の C 氏に対して 2013 年 10 月 28 日に行った、OSSLT についての中等教員の意識について聞いたインタビューでは、「結果の公表に関して、ゴシップ紙が『よい学校・悪い学校』という見出しで記事を書き、世論を煽っている。テスト結果はごく一部の能力の結果であるにもかかわらず、テスト結果がまるで学校全体の教育の質を反映しているかのように一般市民には理解されてしまう。また、州統一テストが先住民の文化や言語を奪うことになるのではないかということを懸念している。テストは英語で行われ、テストの内容は北米の英語文化圏の生活や考え方を反映している。彼らは英語文化圏の人びとと同じような思考・文化をしているわけではない。」と述べ、州教育省と EQAO の主張をよそに、一般市民には州統一テストがランク付けの道具として認識されていることや、テスト問題に内在する文化の問題を指摘している。

(3) オンタリオ州における州統一テストの歴史

　オンタリオ州では、1980 年代後半から 1990 年代前半にかけ、「学習に関す

る王立委員会 (Royal Commission on Learning)」が教育改革全般に関する調査を行い、『学ぶことを好きになるために (For the Love of Learning)』と題された報告書を刊行した。『学ぶことを好きになるために』では、様々な教育改革の課題の 1 つとして、州統一の標準テストの実施が提言されたが、その是非については議論があった。なぜなら、カナダ全体の動向からすればオンタリオ州は州統一テストの実施に消極的だったからである。統一テストと評価の歴史は『学ぶことを好きになるために』において、1960 年代には教員が生徒を評価することの自立性が州民から広く認められていたこと、1970 年代から 1980 年代にかけて、カナダ全体で標準テストが拡充されていった時期であったが、オンタリオ州は導入に慎重だったことなどが記載されている (Royal Commission on Learning 1994, 3-6)。

　このようなオンタリオ州の歴史と、世界的に広まりつつある新自由主義やアカウンタビリティの議論を慎重に検討し、オンタリオ州は独自のテスト・ガバナンスを生み出したと考えられる。2004 年から 2013 年までオンタリオ州首相・教育相特別政策顧問に就任していたトロント大学オンタリオ教育研究所 (Ontario Institute for Studies in Education of the University of Toronto) のフラン (Michael Fullan) は、カナダの教育政策の特徴として、各地域の教育権が尊重されてきたため、歴史上大規模な教育改革はなされてこず、1990 年代半ばまでは各学校レベル、もしくは広くても地区教育委員会レベルでの改革に留まってきたということを指摘している (Fullan 2000)。とくにオンタリオ州の教育関係者について、カナダの他の諸州と同じように 1990 年代までは学校レベルの独自性を主張し、州主導の改革に抵抗してきたが、1990 年代に比べれば、2000 年代以降は改革に対して前向きになってきているとフランは考えている (Hargreaves and Fullan 2013)。

　フランは、オンタリオ州が面積の広い、急速に人口が増えている都心部と、そうではない地方から構成されており、経済格差や、後期中等教育中退率の高い地域と低い地域、人種民族の多様性といったさまざまな社会問題が混在していることを指摘している (Levin, Glaze and Fullan 2008, 275)。そのような状況を踏まえ、1997 年から、罰則を科さずにモチベーションを維持しつつアカ

ウンタビリティを果たし、結果への透明性とデータを効果的に用いた実践の改善を行い、データは教育実践の向上と社会へのアカウンタビリティのためだけに用いる（ランク付けには用いない）などといったマクロレベルの改革（州などの規模における自治体主導の改革）を「全制度の改革（Whole System Change）」と称して行ってきた（Fullan 2013, 27）。本節の (1) と (3) で扱ったように、州政府は教員の自立性や専門職性を基本的には尊重しているため、子どもの評価を適切に行うことができるのは、日々その子どもを観察している教員であるという共通理解はなされていると考えられる。そこに州全体として子どもたちの成績を標準テストによって評価する、というアカウンタビリティの考えを導入することに、学校現場（とくに教員組合）の反発があったと考えられる。

オンタリオ州がアメリカの学力テストの展開と異なる様相を呈しているのは、アメリカのスタンダード運動の流れを受けつつも、州の教員組織が強い影響力を有していたことに配慮し、アカウンタビリティと教員の自立性の間での「落としどころ」を模索していたことにあるのではないだろうか。

5. 州統一テストによるガバナンスの構造的特徴

以上、本章ではカナダ・オンタリオ州に焦点を当て、州統一テストによるガバナンスの構造的特質について検討してきた。オンタリオ州は 1990 年代に州統一カリキュラムを策定し、そのカリキュラムの内容を、中等教育を修了できるレベルで子どもが達成しているのか否かを、運営主体である EQAO を中心として州統一テストによって評価してきた。州教育省も、教員組合も、子どもの学業の達成を評価することの重要性、とくに教員の日常的な評価（形成的評価）を重視すべきという見解や、学力調査がごく限られた学力の側面の測定にすぎないという認識では一致している。また、OSSLT にみられるようなリテラシー、すなわち 21 世紀型スキルを育成することの重要性も互いに認識している。しかし、州政府や EQAO は学校教育のアカウンタビリティとして、州統一テストによって子どもの達成度を評価することを主張しているのに対し、教員は、教師の精神的・時間的負荷が大きいこと、民族的

マイノリティへの配慮に欠けていることなどを理由に、州統一テスト以外の方法で評価することが必要だと主張する。一般の州民はそういった議論についてあまり理解しておらず、マスコミの情報から、州統一テストを競争やランク付けの装置として理解している傾向がある。

　OSSLT が中等教育修了のための必須要件であり、ハイステイクスな性格を持っていること、そして第 3・6・9 学年の州統一テストが調査目的の学力テストでありながら、事実上は OSSLT 通過のための資料として活用されていることから、オンタリオ州は強いテスト・ガバナンスを有していると考えることができよう。実際に学校現場や教員は負担を感じており、テスト対策も実施している。そしてオンタリオ州民はテスト結果が子どもの「成功」（＝経済的生産性の向上）につながると理解している傾向がある。しかしながら、オンタリオ州のテスト・ガバナンスにおける特質は、州政府主導の「透明性」と学力保障であると考えられる。州統一テストの問題作成から運営の方法、採点方法に至るまで、開示できる情報は可能な限り開示し、またテスト結果に対して生徒から不服審査を申し立てることも可能である。とくに問題作成過程で多様なステークホルダーからその質を評価させていること、採点において誰がどのように点数をつけているのかを公表していることは、透明性を高めたうえで学力を保障するための手段であると考えられる。教員が採点に参加していることについて議論の余地があるにせよ、参加している教員は、自分の指導に役立てるためという建設的な意識を持っているようである[8]。また、特別なニーズ（視覚障がいや聴覚障がいなどの子どもの多様な特性）には事前に申し込みを受け付けることで対応し、場合によっては試験時間の延長も認めている。このような受験者に対する公平性を担保していることも、学力を保障するための透明性の一部であろう。

　このような透明性の確保は、フランが説明するように、世界的なアカウンタビリティの潮流と、オンタリオ州の教育、そして教員の専門職性を尊重してきた歴史を踏まえ、とくに教員に対して州統一テストの意義を理解してもらうことを模索した結果であると言える。少なくとも、州統一テストが誰のためにあるのか、と問われたときに、「子どものため」と誰もが認めるよう

なガバナンス構造を、オンタリオ州では整備してきたのではないだろうか。州統一テストがアメリカと同じような学力テストのハイステイク性を有しつつも、オンタリオ州が異なる様相を呈している理由はここにあると考えられる。

※ 本文は平成 30-33（2018-2021）年度 日本学術振興会科学研究費補助金 若手研究（B）「コンピテンシーを測るカナダの学力テストにおける採点プロセスに関する研究」（課題番号 18K13045）の研究の成果の一部である。

注

1　本結果は PISA2018 のものであるが、それ以前の結果は各科目で多少異なる。

2　オンタリオ州が参加している主な国際学力調査としては、リーディングのリテラシーを評価する、IEA の国際学力調査である PIRLS（Progress in International Reading Literacy Study）、同じく IEA が実施している TIMSS（国際数学・理科動向調査）、そして PISA である。

3　4 つの規定があるが、主に宗派的マイノリティであるカトリック系もしくはプロテスタント系住民がその権利を侵害されないようにすることと、それら宗派の権利を保護する法律が制定されない場合や法律が制定されていても執行されない場合の救済規定が記載されている。

4　CMEC, Pan-Canadian-Assessment-Program（PCAP）Overview, https://www.cmec.ca/240/Pan-Canadian_Assessment_Program_（PCAP）.html（2020/3/26）

5　http://www.eqao.com/en/about_eqao/media_room/Pages/videos.aspx（2020/3/26）

6　http://www.eqao.com/en/assessments/OSSLT/Pages/osslt-appeal-request.aspx（2020/3/26）

7　州統一テストの採点に関する説明は 2017 年 3 月 28 日に筆者が実施した EQAO の J 氏に対して行ったインタビューによるものである。

8　2018 年 1 月 12 日に EQAO の事務所内会議室にて 7 名のテスト採点経験者に対して行った集団インタビューより。

参考文献
上杉嘉見（2008）『カナダのメディア・リテラシー教育』明石書店。

小川洋（2009）「学力調査にみるカナダ教育の特徴」『カナダ研究年報』第 27 号、1-18 頁。

クレハン・ルーシー著、橋川史訳 (2017)『日本の 15 歳はなぜ学力が高いのか？：5 つの教育大国に学ぶ成功の秘密』早川書房。

小林順子・関口礼子・浪田克之介他編著 (2003)『21 世紀にはばたくカナダの教育』東信堂。

セイウェル・ジョン著、吉田善明監修、吉田健正訳 (1987)『カナダの政治と憲法』三省堂。

平田淳 (2007)「第 6 章　カナダ・オンタリオ州における子どもの学力向上政策―統一カリキュラムと学力テストに焦点を当てて―」大桃敏行編『教育改革の国際比較』ミネルヴァ書房、94-110 頁。

松井茂記 (2012)『カナダの憲法―多文化主義の国のかたち―』岩波書店。

森本洋介 (2009)「カナダ・オンタリオ州における学習者の評価方法に関する考察：王立委員会報告書『学ぶことを好きになるために』を手掛かりに」『教育目標・評価学会紀要』第 19 号、47-56 頁。

森本洋介 (2014)『メディア・リテラシー教育における「批判的」な思考力の育成』東信堂。

CMEC. (2019) *Measuring up: Canadian Results of the OECD PISA 2018 Study The Performance of Canadian 15-year-olds in Reading, Mathematics and Sciences.* http://cmec.ca/Publications/Lists/Publications/Attachments/318/PISA2012_CanadianReport_EN_Web.pdf（URL, 2020/3/26）

EQAO. (2003a) *School Achievement Indicators Program Writing Assessment III(2002) Ontario Report,* Queen's Printer for Ontario.

EQAO. (2003b) *Annual Report 2002-2003,* https://www.eqao.com/en/about_eqao/about_the_agency/annual_reports/communication-docs/annual-report-2002-2003.pdf（URL, 2020/3/26）

EQAO. (2011)"Preparing Students for the World Beyond the Classroom: Linking EQAO Assessments to 21st-Century Skills", *Research Bulletin,* no.7, http://www.eqao.com/Research/pdf/E/ResearchBulletin7_en.pdf（URL, 2019/9/19）

EQAO. (2012a)"Public Attitudes Toward Provincial Testing–And the survey says…", *In the Know with EQAO,* http://www.eqao.com/Publications/ArticleReader.aspx-?Lang=E&article=b12A002&section=（URL, 2019/9/19）

EQAO. (2012b) *The Power of Provincial Testing Program,* https://www.eqao.com/en/assessments/communication-docs/power-provincial-testing-program.PDF（URL, 2020/3/26）

EQAO. (2014) *Pan-Canadian Assessment Program (2013) Ontario Report,* http://www.eqao.com/en/assessments/national-international-assessments/PCAP/Assessment%20Documents/PCAP-ontario-report-2013.pdf（URL, 2020/3/26）

EQAO. (2018) *Annual Report 2017-2018,* https://www.eqao.com/en/about_eqao/about_the_agency/annual_reports/communication-docs/annual-report-2017-2018.pdf（URL,

2020/3/26）

EQAO. (2019a) *Planning and Preparation Guide: Ontario Secondary School Literacy Test*, http://www.eqao.com/en/assessments/OSSLT/assessment-docs/planning-preparation-guide-osslt.pdf（URL, 2020/3/26）

EQAO. (2019b) *Highlights of the Provincial Results, 2018-2019*, http://www.eqao.com/en/assessments/results/communication-docs/provincial-report-highlights-literacy-2019.pdf（URL, 2020/3/26）

EQAO. (2019c) *Framework-Assessment of Reading,Writing and Mathematics, 2019*, https://www.eqao.com/en/assessments/assessment-docs/eqao-framework.pdf（URL, 2020/3/26）

Fagan, L. P., and Spurrell, D. (1995) *Evaluating Achievement of Senior High School Students in Canada: A Study of Policies and Practices of Ministries and School Boards in Canada*, Canadian Education Association.

Fullan, M. (2000) "The Return of Large-Scale Rrform", *Journal of Educational Change*, vol. 1, pp.5-28.

Fullan, M. (2013) "The New Pedagogy: Students and Teachers as Learning Partners", *Learning Landscapes,* vol. 6, no.2, pp.23-29.

Gidney. R.D. (1999) *From Hope to Harris: the Reshaping of Ontario's Schools*, University of Toronto Press.

Hargreaves, A., and Fullan, M. (2013) "The Power of Professional Capital with An Investment in Collaboration, Teachers Become Nation Builders The Role of Career Stages", *JSD,* vol. 34, no.3, pp.36-39.

Jones, R. M. (2014) *Large-Scale Assessment Issues and Practices: An Introductory Handbook.* Lightning Source (Ingram) Books Inc.

Levin, B., Glaze, A., and Fullan, M. (2008) "Results Without Rancor or Ranking Ontario's Success Story", *Phi Delta Kappan, Vol. 90(4)*, pp.273-280.

Ministry of Education, Ontario. (2008) *Guideline for Approval of Textbook,* Queen's Printer for Ontario.

Ministry of Education, Ontario. (2010) *Growing Success: Assessment, Evaluation, and Reporting in Ontario Schools,* Queen's Printer for Ontario.

OTF, AEFO, ETFO, OECTA and OSSTF. (2011) *A New Vision for Large-Scale Testing in Ontario,* OTF.

Royal Commission on Learning. (1994) *For the Love of Learning.* Vol. 2, Queen's Printer for Ontario.

Ryan, G. T., and Joong, P. (2005) "Teachers' and Students' Perceptions of the Nature and Impact of Large-Scale Reforms", *Canadian Journal of Educational Administration and Policy*, no.38. https://files.eric.ed.gov/fulltext/EJ846708.pdf（URL, 2020/3/26）

Volante, L., Beckett, D., Reid, J. and Drake, S. (2010) Teachers' Views on Conducting

Formative Assessment within Contemporary Classrooms. Online Submission, *Paper presented at the Annual Meeting of the American Educational Research Association.* https://pdfs.semanticscholar.org/7f38/e53e314f3e7ccac5bc1e72dc4cd5ba52adbf. pdf?_ga=2.186469289.1848710668.1585211906-1774708151.1585211906（URL, 2020/3/26）

第7章

協働的なガバナンス構造とテスト・ガバナンスの展開
——アルバータ州におけるアカウンタビリティ・モデルの形成——

黒田　友紀

はじめに

　ハーグリーブス (Andy Hargreaves) とシャーリー (Dennis L. Shirley) がその著書 *The global forth way* (2012) において、アイスホッケー以外には取り立てて自慢できるものはなく、だいたいのことがほどほど (中間) に位置するカナダにおいて、教育だけは別である (Hargreaves and Shirley 2012, 93) と述べているように、経済協力開発機構 (Organization for Economic Co-operation and Development, 以下、OECD とする) の生徒の学習到達度調査 (Programme for International Student Assessment, 以下、PISA とする) の結果において、カナダは常に成績上位国である。州別の PISA 2015 の結果を参照するならば、アルバータ州は、数学リテラシーはカナダの平均点を超えていないものの、読解リテラシーと科学リテラシーでは 1 位のシンガポールに次ぐ結果を残している (Council of Minister of Education 2016)。しかしながら、アカウンタビリティに関する研究やテストをめぐる議論について、カナダの各州の実態は明らかではない。

　ハーグリーブスとシャーリーは、PISA で好成績を収めた国・地域として、フィンランド、シンガポール、カナダ・オンタリオ州、米国カリフォルニア州とともにアルバータ州を挙げ、学校改善の革新的な取り組みを行いつつ成績も向上している事例として示した。しかしながら、日本の研究においてカナダやアルバータ州の教育改革やテストをめぐる状況を概観し、現在の状況を扱う研究はほとんどなく、その実態は明らかではない。そこで、アルバータ州において 1980 年代以降に展開されたアカウンタビリティを問う教育改

革や、2000 年代以降に展開された学校改善の取組みを検討することで、スタンダードとテストにもとづく懲罰的な学校・教員評価や学校改善を推進した米国とは異なる「テスト・ガバナンス」の在り方や新たな展望をもたらし得ると考えられる。

　本章では、アルバータ州教育省や教員組合等の資料と、同州でのインタビュー調査[1]から、第一に、1980 年代以降のアルバータ州におけるテスト政策の展開を概観し、第二に、1990 年代末以降、いかにアカウンタビリティ・システムを形成し運用しているのかを明らかにし、第三に、州独自のアカウンタビリティ・モデルのなかでエビデンスを示しつつ、国際的なテスト結果を州の改革の肯定的な評価として利用する形態でテスト・ガバナンスを展開していることを提示する。

1.　アルバータ州の概略と教育制度

(1) アルバータ州の概略

　アルバータ州は、カナダの西部、ロッキー山脈の北東部に位置し、米国のモンタナ州に隣接している (**図 7-1**)。同州はオンタリオ州、ブリティッシュ・コロンビア州に次いで人口の多い州であり、2019 年の人口総数は約 436 万人である。そのうち、州外から同州に移動する人々も増加している。州内の最大都市はカルガリー市であり、州都のエドモントン市、レッドデア市、レスブリッジ市が続く。カルガリー市が州人口の約 4 分の 1 以上を占めており、上記の 4 都市に人口の半数が居住している。移民は約 13.3% であり、カルガリー市は、トロント市、バンクーバー市、モントリオール市に次いで移民の多い都市である (Alberta Open Governance 2019)。

　同州の主要な産業は、石油の産出と観光業である。カナダの原油とオイルサンドの約 8 割を生産しており、石油からの収入が非常に大きい。しかし、近年、米国産の原油と比較してオイルサンドからの精製が割高なこと、カナダ国内での生産余剰、そして、パイプラインの送油能力の不足によって、経済的な基盤を揺るがす状況になりつつある[2]。

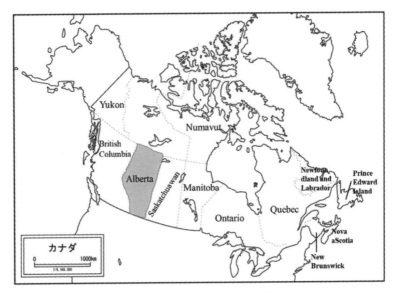

図 7-1 アルバータ州の位置

(出典)筆者作成。

　アルバータ州は、石油産出によって経済を支えていることと、政治的に保守的で、石油エネルギーが政治と経済を牽引する点から、「カナダのテキサス州」と呼ばれている。2015 年まで 44 年にわたって保守政党である進歩保守党(Progressive conservative)が政権を握っていたが、2015 年の選挙で、労働組合に近い左翼政党である新民主党(New Democratic Party)が政権をとった。しかし、2019 年 4 月 16 日の選挙で連合保守党に政権が戻っている。

(2) アルバータ州の教育制度

　アルバータ州は、6-3-3 制の学校体系をとっており、義務教育は 6 歳から 16 歳(K-Gradc11)までである。2018 年度の総学校数は 2,336 校であり、その内訳は、公立学校(public school)が 1,548 校、公設民営のチャータースクール(charter school)が 22 校[3]、州立学校(provincial school)が 53 校、先住民族の学校(Federal First Nations school)が 65 校、フランス語話者のための学校(Francophone school)が 42 校、私立学校(private school)が 187 校、公的支援を受けているカ

トリック系宗教学校 (separate school) が 419 校である。全体の 92％の生徒が公立学校に在籍している (Alberta Education 2018a)。

　2016-17 年度の K-12（幼稚園から第 12 学年）の生徒数は、717,367 人であり、近年の人口増加の影響もあって増加傾向にある。2006-07 年度の公立学校の生徒数は 560,562 名だったが、2015-16 年度の生徒数は 640,869 名であり、13.7％の増加となった[4]。英語を第二言語とする生徒は約 10％であるが、カルガリー市やエドモンドン市などの都市部では 25％を超える。また、アボリジニーやメティスやイヌイットなどのカナダの先住民族の生徒は、学齢期の生徒の約 9％を占めている。

　K-12 の教育予算については、一般歳入から 49 億ドルと固定資産税（教育税）から 24 億ドルの、合計約 74 億ドルが計上されている (Alberta Education 2018b)。1 人に対する教育費は増加し続けており、教育予算も増加している。1990 年代にも教育予算が増大したため、予算の 85％以上を占めている教育委員会の運営費用の減額がカナダ全体で行われた。アルバータ州では、教育予算確保のために教育委員会の組織の改編を行い、教育委員会数を削減することで予算を確保した。また、フレイザー研究所 (Fraser Institute) による 2006 年から 2016 年の教育費の調査によると、同州の 2006-07 年度の公立学校の生徒 1 人の教育費 11,043 ドルであり、2015-16 年度は 13,340 ドルで、21.6％増加している。他州においては、この 10 年間に大幅な教育費の増加がみられる (MacLeod & Emes 2019)。教育予算のなかで教師の年金支出が増加していることをフレイザー研究所は指摘して問題視しているが、近年、同州は石油資源の価格下落や石油のパイプラインの建設の遅れによって教育予算の確保が厳しくなっている状況と併せて論争的な課題となりつつある[5]。

　アルバータ州の教育制度について最も特徴的なことは、教育省と教員組合をはじめとした多くの教育組織・団体が協働するガバナンス構造を構築していることである。特に、州内唯一の教員組合であるアルバータ州教員組合 (Alberta Teachers' Association, 以下、ATA とする) の影響力は大きい。1917 年に創設され、州内の管理職からすべての教師が加入する組織率の高さは、影響力にも反映されている。たとえば、米国とは状況が異なり、ATA と他のアク

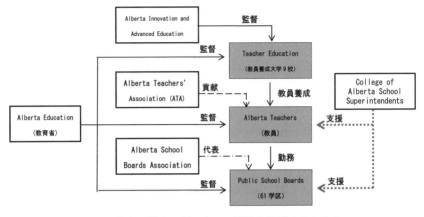

図 7-2　教育に関するガバナンス構造と協働するアクター

(出典) Zeichner et al (2017), 24 より、筆者作成。

ターとの関係は非常に良好であり、政策策定の過程においても州教育省と協働的な関係を構築している点にガバナンスの特徴がある。**図7-2**に、アルバータ州の教育におけるガバナンス構造と協働するアクターを示したように、アルバータ教育省は、図の7つのアクターと協働しながら政策を策定している。たとえば、学校の教師が、次のキャリアとして教員養成大学などの教師教育に関わり、ATA のメンバーとして州教育省および学区の政策策定にも関わっている。このようなアルバータ州の教育のガバナンス構造は、非常に特徴的であると言えよう。

2.　州到達度テストとアカウンタビリティ・システムの形成

(1) 1980 年代以降の州到達度テストの開始とその展開

　アルバータ州は、カナダのなかでもテストに親和的な州であり、比較的早くから州における統一テストが実施されてきた歴史がある。本節では、同州で生徒に対して実施している州到達度テスト (Provincial Achievement Test) である、通称「PATs」と卒業終了試験 (Diploma examination)、そしてアカウンタビリ

ティ・システムの形成をみていこう。

　アルバータ州の州テストと教育におけるアカウンタビリティの歴史は、アルバータ政府が 1980 年に発表した生徒の評価プログラムにルーツがある。州到達度テストは、カリキュラムの評価と生徒の学業達成の結果を報告する目的で、1982 年に初めて実施された。ただし、82 年の実施は、第 3、6、9 学年を対象とした、英語 (English language arts) と社会と算数 / 数学と科学の抽出調査であった。その後、1984 年には、学区 (School board) レベルの学業成績の結果を報告するために、PATs は抽出調査から第 3、6、9 学年の全生徒へ対象を拡大した悉皆調査として実施された (McEwen 1995, 27-29)。PATs を実施する目的は、⑴ 生徒が期待されている学びを達成できているかどうか判定し、⑵ アルバータ市民に、生徒が学校教育のなかでどれくらい州のスタンダードを達成しているかを報告し、⑶ 生徒の学びをモニターして改善し、学校や関係機関を支援することである。PATs は、1 月、5 〜 6 月に実施される (Alberta Education 2018c)。

　また、1984 年には、第 12 学年の生徒のハイスクール卒業要件かつ学習到達度の証明としての終了試験が実施されるようになった。これは、卒業終了試験プログラムとして、⑴ 第 12 学年の授業でそれぞれの生徒の学業到達度のレベルを認定し、⑵ 州の到達度のスタンダードが維持されているかを確認し、⑶ 学校と学区に、それぞれの結果を提供するために実施されるものである。終了試験では、第 12 学年の English 30、English 33、Social studies 30、Français 30、Mathematics 30、Biology 30、Chemistry 30、Physics 30 の 8 科目のテストが、1 月、6 月、8 月に実施されている。

　この卒業終了試験プログラムは、卒業終了試験の結果のみで決定されるわけではない。紙と鉛筆を使う限定的な学習成果を評価する試験での成績と、学校での研究や口頭でのコミュニケーションや協働的な学びを評価した成績の半々でハイスクール卒業要件を満たしているかを判定している (McEwen 1995, 32)。卒業要件となっているという点では、卒業終了試験はハイステイクスな試験である。

　その後、第 4 学年においても試験を実施する提案もなされたが、実施に

は至らなかった。ところが、2009年3月に、アルバータ議会は第3学年の
PATsを廃止して、生徒の学業達成度を評価する代替的な方法を考慮するこ
とを求める「提案503」を可決した。しかし、その提案が私的なメンバーに
よるものであったとして、政府は第3学年のPATsを廃止しなかったものの、
第6学年のPATsも含めてテスト廃止に関する議論が巻き起こった（ATA 2005,
50-51）。その多くがATAによるものではあるが、第3学年については、2014
年からのパイロット・スタディを経て、2017年からPATsを廃止し、代替的
な「生徒の学習評価（Student learning assessment, 以下、SLAとする）」を実施してい
る。SLAはリテラシーと数学に焦点化されており、教育省が実施するdigital
questionsと教室で教師が行うパフォーマンス・タスクによって評価される。
ここで重視されているのは、日々の教師の観察や教室での評価であり（Alberta
Government 2016）、教師の専門的な判断である（Alberta Assessment Consortium 2012）。
第3学年でのPATsの実施を一旦止め、任意でSLAを実施してきたが、2019
年にテストの実施を公約としていた保守政党が返り咲いたことによって、6
月に第3学年でのSLAの実施をすべての学区で実施することを通達してお
り、今後の動向が注目されている。

(2) アカウンタビリティ・システムの形成：インプットからアウトプットへ

　当初、学業成績のレベルの確認やカリキュラムやスタンダードの評価に使
われるために開発された州到達度テストは、その後、よりアカウンタビリティ
を強化する方向に展開される。

　1988年に、「教育の質に関する指標（The educational quality indicators）」が導入さ
れ、教育事業の成功度を評価するための州および地域の指標が開発されるこ
とが決定した。そして、学校システムの評価、学校や学区の統計データ、学
校とプログラム評価のためのモデルの開発、ポートフォリオ評価やパフォー
マンスの質などの生徒の学びを測定する評価方法、生徒の行動などを検討す
る様々なプロジェクトが1989〜1992年に展開され、州全体の生徒の情報シ
ステムを構築していくこととなった。ただし、こうした指標や評価法の策定
プロジェクトは、協働的なアクション・リサーチの方法が用いられ、多くの

ステークホルダーの議論を通して開発された (McEwen 1995)。このような現場に根差した協働的な政策決定の在り方も、アルバータ州の特徴のひとつであろう。

　アルバータ州の教育改革の展開のなかで、大幅な予算削減によって教育政策に影響を及ぼしたのが 1993 年と 1999 年と 2012 年である。そして、1993 年の予算削減は、アカウンタビリティを志向する改革への転向とも重なる。当時のクレイン (Klein, R) 首相は、幼稚園の資金を削減し、教育関係機関の賃金を 5％ カットし、教育予算の獲得のために 141 あった学区教育委員会組織 (事務局) を 61 に合併・統合した。そして、アカウンタビリティのためのモニターの方法として、政府は学校評価から生徒の評価プログラムへ転換し、州到達度テストの実施と試験結果を利用して継続して成績が低い学校を特定し、どのように対応するかを教育長と議論する方向へと政策を変容させた。1994 年には、教育予算の削減により、「より少ない経費で多くのことを進める」ようにリストラクチャリングを企図した。具体的には、政府による教育資金を学区教育委員会 (school board) へ配分し、政府は教育長に直接的なアカウンタビリティを求め、資金を減らす一方で、学校長に対してプログラム実施への裁量権を与え、現場にもとづくマネジメントを導入した。同年、よりオープンでアカウンタブルな教育システムを作るために、「教育とアカウンタビリティにおける役割と責任 (Roles and responsibilities in education and accountability)」に関する委員会を創設した。州政府の関心は、アカウンタビリティとしてインプットからアウトプットの評価へと移っていった。

　その後、全生徒に PATs を受験させ、各学区教育委員会に対してアカウンタビリティ・レポートを要求し (1995 年)、学校と学区教育委員会の学校計画と結果に照らして、アカウンタビリティの要件を満たしているかどうかを報告すること (1996 年) が要求され、州到達度テストの実施とアカウンタビリティ・システムの形成が進められていった。

　現在、アルバータ州では、州到達度テストの結果を教員評価に結び付ける政策は実施されていない。しかし、1999 年の予算削減に伴い、同年 3 月に州政府が生徒の州到達度テスト結果に連動させる形で教師と学校のパフォーマ

ンスを判断してボーナスを支給するインセンティブ・プログラム (The School Performance Incentive Program) を提案した。その予算は、1年目には 3,800 万ドル、2年目には 6,600 万ドルが計上された (Alberta Learning 1999)。こうした流れは、米国のテストとアカウンタビリティにもとづく改革の展開とも重なり、アルバータ州でも学校や学区や教師にアカウンタビリティを課す改革を求める声があったことを示している。

この状況に対して、1999 年 6 月、教育省が教員組合を始めとする様々な教育組織 (Alberta Learning、Alberta Home & School Councils' Association、Alberta School Boards Association、Association of School Business Officials of Alberta、College of Alberta School Superintendents など) と協力して、インセンティブ・プログラムに充てられる予定であった資金で、生徒の学習とパフォーマンスを向上させるための学校改善プログラムを別に提案した。こうして、教育組織の協働によって州到達度テストの過度な利用と教員評価への連動を避け、生徒と学校のための改善計画を策定したことで、米国にみられるテストを過度に重視する政策の展開とは異なる方途が開かれ、2000 年代以降の学校改革の分岐点になったと言えるだろう。

3.　アカウンタビリティ・システム

(1) アカウンタビリティ・システムと評価

前節において、1990 年代に州到達度テストである PATs と終了試験の実施をアカウンタビリティのために利用し、州教育省が教育政策においてインプットからアウトプットへ関心を転換したことを示した。それでは、アカウンタビリティ・システムのなかで、何をどのように評価しているのかを確認したい。

アルバータ州では、アカウンタビリティとして何が問われ、評価されているのだろうか。アルバータ州では、**表 7-1** に示したように、(1) 安全でケアのある学校、(2) 生徒の学習の機会、(3) 生徒の学習到達度 (幼稚園から第 9 学年)、(4) 生徒の学習到達度 (第 10-12 学年)、(5) 生涯教育、仕事の世界、シチズンシッ

プの準備、(6) 保護者の関与、(7) 継続的な改善の 7 項目が、アカウンタビリ
ティの指標として評価されている。それぞれの項目は、生徒、教師、保護者
に各種調査を行ったり、統計データや PATs や終了試験のデータを利用した
りすることで評価されている。(3) と (4) の PATs および終了試験における「満
足できる (acceptable)」と「優秀 (excellence)」の評価については、テストの実施と
難易度ごとによって設定され、たとえば、「満足できる」は 50％、「優秀」は
80％以上の到達度として設定した上で、その基準を超えた生徒の割合を公表
している[6]。

表 7-1　アルバータ州におけるアカウンタビリティの項目

カテゴリー	何を評価するか	方法
(1) 安全でケアのある学校	・学校で生徒が安心して過ごしていることに賛成する生徒、教師、保護者の割合	・調査への回答
(2) 生徒の学習の機会	・14 〜 18 歳のドロップアウト率 ・ハイスクール終了割合 ・基礎的な教育の質と幅広いプログラムを受講できているかどうかの満足度	・統計調査 ・統計調査 ・満足度調査
(3) 生徒の学習到達度 (K-9 学年)	・PATs 結果における「満足できる」の割合 ・PATs 結果における「優秀」の割合	・PATs の結果 ・PATs の結果
(4) 生徒の学習到達度 (10-12 学年)	・終了試験における「満足できる」の割合 ・終了試験における「優秀」の割合 ・4 科目以上終了試験を受験した生徒の割合 ・Rutherford 奨学金[7]の候補者割合	・Diploma exam の結果 ・PATs の結果
(5) 生涯教育、仕事の世界、シチズンシップの準備	・大学進学者や就職訓練に取り組むハイスクールの生徒の割合 ・生徒が仕事で成功するような態度と行動を教えられているかに関する、生徒、教師、保護者への調査 ・生徒が善良な市民であるかどうか、生徒、教師、保護者が満足しているかに関する調査	・統計調査 ・調査への回答 ・満足度調査
(6) 保護者の関与	・子どもの教育に関する決定に保護者が関与していることに対する、教師と保護者への満足度調査	・満足度調査
(7) 継続的な改善	・自分の地域の学校が過去 3 年間で改善しているか、状況を維持されているかに対して、教師と保護者への調査	・調査への回答

(出典) Alberta Education (2019) より、筆者作成。

表 7-2　アルバータ州アカウンタビリティの要約（2019 年 5 月）

カテゴリー	測定項目	結果			結果		
		現在	2年前	3年前	到達度	改善	総合
安全でケアのある学校	安全でケアがあるか	89.0	89.0	89.3	とても高い	かなり後退した	満足できる
生徒の学習の機会	学習プログラム	82.2	81.8	81.9	とても高い	かなり改善された	優れている
	教育の質	90.2	90.0	90.1	とても高い	改善された	優れている
	退学率	2.6	2.3	2.9	とても高い	かなり改善された	優れている
	高校卒業率	79.1	78.0	77.5	高い	かなり改善された	良い
生徒の学習到達度（K-9 学年）	PATs 結果の「満足できる」の割合	73.6	73.4	73.3	中程度	改善された	良い
	PATs 結果の「優秀」の割合	19.9	19.5	19.2	高い	かなり改善された	良い
生徒の学習到達度（10-12 学年）	終了試験の「満足できる」の割合	83.7	83.0	83.0	中程度	かなり改善された	良い
	終了試験の「優秀」の割合	24.2	22.2	21.7	とても高い	かなり改善された	優れている
	終了試験の受験率	56.3	55.7	55.1	高い	かなり改善された	良い
	Rutherford 奨学金の候補者率	64.8	63.4	62.2	中程度	かなり改善された	良い
生涯教育、仕事の世界、シチズンシップの準備	トランジション率	59.0	58.7	58.7	高い	変化なし（現状維持）	良い
	職業準備	83.0	82.4	82.6	高い	改善された	良い
	シチズンシップ	82.9	83.0	83.5	とても高い	かなり後退した	満足できる
保護者の参加	保護者の参加	81.3	81.2	81.1	高い	変化なし（現状維持）	良い
継続的な改善	学校改善	81.0	80.3	81.0	とても高い	変化なし（現状維持）	優れている

（出典）Alberta Education (2019) より、筆者作成。

　アカウンタビリティの評価については、各項目を「到達度」と「改善」の 2
側面から評価し、総合的な評価が提示される（**表 7-2**）。到達度は、州のスタ
ンダードに対して、各学区がどの程度達成できているかを、「とても高い」
から「とても低い」までの 5 段階で表示し、3 年間の平均値と比較しながら評
価する。改善の度合いは、統計データを用いながら、過去 3 年間の平均値
と比較して「かなり改善された」から「かなり後退した」の 5 段階で評価する。
そして、すべての子どもには特別なニーズがあるという前提に立ち、生徒の
結果をよりよくするために研究や効果的なアプローチを用いることが強調さ
れている（Alberta Education 2019）。

　このように、アカウンタビリティの項目の (3) と (4) は PATs や終了試験の
結果が重要な評価要素ではあるが、アカウンタビリティの 7 要素の一部であ
り、複合的な評価が行われていることが分かる。

(2) 生徒の学習成果のための協働的なアカウンタビリティ

　アルバータ州におけるアカウンタビリティを問う動きやシステムの形成は、1993 年の予算削減を契機として進展してきた。そこで、2000 年代に同州でアカウンタビリティをどのようなものとして捉えてきたかを、ATA の資料をもとに整理しておきたい。

　　■アルバータ州の会計監査のアカウンタビリティ

　　「割り当てられた責任がいかに実行されたかに答える義務」として、各省、各部門が (1) 結果を報告し、(2) 目標と結果が異なっている場合に説明することを求めている (ATA 2005, 49)。

　　■「アルバータ州学習に関する委員会 (Alberta's Commission on Learning)」のアカウンタビリティ

　　「本当のアカウンタビリティとは、情報を効率的に共有し、教師と行政、教師間、教師と生徒、学校と保護者、学校とコミュニティが協働することである」(ACL 2003, 89-98)。アカウンタビリティとは、「生徒の学業達成や教育システムの状態を測定する総合的な過程であり、学業成績や結果に影響を及ぼすすべての要素を考慮し、教育システムが目標を満たしているかどうかを決定し、教育とコミュニティのパートナーすべての報告し、支援が必要なところに投資し改善させるためにともに働きかけることである」(ACL 2003, 95)。

　　■ ATA のアカウンタビリティ

　　アカウンタビリティとは、教育システムにおける個人や組織が自分の行動に責任を持ち、その行動を報告する過程であり、結果の業績の測定だけなく、責任を持つ人々の能力やパフォーマンスを改善する方法を見つけ出す義務を含むものでもある (Canadian Teachers' Federation 2004)。

　会計監査におけるアカウンタビリティの定義にもとづくと、計画、予算、査定、報告、改善のサイクルのなかで、インプットやこういうことができる

だろうという能力よりも、結果と数値目標が重視される。しかし、ACLや
ATAが教育の領域におけるアカウンタビリティとしてさらに強調している
のは、生徒の学習に焦点化された協働的なアカウンタビリティである。

　もちろん、生徒個人の成績については、「Individual Student Profile」という
指標を用いて提示される。試験結果は翌年度の秋に生徒や学校に提示される
が、教師の評価に直接的に使用されることはない。州教育省は、テスト結果
を学校のランク付けや教員評価に使用しないと規定し、学校の成績を市民に
公表しないと明言している（Alberta Education 2017）。ただし、近年は、フレイ
ザー研究所などが学校のランキングを発表しており、テスト結果に市民の関
心が寄せられるようになってきている。しかし、アルバータ州において、テ
ストは生徒の成績向上に焦点化して使用され、アカウンタビリティについて
も、テストの成績のみに拠らないさまざまな方法で評価し、学校に携わる機
関が協働して担うことを目指してきたことが分かる。

4.　学校改善におけるテスト結果の利用：エビデンスとしての利用

(1) アルバータ学校改善計画の展開

　アルバータ州では、2000年から2013年（2012年度）まで「アルバータ州学校
改善計画（Alberta Initiative for School Improvement, 以下、AISIとする）」が行われた。
ハーグリーブスとシャーリーが、「学校改善の革新的な取り組みを行いつつ
成績も向上している事例」として評価した改革とは、どのような改革だった
のだろうか。

　2節で述べたように、1999年の予算削減に伴い、政府が生徒の州到達度テ
スト結果に連動させる形で教師と学校のパフォーマンスを判断してボーナス
を支払うインセンティブ・プログラムを提案したのに対して、教育省と教員
組合をはじめとする各教育団体の協働によって、懲罰的なアカウンタビリ
ティにもとづかないプロジェクトとしてAISIが創設された。

　AISIの目的は、その学校に特有なニーズと環境を反映する計画を促進す
ることによって、生徒の学びとパフォーマンスを改善することである。AISI

の原則は、①資金を学校に配分すること、②最長 3 年の改善計画とし、中間報告で生徒の成功に関するエビデンスを示すことで資金の継続が決定すること、③毎年の計画とレポートの提出の義務が課されること、④パフォーマンスが測定されること、⑤プロジェクト結果を州内で共有すること、⑥学校コミュニティの協働が重要であること、⑦知識の普及や情報の交換のためのネットワークを作ること、⑧プロジェクトをタイプ分けし、ターゲット化して資金配分を行うことである (Alberta Learning 2004, 2006, 2008)[8]。

　表 7-3 に、AISI の各サイクルの特徴、プロジェクト数、配分資金を示した。AISI の取組みには、以下のように特徴的な点がある。第一に、州全体のプロジェクトとして、13 年間にわたって資金が配分されたことである。実際、プロジェクト期間中に、全体の 95％の学校が AISI のプロジェクトに参加し

表 7-3　AISI の特徴・プロジェクト数・配分資金

Cycle	特徴・プロジェクト数	配分資金
Cycle1 2000-2003	・州政府とステークホルダー間の信頼と協働の基礎作り ・828 のさまざまなプロジェクトが個別に進行。	2000 年度：38M $ 2001 年度：66M $ 2002 年度：66M $
Cycle 2 2003-2006	・効果的な実践 (うまく機能した教師の専門的な能力の開発や管理や指導的実践) の統合と維持 ・学区がプロジェクトを管理 ・450 のプロジェクトを実施	2003 年度：68M $ 2004 年度：70M $ 2005 年度：70M $
Cycle 3 2006-2009	・協働的な探究 (collaborative inquiry)、革新と研究、PD の重視 ・知識の共有と普及 ・ネットワークとして機能させる	2006 年度：71M$ 2007 年度：75M$ 2008 年度：75M$
Cycle 4 2009-2012	・生徒の取組み、共有型リーダーシップ、ネットワーク化、保護者と生徒とコミュニティの関与の重視を目指す ・コミュニケーションやネットワークや知識の共有のための、デジタルテクノロジーの利用を目指す	各年度：75M$
Cycle 5 2012-2015	・研究と実践を相互に関連付ける：大学との協働、プロジェクト結果の分析と検討、知見の共有、モデルの開発 ・協働的な学校間の AISI プロジェクトやネットワークの推進 ・コミュニティの関与	2014 年に予算削減のため廃止

出典：Alberta Learning (2008) より、筆者作成。

た。第二に、アクション・リサーチとして学校改革を実施し、教員主体で学校における課題に取組んだことである。たとえば、あるハイスクールにおける、アボリジニーの生徒の卒業率の低さの原因解明に取組み、アボリジニーの生徒の学習支援による学校改善を目指す例などがあげられる。第三に、外部から専門家を招くのではなく、内部でリーダーシップを育成し、教師の孤独な仕事を協働的な仕事や文化に変え、学校内の教師の専門的な能力の向上を重視したことである。すなわち、協働的な文化を学校内に作り、アクション・リサーチの過程で教師の自律性を高める取組みを行った。

　表7-3 から確認できるように、サイクル1では個別のプロジェクトとして進行していた AISI の改革が、効果的な実践を中心として展開され、学校現場における教師の専門的な能力の開発（Professional development）を重視しながら、保護者・地域・大学などとのネットワークを構築する方向に少しずつ焦点を変えてきた。AISI の改革の原理がサイクル1から5までの間に追加され、変容しながら展開されてきたことが分かる。

(2) 適切な評価方法とエビデンスの提示

　ここで取り上げておくべきもうひとつの視点は、AISI プロジェクトの評価についてである。AISI プロジェクトでは、それぞれの学校の課題の解決に向けて、アクション・リサーチの方法を採用し、それぞれの学区改善プロジェクトの性質によって、測定方法を決定することを前提としている。そして、問題解決のための評価には、各学校のプロジェクトの性質をふまえ、生徒の成績や成功度合いを測定するさまざまな方法を学校や地域によって考案できるとしている（Alberta Learning 2008, 17-19）。とくに、評価の方法として、量的調査や質的調査やその他の統計調査などの複数の評価のデータや評価方法が推奨されていることは重視されるべきであろう。**表7-4** に、生徒の成果や成功度を測定する方法を示した。州レベルにおいては、州到達度テストである PATs や終了試験の結果や、退学率などが用いられている。一方の学区レベルでは、さまざまな質的測定の方法が挙げられている。すなわち、州到達度テストの結果のみで評価するのではなく、複数の評価データを用いてエ

表7-4　生徒の結果や成功度を測定する方法（Cycle 4 より）

	量的調査	調査	質的調査
学区（Local）	・標準テスト ・レポート ・教師作成のテスト結果など ・学校の出席記録、行動記録、単位、授業の終了記録 ・その他	・生徒、保護者、教員への調査 ・その他	・ポートフォリオ ・事例研究 ・インタビュー記録 ・グループの記録 ・授業参観、フィールドノーツ ・その他
州（Provincial）	・州テスト（PAT: 6、9学年） ・終了試験（Diploma exam: 12 学年） ・退学率 ・高校卒業（終了）率 ・Rutherford 奨学金候補者	・州のアカウンタビリティの原則にもとづく調査	

(出典) Alberta learning (2008) p. 17 より、筆者作成。

ビデンスを提示することを示している。

　AISI に対しても、もちろん結果を求められ、アルバータ州におけるアカウンタビリティの原理（Accountability pillar）も適用されている。それゆえ、州到達度テスト等による結果も求められるが、年度ごとの中間的な到達目標においては、インプットや改革の過程が重視されていた。また、学校が示すべきエビデンスは、州と学区のスタッフの専門的な判断を合わせた結果であることも明記されている（Alberta Learning 2008）。そして、その評価のバランスについては、州の40％に対して学区に60％の重きが置かれていた。しかし、このバランスについては、2009 年の AISI の調査、検証の報告書において、州レベルの評価である州到達度テスト（PATs）が学区における評価や調査よりも大きなインパクトを与えていないことから、PATs を AISI の評価の指標とすることへの妥当性に疑義が呈されてもいた（Hargreaves et al 2009, 29-33）。すなわち、学区や州のレベルで示し得るエビデンスは異なり、それぞれの責任の範囲と、政策や実践を評価する適切な方法があることを示している。そして、複数の指標による学校改善の評価方法の必要性と、エビデンスの提示に関す

る学校の自律性や裁量権がこの改革の根本にあることが明らかだろう。

(3) AISI プロジェクトの推進力としての評価の利用

　2000 年から 2013 年度までの長期にわたって AISI プロジェクトが継続されたのには、いくつかの要因がある。ひとつは、研究者による AISI プロジェクトの検証と評価であり、もうひとつは、国際的な学力調査である PISA の好成績による教育改革の正当性の保証である。

　AISI プロジェクトの検証と評価については、ハーグリーブスやシャルバーグ (Pasi Sahlberg) らの研究者によって AISI プロジェクトの重要性が示され、このことが AISI プロジェクト継続の推進力となった。AISI プロジェクトのサイクル 3 の途中である 2008 年に、AISI の進歩を検証し、将来の方向性を決定することを目的として、AISI に関わるスタッフやプロジェクトのリーダーなどが参加する州全体の会議が開催された。そして、2009 年にその報告書として *The learning mosaic: A multiple perspectives review of the Alberta Initiative for School Improvement (AISI)* が刊行され、これまでの成果と、今後の課題としてサイクル 4 への提言が示された。報告書において、サイクル 1 から 3 までの AISI プロジェクトの効果に関する量的調査の分析や、AISI のケーススタディの分析、その分析をもとにしたハーグリーブスによる AISI 全体の分析と、シャルバーグによるグローバルな視点からの分析が行われている。

　ハーグリーブスらは、国際的にみても、AISI のプロジェクトのように継続的に州全体で学校改善に取組んでいる事例はほとんどないことや、長期的なスパンで学校改善が効果をあげている点を高く評価した。そして、サイクル 4 への提案として、適切な評価方法の開発や支援システムの創設やネットワークの構築、そして AISI を州のシステムに組み込んで恒常的な政策としていくことなどをあげている。そのなかで、AISI のプロジェクトと 21 世紀型スキルなどの国際的な新しい学びをつなげ、橋渡しすることの必要性も併せて示されていた (Hargreaves 2009, 106-121)。

　また、PISA などの国際的な学力調査の結果と、自国の改革の実践を結び付ける動きが見られる。カナダにおける国際的な学力調査の結果の受容の仕

方には、いくつかのパターンがあるという。そのパターンとは、(a) 調査での好成績を州内の関連するパフォーマンスと結び付けるパターン、(b) 国際的な調査で試験のある読解と数学のカリキュラム改革を行うパターン、(c) 国際的な調査結果と結び付けられた学校改革が、政治的に大きな影響を受けるパターンである。アルバータ州では、PISA における好成績を、州内で行っている現在の改革に妥当性と正当性を付与し、生徒の成績と州の政策が国際的に優位であることを示すために用いたという (Volante 2013, 173)[9]。しかし、もう一方で、スタンダード・テストへの反対があるにもかかわらず、このような傾向は、州到達度テストの実施を正当化させてもいる (Volante 2013, 173-175)。つまり、国際的なテスト結果を、AISI のプロジェクトの継続の推進力として用いている側面と、保守政権による州到達度テストの実施を推進し正当化する力にもなっている側面を示している。

おわりに：アルバータ州におけるテスト・ガバナンスの構造

　アルバータ州におけるテスト政策の展開を 1980 年代から概観し、1990 年代末以降、州到達度テストである PATs の結果も重視しつつ、複数の評価項目によって生徒や学校の成功度を判断するアカウンタビリティ・システムを形成していたことを示してきた。米国と比較するなら、テスト結果を懲罰的な学校評価や教員評価には用いず、あくまでも生徒の学習の改善のために利用しようとした点に違いが見いだせる。1990 年代以降の度重なる予算削減によって、州政府が厳しくアカウンタビリティを課したり、州到達度テストの実施を強化しようとしたりしたが、さまざまな教育組織の政策策定への関与によって、教育現場の声を生かして、テスト成果のみによるアカウンタビリティにもとづく極端な改革へ舵を切ることがなかったと言えるだろう。また、2000 年から 2013 年まで実施された AISI のプロジェクトにおいて、学校現場の課題の解決を教師によるアクション・リサーチを中心とした学校改善が進められた。その学校改善の評価において、州到達度テストの結果のみを重視するのではなく、学区や学校レベルでそれぞれの目的と必要に応じた評

価方法によってエビデンスを示すことが重視されていた。そして、国際的な
テストである PISA における好成績を、州の改革の正当性を示す評価として
利用する様態でのテスト・ガバナンスが展開されていた。

　こうしたテスト・ガバナンスが展開されている理由として、アルバータ州
の教育政策の策定の過程に、ATA をはじめさまざまな教育組織が関与する
ガバナンス構造を構築している点に、同州の最大の特徴を指摘できる。しか
し、近年、テスト結果に市民の注目が集まっており、2019 年に連合保守党
が政権を取戻したことにより、2017 年に廃止された第 3 学年の州到達度テ
ストである PATs の復活が主張されている。このように、州到達度テストを
めぐるせめぎ合いもみられ、いかなるテスト・ガバナンスが展開されるかに
ついては継続して注視する必要があろうが、米国や日本とは異なる教育にお
ける協働的なガバナンス構造や、学校現場の課題と目的に応じたエビデンス
の提示には、生徒の学びの保障と学校・教師の教育活動の多面的な評価に関
する多くの示唆が含まれていよう。

注

1　調査は、2015 年 3 月と 2018 年 3 月に行い、2018 年には、レスブリッジ大学の
　　アダムズ（Pamela Adam）教授にインタビュー調査を行った。

2　アルバータ州政府は、原油価格と州財政の安定化を図るため、州内の石油関
　　連企業に対して、2019 年 1 月からの原油とオイルサンドの生産削減を要請した
　　（JETRO 2018）。

3　チャータースクールは、革新的で、公立学校との協働することを意図して 1994
　　年に導入された。チャータースクールはカルガリーやエドモントンの都市部に
　　多く開校している（Blasetti and Silva 2018, 34）。

4　他州では、生徒の入学者数が減少している（Macleod & Emes 2019）。

5　他州において、一人当たりの教育費の増加はアルバータ州よりも大きく、さら
　　に論争的な課題となっている（同上）。

6　ここでは、便宜的に 50％ と 80％ と記載したが、実際には、テストごとに設定さ
　　れている。

7　初代アルバータ州首相のラザフォード（Alexander Rutherford）の名前にちなんだ、
　　中等教育卒業後の奨学金であり、応募資格は、カナダ人であること、アルバー

夕州に居住していること、高校を卒業していることである。5 教科の成績の平均によって奨学金の金額が変わる。

8　⑥は Cycle3［2006-09 年］以降、⑦・⑧は、Cycle4［2009-11 年］以降に原理化され、その都度更新された。

9　一方で、成績のよくない州においては、新しい教育改革を求めるために、国際的な学力調査の結果が用いられているという（Volante 2013, 173）。

参考文献

Adams, P. (2015) The lifespan of an action research network: The Alberta initiative for school lmprovement (AISI), Canadian association of action research in education founding conference proceeding 2015, *Canadian journal of action research*, pp. 4-12.

Alberta's Commission on Learning (ACL) (2003) *Every child learns, every child succeeds.*

Alberta Education (2005) *A guide to comprehensive professional development planning, Edmonton*, Alberta. Author.

Alberta Education (2010) Accountability pillar fact sheet (https://education.alberta. ca/media/158784/accountability-pillar-fact-sheet.pdf, 2020/6/10).

Alberta Education (2012) *Spotlight on… professional development: What we have learned from AISI*, Edmonton, Alberta. Author.

Alberta Education (2017) *Guidelines for interpreting the achievement test multiyear reports*, Edmonton, Alberta. Author.

Alberta Education (2018a) Alberta schools and authorities (https://education.alberta.ca/alberta-education/school-authority-index/, 2020/6/10).

Alberta Education (2018b) Education funding in Alberta: Kindergarten to grade 12 2018/19 schoolyear.

Alberta Education (2018c) *General information bulletin: Provincial achievement testing program grade6 and 9, 2018-2019 school year,* Alberta. Author.

Alberta Education (2019) Alberta accountability pillar overall summary 2019 (https://open. alberta.ca/dataset/7ebacc1e-cac7-49de-9a67-cd1f8e364a6d/resource /c9958f07-9198-48c0-b98512d4411ce10b/download /4077910_provincial-overall-summary-may-2019. pdf, 2020/6/10).

Alberta Learning: The Alberta Initiative for School Improvement Education Partners working group (1999) *Alberta Initiative for School Improvement: Administrative handbook*, Alberta.

Alberta Learning: The Alberta Initiative for School Improvement Education Partners steering committee (1999) *Framework for the Alberta Initiative for School Improvement*, Alberta.

Alberta Learning: AISI education partners working group (2004) *AISI administrative handbook for cycle 2 2003-2006*, Alberta.

Alberta Learning: Education partners working group（2006）*AISI handbook for cycle 3 2006-2009*, Alberta.

Alberta Learning: AISI Education Partners（2008）*AISI handbook for cycle 4 2009-2012*, Alberta.

Alberta Open Government（2019）*Quarterly population report: First quarter 2019*（https://open.alberta.ca/dataset/aa3bce64-c5e6-4451-a4ac-cb2c58cb9d6b/resource/c2847560-cd2f-44c4-b7a8-be52e18ae733/ download/2019-q1-population-report.pdf, 2020/6/10）.

Alberta Teachers' Association（2010）*A framework for professional development in Alberta*（https://www.teachers.ab.ca/SiteCollectionDocuments/ATA/Professional%20Development/PD_Framework.pdf, 2020/6/10）.

Blasetti, C. and Silva, B.（2018）"Recommitting to public education in Alberta", *Our Schools/Our Selves, Winter 2018*, Canadian Centre for Policy Alternatives: pp.34-39.（https://www.policyalternatives.ca /sites/default/files/uploads/publications/National%20Office/2017/12/Blasetti%3ASilva.pdf, 2020/6/10）.

Campbell, C., Zeichner, K., Lieberman, A. and Osmond-Johnson, P.（2017）*Empowered educators in Canada: High performing systems shape teaching quality*, Jossey-Bass; CA.

Canadian Teachers' Federation（2004）*Educational accountability with a human face*, Ont: Professional and developmental services.

Council of Minister of Education, Canada（2016）Measuring up: Canadian results of the OECD PISA study The performance of Canada's youth in science, reading and mathematics: 2015 First results for Canadians aged 15.

Hargreaves, A., Crocker, R., Davis, B., McEwen, L., Sahlberg, P., Denis, C. & Dennis, S. with Maureen, H.（2009）*The learning mosaic: A multiple perspectives review of the Alberta Initiative for school improvement (AISI)*.

Hargreaves, A. and Shirley, D. L.（2012）*The global fourth way: The quest for educational excellence*, Corwin; CA.

JETRO website（2018）ビジネス短信「カナダ・アルバータ州政府、2019年からの原油生産削減を要請」（https://www.jetro.go.jp/biznews/2018/12 /52689ed4ef864d95.html, 2020/6/10）.

McEwen, N.（1995）"Education Accountability in Alberta", *Canadian journal of education 20(1)*, pp. 27-44.

MacLeod, A., and Emes, J.（2019）*Education spending in Public Schools in Canada 2019 Edition*, Fraser Institute.

Osmond-Johnson, P., Zeichner, K., & Campbell, C.（2017）*The state of educators' professional learning in Alberta*, Oxford, OH: Learning Forward（https://learningforward.org/docs/default-source/pdf/ABCaseFull2017.pdf, 2020/6/10）.

Volante, L.（2013）Canadian policy responses to international comparison testing, *Interchange*, 44, pp. 169-178.

Von Heyking, A. (2019) Alberta, Canada: How curriculum and assessments work in a plural school system (https://edpolicy.education.jhu.edu/wp-content/uploads /2019/06/Alberta-Brief.pdf, 2020/6/10).

Zeichner, K. Hollar, J. and Pisani, S. (2017) "Teacher policies and practices in Alberta" in Campbell et al (eds) *Empowered educators in Canada: High performing systems shape teaching quality*, pp.13-86.

コラム②　学力テストを利用しない教育スタンダード政策：ニュージーランド
高橋　望

　ニュージーランドにおいて学力テストと言えば、11〜13年生を対象とした中等教育修了試験（National Certificate of Educational Achievement：NCEA）、また、4年生と8年生を対象とした全国的な学力実態調査（National Monitoring Study of Student Achievement）が挙げられる。前者は国内の資格枠組みの一部を構成し、大学入学の基礎資格として機能するものである。後者は、4年ごとに約2.5％の学校が無作為抽出されて実施されるものであり、毎回実施教科が変更され、特定教科に焦点をあてて行われている。こうした学力テストの性格に鑑みると、ニュージーランドは他国にみられる教育ガバナンス構造の変容を導くような全国的な学力テストは実施していないと認識される。

　では、児童・生徒の学力はどのようにはかられ、学力保障がされているのか。ニュージーランドは、各学校に大幅な権限を付与し、各学校が自律性を持って学校経営を行っているのが特徴である。そのため、児童・生徒の学力を確認し、それを保障する責任は各学校にあり、各学校が学力保障のための独自の取組を展開している。ナショナル・カリキュラムは制定されているものの、自律性が重視されるため、各学校は独自にナショナル・カリキュラムに準じた学校カリキュラム（local curriculum）を構築し、それをもとに日々の教育活動を行っている。学力テストは各教師が作成し、校内で実施されるものが主流である。

　こうした各学校、各教師の自律性が重視される環境において、ナショナル・カリキュラムを反映したナショナル・スタンダードが設定され、活用されている。ナショナル・スタンダードは、読み（reading）、書き（writing）、算数（mathematics）の3分野において、学年ごと（1〜8年生）に当該学年の児童・生徒が身につけるべき事項が明示されており、教師はそれをもとに児童・生徒の学力アセスメントを行うことが求められる。そのため、アセスメントツールの開発が積極的に行われている。たとえば、「Progress and Consistency Tool：PaCT」は、インターネットを媒介とした無料ツールであり、ウェブページには評価にかかる多様な情報が掲載されている。ニュージーランド教育研究所が管理・運営を担っており、実際に使用した教師からのフィードバックに基づいて常にアップデートされる点が特徴である。AIを活用しながら、難易度の異なる課題を複数出題することで、児童・生徒の学力実態を容易に把握することが可能である。つまずきや考えるプロセスまで記録として残すことができるため、どのような問題でいかなる間違いをしたのかを教師が把握し、またそれを児童・生徒一人ひとりごとにデータとして蓄積していくことができる。各教師は、ナショナル・スタンダードをもとに、児童・生徒がいかなる事項をどの程度身につければよいのかを確認し、ナショナル・スタンダードを満たすことができているか、どこに改善が必要かを判断するのである。

　一方、教育省は、各学校に対し、ナショナル・スタンダードに照らした児童・

生徒の学力実態について「above（超えている）」、「at（同程度）」、「below（下回っている）」、「well below（かなり下回っている）」の4段階で評価することを求め、それを保護者に説明することを課している。また、各学校は学校経営の指針としてチャーターを作成・公表することが求められるが、チャーターにおいて、ナショナル・スタンダードとの関連から自校の児童・生徒が達成すべき学習目標を設定し、記載することが求められており、その達成状況を年次報告書に示し、教育省、保護者や地域に対して説明しなければならない。どの程度の割合の児童・生徒がナショナル・スタンダードを満たしているのか、あるいは満たしていないのかが明確になるため、各教師は、スタンダードに照らした学力向上を意識せざるをえない。ナショナル・スタンダードは、学校の児童・生徒の学力に対する責任をより明確にし、また、各教師がナショナル・スタンダードを意識した教育活動を行わざるを得ない環境を作り出していると言える。

　加えて、各学校がナショナル・スタンダードに照らした学力アセスメントを適切に実施しているかどうかについては、第三者評価機関（Education Review Office）によって客観的に確認されることとなる。すなわち、各学校は、ナショナル・スタンダードを基盤とした学力向上策を構築・展開していくことが求められるのであり、学力向上のための効果的なマネジメント・サイクルを有しているかどうかを、第三者評価によって確認されるのである。

　ナショナル・スタンダードは、学校の教育省や保護者へのアカウンタビリティ、また児童・生徒の学力向上のための学力アセスメントに寄与することが期待される一方、アセスメントにかかる教員の多忙化やナショナル・スタンダードが設定されている3分野への教育活動の偏重をもたらしているという指摘もある（Thrupp 2017）。2017年12月に発足した新政権は、これまでの教育政策の見直しを宣言しており、ナショナル・スタンダードを基軸とした学力向上策の変更も見込まれる[1]。今後の動向が着目される。

注

1　新政権は、ナショナル・スタンダードの廃止を宣言し、現在学力向上策の新たな枠組みを検討中である。本稿執筆現在（2020年3月）では未定のため、ナショナル・スタンダードを基軸とした取組について記述している。

参考文献

Thrupp, M.（2017）"New Zealand's National Standards Policy: how should we view it a decade on?", *Teachers and Curriculum*, Volume 17, Issue 1, pp.11-15.

第Ⅲ部

学力テストの影響力が緩やかな国

第 8 章

社会国家ドイツの学校制度改革と学力テスト

井本佳宏

1. 三分岐型学校制度の改革動向

(1) 学業成績に関して硬直的な学校制度

　ドイツの学校制度の特徴として、4年間の基礎学校 (Grundschule) [1] につづく中等教育段階が基幹学校 (Hauptschule)、実科学校 (Realschule)、ギムナジウム (Gymnasium) の 3 つの学校へと分化する三分岐制 (dreigliedriges System) をとっていることがよく知られている。日本でもドイツの学校制度について紹介する際には、**図 8-1** のような学校系統図が示されるのが通例である。

　基幹学校には、修了後に企業等に見習いとして就職して、職業教育訓練を受ける者が主として就学するのに対し、実科学校には、修了後に全日制の職業学校等に進み中級の職に就こうとする者が主として就学する。ギムナジウムには、修了後に大学に進学しようとする者が主として就学する (長島 2012, 284)。このような修了後の進路からも推測されるとおり、3 種の中等学校間には、基幹学校よりも実科学校が上位、実科学校よりもギムナジウムはさらに上位という社会的な威信の格差がある。こうした「学校制度の垂直的な分岐は、生得的才能類型論 (nativistische Begabungstypologie) とこうした類型論に対応する職業グループの分類により正当化」(マックス・プランク教育研究所研究者グループ 2006, 104) されてきた。基幹学校は「実践的才能をもった比較的低い国民階層」のための学校であり、ギムナジウムは「抽象的才能をもつ者」のための学校といった具合である (マックス・プランク教育研究所研究者グループ 2006, 104)。

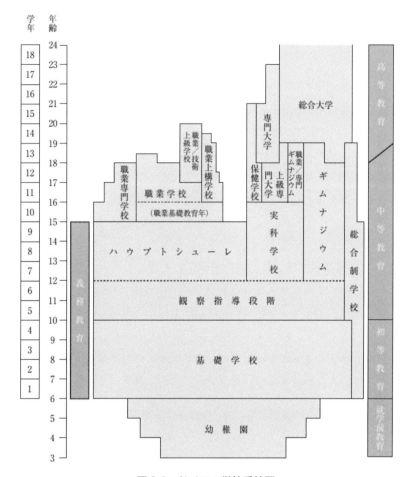

図 8-1　ドイツの学校系統図

(出典) 文部科学省 (2017), 248。

　また、基礎学校から中等段階への進学に際しては、学校種に応じて進学の
ために必要となる評定の平均値が定められていることもあり、進学先の決定
において、教師による勧告が中心的な役割を果たしてきた (マックス・プラン
ク教育研究所研究者グループ 2006, 194)。つまり、ドイツの三分岐型学校制度は
基礎学校での学業成績、生得的才能、中等教育修了後の進路の間に固定的な
関係があることを前提として組み立てられており、将来的なキャリアまで規

定する中等教育段階での進学先の決定に大きな力を持つという点において、基礎学校での学業成績についての教師による評価は、ハイステイクスなものであったと言うことができる。

もちろん基礎学校修了時という早期において、このようにハイステイクスな評価を行うことについては批判があり、改革も試みられてきた。1960年代末から70年代にかけての、第5学年および第6学年を学校種を超えて共通化するオリエンテーション段階（Orientierungsstufe）の導入や、総合制学校（Gesamtschule）の導入によって三分岐制を克服する試みは、そうした動きの代表的なものである。しかし、総合制学校は社会民主党（Sozialdemokratische Partei Deutschlands, 以下、SPDとする）が主導する州では導入されたものの、「ドイツ全体では普及せず」（坂野 2017, 87）、今日に至るまで、三分岐制を前提とした上での追加的な学校種としての位置づけにとどまってきた（Hurrelmann 2013, 456）。また、オリエンテーション段階は各州で導入されたものの、「『複線型の学校制度』の枠組みのなかの一種の継ぎ目にとどまった（傍点は原文のママ）」（マックス・プランク教育研究所研究者グループ 2006, 242）。

このように、ドイツの学校制度は、学業成績についての早期の評価がその後の人生に過大な影響を持つ、硬直的な学校制度であったと言うことができる。

(2) 二分岐型化への歩み

戦後長らく安定を保ってきたドイツの三分岐型学校制度であったが、今日では多くの州で、基幹学校の廃止ないし実科学校との統合によりギムナジウムと非ギムナジウム校[2]とからなる二分岐型の学校制度が形成されつつある（Leschinsky 2008, 卜部 2012 など）。

この「二分岐型化の流れは、1990年の東西ドイツ統一の際に、旧東ドイツ地域の諸州が従来の普通教育総合技術上級学校（Allgemeine polytechnische Oberschule: POS）による単線型の中等学校制度を廃止し、西ドイツ型の分岐型中等学校制度を採用した」（井本 2013, 152）ことが端緒である。このとき、ベルリンを除く旧東ドイツ地域の全5州のうち、「ザクセン、ザクセン‐アンハル

ト、テューリンゲンの各州は、基幹学校と実科学校を別々の学校としては設置せず、またブランデンブルク州は基幹学校を設けないかたちで二分岐型を採用した」[3]（井本 2013, 152-153）。その理由としては、親たちに特に基幹学校に対する反対があったことが指摘されている（長島 1996, 65）。学校種間にはっきりと格差がある三分岐型学校制度において、基幹学校は最も低くみられ、「残り物学校（Restschule）」（Rösner 2007, 18）と揶揄されるほど進学先としての人気を失っていた。こうした状況において、もともと単線型学校制度を取っていた旧東ドイツ地域においては、基幹学校の創設が忌避されたのである。

　旧東ドイツ地域における二分岐型学校制度の登場の後、学校制度の二分岐型への再編は、1997 年にザールラント州が基幹学校と実科学校を「拡大実科学校（erweiterte Realschule）へと統合したのを嚆矢として、旧西ドイツ地域諸州にも広がっていった（井本 2013, 153）。

2. PISA ショックと学校制度改革

(1) PISA 2000 の衝撃

　2001 年、ドイツは学校制度の二分岐型化に拍車をかける出来事に見舞われる。PISA 2000 の結果が公表され、ドイツの成績の不振が明らかになったからである。成績は、読解力 484 点（31 ヵ国中 21 位）、数学的リテラシー 490 点（同 20 位）、科学的リテラシー 487 点（同 20 位）というものであった[4]。日本で PISA ショックが騒がれた PISA 2003 の日本の結果が、読解力 498 点（40 ヵ国中 14 位）、数学的リテラシー 534 点（同 6 位）、科学的リテラシー 548 点（同 2 位）であった[5]ことを考えると、PISA 2000 の結果がドイツ国民に与えた衝撃の大きさを察することができる。

　近藤孝弘は 2010 年に、「この 10 年ほどのあいだ、ドイツの教育に言及する際に『ピサ・ショック』ほど頻繁に使われた言葉はないだろう」（近藤 2010, 2）と指摘した。近藤によるこの指摘は、PISA ショックへ言及すること自体が、「ショックを与えて人々の関心を引き、自らが必要と考える教育政策を遂行しようとした教育関係者の戦術」（近藤 2010, 2）にはまってしまうことではな

いか、との批判を含んだものであったが、実際、PISA ショックを経て「ドイツでは、かなり大がかりな教育の改革が進められてきている」(久田 2013, 1)。

PISA 2000 の結果からは、ドイツの成績不振の要因を示唆するものとして、社会階層による成績の差異の大きさや、州による成績の差異の大きさといった特徴が明らかとなった。この結果を分析したドイツ常設文部大臣会議 (Ständige Konferenz der Kultusminister der Länder in der Bundesrepublik Deutschland, 以下、KMK とする)[6]は、主な知見として、ドイツの成績分布は、大多数の OECD 諸国よりも広く、成績下位層に深刻な問題があること、社会的出自と能力獲得との間に密接な関係が見られること、移民家庭の子どもたち、とりわけドイツ語よりも他の言語を日常言語としている家庭の子どもたちの能力水準が、両親がドイツで生まれた 15 歳児が達している能力水準よりも、明らかに平均して低いことなどを指摘している (KMK 2002, 5)。

こうした知見から、学力向上策として成績下位層の子どもたちへの支援が課題として取り組まれていった。

(2) PISA ショックによる学校制度改革の促進

成績下位層の子どもたちに焦点を当てて学力向上を図る上で、学校制度に関しては、基礎学校修了時という早い段階で、能力別にギムナジウム、実科学校、基幹学校へと子どもたちの進路を振り分けることが問題とされた。三分岐型学校制度は、既述のとおり、基礎学校での学業成績、生得的才能、中等教育修了後の進路の間に固定的な関係があることを想定して組み立てられる制度である。しかし、PISA の国際比較は、そのような固定的な関係は自然なものではなく、むしろ三分岐型の制度を通じて自己成就的に生み出されていることを明らかにした。

成績下位層の子どもたちを底上げするためには、生得的才能を固定的なものと捉えず、教育経路の分化を遅らせることが必要である。そのような学校モデルとして登場したのが、ドルトムント大学学校開発研究所 (Institut für Schulentwicklungsforschung) のレースナー (Ernst Rösner) によって提唱されたゲマインシャフツシューレ (Gemeinschaftsschule) である。レースナーによると、そ

れは「全ての基礎学校卒業生を受入れ、多様な中等段階 I の修了証へとつながりうる学校」(Rösner 2008, 12) であり、その教育学的根拠として、以下の6点が示されている (Rösner 2008, 53f.)[7]。

①基礎学校修了後の分化に伴ってカリキュラムがわかれ、同級生と引き離されることによる「中等教育ショック」を緩和できる。

②内部の授業編成を工夫することによって生徒の必要や達成度に即した学習を展開することができる。これによって留年やドロップアウトを減らすことができる。

③ゲマインシャフツシューレへの移行は各地域、各学校の事情と意思に応じて漸進的に進められるものであり、教員は従来の分岐型制度の下での授業とは異なる異質性の高い集団における学習指導の方法に徐々に慣れていくことができ、教員としての経験と力量を向上させることができる。

④人口密度の薄い地域においてもギムナジウム進学のチャンスを保持し、また改善することができる。

⑤学校選択の結果としての学校種ごとの進学者数を考慮する必要がなくなり、学年ごとの生徒数というわかりやすい指標に即して学校行政計画を策定でき、また施設の有効活用も可能になる。

⑥ゲマインシャフツシューレは中等教育段階 I の学校として組織されるものとし、そのことによって中等教育段階 II (ギムナジウム上級段階) の柔軟な編成を可能にする。

　こうした教育学的根拠に基づく利点から、ゲマインシャフツシューレ・モデルの提案は、PISA 後の教育改革の一環としての三分岐型制度から二分岐型制度への改革を促進することとなった。2006 年に KMK によって中等段階 I の学校種として承認されて以降、ギムナジウムに並行する非ギムナジウム校の形態として導入する州が増えてきている。

3. PISA ショックと教育の質保証システムの整備

(1) PISA ショック後の教育改革における教育の質保証政策の位置づけ

PISA ショック後のドイツにおいて進められている教育改革の中で、学校制度改革と並ぶ大きな改革の一つが、教育スタンダードと学力テストによる教育の質保証政策である[8]。

KMK は、PISA 2000 の結果が明らかになったのち、2001 年 12 月の会合において、各州および KMK が優先的に取り組む 7 つの行動領域について、以下のとおり合意している (KMK 2002, 6-7. 下線による強調は筆者)。

1. 就学前教育からの言語能力の改善
2. 早期就学を目標とした就学前教育と基礎学校のより良い接続
3. 基礎学校における教育の改善ならびに読解力および数学、科学に関わる基礎的理解の全般的改善
4. 教育上の困難を抱えた子ども、とりわけ移民背景をもった青少年の効果的な支援
5. <u>拘束力のあるスタンダードと成果志向の評価に基づく授業と学校の質の徹底した開発と保証</u>
6. 教職の専門性、とりわけ体系的な学校開発の構成要素としての診断的・方法的能力に関する専門性の改善
7. とくに教育不足の生徒と特別な才能をもった生徒のための、拡大された教育と支援の機会の提供を目標とした学校および学校外の終日にわたる教育の拡充

このうち、教育スタンダードと学力テストによる教育の質保証政策に関わるのは、「拘束力のあるスタンダードと成果志向の評価に基づく授業と学校の質の徹底した開発と保証」を掲げた 5 つ目の行動領域である。それに対し、三分岐型学校制度の見直しを含む学校制度改革ついては直接触れられてはいない。PISA ショック直後に示された施策は、「政治的立場の異なる各州の文

部大臣の合意の産物であるという限界を反映して、既存の法的・制度的枠組を保持したまま、運用の改善をはかることによって制度のパフォーマンスの向上を図るもの」（前原 2005, 34）であったからである。

PISA ショック後の教育改革の中で、硬直的であった三分岐型学校制度が揺らぎ始めたことは、大きな動きではあるが、必ずしも各州の合意の下に同じ方向性が共有されているわけではない。それに対し、教育スタンダードと学力テストによる教育の質保証政策の推進については、KMK での合意に基づく施策であり、「政治的立場の異なる各州の文部大臣の合意の産物」であり、「運用の改善」の枠にとどまるものでありながら、ドイツの従来の教育風景を変える可能性を持つものでもある。

KMK は 2002 年、各教育分野のための諸州共通のスタンダードの開発ないし改訂に関し、各州で既に開始されている措置を以下のように調整することを決定した（KMK 2002, 12-13 を参照の上、筆者整理）。

すでに整えられているドイツ語、英語、数学におけるアビトゥーア試験のための統一的な試験要件に加えて、小学校、基幹学校修了証、中間学校修了証のためのスタンダードを、2004 年春までに漸次整備すること。

スタンダードに基づいて、2004 年春までに、州間で共通の問題プール（例題集）を構築し、継続的に開発すること。各州と学校は、それぞれの内部評価および外部評価のプロセスおよびカリキュラム開発のために、この問題プールを利用できること。各州は、問題プールの構築、維持、交換を保障すること。

各州は、自らの責任で、州全域のオリエンテーションあるいは比較研究において、どの程度スタンダードが達成されているかを試験すること。その実施手順は、質の保証に用いられ、学習過程に即して行われること。試験は、学校の課程の終わりに焦点化されるべきではなく、できるだけ多くの生徒が個別的な支援によって設定目標を達成することを可能にするものであること。試験は、初等段階から始まり、第 5 学年ないし第 7 学年からの中等段階の学校でも実施されること。実施時期や具体的な実

施形態は、各州が自律的に調整すること。

　こうした決定を基盤として、その後の教育の質保証政策は州を超えて共通の方向性をもって展開してきている。

(2) 教育スタンダード開発の経緯と目的

　ドイツにおける教育の質保証システムは教育スタンダードと学力テストを両輪として構築されている。まず、教育スタンダード開発の経緯と目的について確認しておきたい[9]。

　PISA 2000 の結果を受け、従来の学習指導要領（Lehrplan）を介した学業成績の管理（インプット管理）の限界が認識され、教育の成果と結果に焦点を当てる方向（アウトプット管理）への改革が必要であるとされた。そのため、教育を通じて子どもたちが身につけるべきコンピテンシーについての全国的なスタンダードの設定と、その達成状況のモニタリング、それに基づく改善の取り組みをセットとする教育の質保証システムの整備が課題とされた。なお、コンピテンシーとは、それぞれの教科における知識と技能を問題解決に活用できることであり、コンピテンシー志向の教育スタンダードは、教科ごとに、どの学年段階までにどのようなコンピテンシーを身につけておくべきかを規定するものである。

　教育スタンダードは、KMK での各州の合意によって決定されることから、全国的な基準として各州を拘束することになる。このことは、連邦制の下で各州が教育に関する権限（文化高権：Kulturhoheit）を保持しているドイツにおいては、重要な意味を持つ。教育スタンダードの整備は、各州の自律性に対する制約となる一方で、教育段階ごとの到達目標に共通基準が設けられることで、州をまたいでの教育制度の共通性や学校修了証の比較可能性の保障に寄与することにもなるからである。

　教育スタンダードは、まず 2003 年 12 月に中間修了証のドイツ語、数学、第一外国語（英語、フランス語）についての基準が KMK で決議された。2004年 10 月には基幹学校修了証のドイツ語、数学、第一外国語および、初等段

階（第4学年修了時点）のドイツ語、数学のスタンダードが、続いて2004年12月には中間修了証の生物、化学、物理についてのスタンダードが定められた。これらの一連のスタンダードは2004/05年度ないし2005/06年度から各州で導入された。2012年10月には、一般大学入学資格についても、ドイツ語、数学、第一外国語（英語、フランス語）のスタンダードが定められ、2020年6月には生物、化学、物理についてもスタンダードが定められるに至っている。

(3)　学力テストにおける VERA の位置づけ

　教育スタンダードの開発目的は、目標を設定した上でその達成状況をチェックし、継続的にモニタリングすることで教育の質保証につなげることである。したがって、教育スタンダードを教育の質保証システムとして整備し、機能させるためには、学力テストの開発を合わせて行うことが不可欠である。

　そのため KMK は、2004年6月に、教育における質の開発研究所（Institute zur Qualitätsentwicklung im Bildungswesen, 以下、IQB とする）をベルリン・フンボルト大学への附設という形で創設した。IQB の主要な使命は、初等学校および前期中等段階のための教育スタンダードに基づいて、試験問題を開発し、目指しているコンピテンシー・レベルがどの程度まで達成されているかをチェックすることである。

　IQB の示しているところによると、現在、ドイツにおける学力テストの概要は**表8-1**のように整理される。この整理によると、ドイツにおける学力テストは、国際的な学力調査、全国的な学力調査、比較研究（VERA）／学習状況調査の3層からなっている。PISA や TIMSS をはじめとする国際的な学力調査、州間比較を主とする全国的な学力調査が抽出調査であるのに対し、VERA は対象学年の子どもに対する悉皆調査となっている。子どもたち一人一人の教育スタンダードの達成状況のモニタリングに用いられるのは VERA であり、ドイツにおける教育の質の開発・保証において中核的な役割を担うものである。

表8-1　ドイツにおける学力テストの概観

	国際的な学力調査（PISA, PIRLS/IGLU,TIMSS）	全国的な学力調査（KMK-州間比較ないし教育動向調査）	比較研究／学習状況調査（VERA-3およびVERA-8）
設計	抽出調査	抽出調査	悉皆調査：当該学年の全生徒
頻度	3から5年ごと	5年ごと（基礎学校）ないし3年ごと(中等段階)	毎年
主要目的	システムのモニター	システムのモニター	授業開発／学校開発
評価レベル	国	州	学校、学習集団ないし学級
実施者	外部のテスト主催者	外部のテスト主催者	原則として教員
評価者	中央	中央	地域の教員および州の機関
結果のフィードバック	約3年後	約1年後	データ入力に引き続き即座のフィードバック；数週間後に多数の比較値を伴う詳細なフィードバック

（出典）IQB の HP 内（https://www.iqb.hu-berlin.de/vera, 2020/11/28）に掲載の Tabelle1: Unterschiede von stichprobenbasierten Schulleistungsstudien und Vergleichsarbeiten/ Lernstandserhebungen をもとに筆者翻訳。

(4) VERA の開発・実施体制

　VERA とは、Vergleichsarbeiten の略であり、日本語に直訳すると「比較研究」である。現在、第3学年(VERA-3)と第8学年(VERA-8)を対象に実施されており、基礎学校、基幹学校、実科学校、ギムナジウムなどすべての普通教育学校の当該学年の全学級が義務として参加することとなっている[10]。

　テストの内容については、KMK での合意に基づきつつ、州によって独自のアレンジが加えられている。また、名称についてもいくつかの州では独自の名称が用いられており、ヘッセン州、ノルトライン‐ヴェストファーレン州では学習状況調査(Lernstandserhebungen)、ハンブルク州ではコンピテンシー調査(KERMIT -Kompetenzen ermitteln)、ザクセン州、テューリンゲン州ではコンピテンシーテスト(Kompetenztests)の名称で実施されている。

VERA でテストされる教科・領域については以下のようになっている。

　VERA-3 では、ドイツ語、数学から少なくとも一つの教科がテストされる。ドイツ語では、コンピテンシー分野「読むこと」、「きくこと」、「正書法」、「話すことと用語法」の中から少なくとも 1 分野が課される。数学については、原則として「数と計算」、「データ、頻度および確率」、「空間と図形」、「モデルと構造」、「大きさと測定」の 5 つの分野全体から出題される。

　VERA-8 では、ドイツ語、数学、第一外国語（英語またはフランス語）のうち、少なくとも 1 つの教科は必須でテストされる。ドイツ語では、「読むこと」、「きくこと」、「正書法」、「話すことと用語法」の中から少なくとも 1 分野が課される。それに対し、数学では、原則的に、全 5 分野がテストされる。また、第一外国語（英語またはフランス語）については、少なくとも「読むこと」または「きくこと」についてテストされる。

　VERA の中心的な機能は授業開発と学校開発にあることから、点数評価には適しておらず、中等段階の学校における学校成績の診断にも用いられるべきではないとされている。個々の学校の VERA の結果のランキング表形式での公表も認められておらず、学校監督や学校査察の機会に担当者は VERA の結果を閲覧することができるが、その際にも、学校開発および授業開発を目的とする明確な規則に従うことが求められることとなっている。

　役割と権限については、IQB と各州の間で以下のように分担されている。IQB は、問題の開発、問題のチェック、問題の難易度の調査、テスト冊子の作成、付属する教授学的な資料のとりまとめを担当している。それに対し、各州は、テスト冊子の印刷と配布、テストの実施、校正とデータ入力、統計分析、フィードバックの企画、フィードバック、結果のフィードバック後の追加的措置を通じた学校の支援を担当している。

4. ドイツの緩やかなテスト・ガバナンス

(1) 学校制度改革と教育の質保証政策の接合の論理

　本章ではここまで、ドイツにおける PISA ショック後の教育改革として、

学校制度の改革と教育の質保証システムの整備について見てきた。こうした学校制度改革と教育の質保証政策との間には、どのような関係が見られるであろうか。

　学校制度改革について考えるならば、三分岐型学校制度から二分岐型への改革は、学業成績、生得的才能、将来的なキャリアの間の固定的な関係を前提として、基礎学校での学業成績に基づいて早期に子どもたちを選別するというハイステイクスな評価の体制を緩和するものである。それに対し、教育スタンダードと学力テストによる継続的な学力のモニタリングという教育の質保証システムの構築は、子どもたちへの評価による圧力を高めるもののようも見える。しかし、学校制度の二分岐型化がもたらす子どもたちの学校での学びの変化を踏まえるならば、学校制度改革と教育の質保証システムの構築は矛盾するものとは言えない。

　PISA ショック後の学校制度の二分岐型化においては、ゲマインシャフツシューレが非ギムナジウム校のモデルとして大きな役割を果たしているが、そのコンセプトは、「より長期にわたる共通の学習を可能にすること」（Thüringer Ministerium für Bildung, Wissenschaft und Kultur 2012, 1）である。基幹学校と実科学校の単なる統合にとどまらず、アビトゥーアまでつながる上級段階まで接続させるゲマインシャフツシューレでは、「すべての成績水準の生徒がそこにいる、本物の異質性を備えた集団を維持する」（Thüringer Ministerium für Bildung, Wissenschaft und Kultur 2012, 3）ことになる。学業成績においても、生得的才能においても、将来的な進路においても多様性のある子どもたちが共に学ぶためには、「生徒を個別的に支援すること」（Thüringer Ministerium für Bildung, Wissenschaft und Kultur 2012, 4）が求められるが、そのように異質性の高い生徒集団において、生徒一人一人に対する個別の学習支援を実現するためには、個々の生徒の学習の達成状況を教員がより精確に把握しておかなければならない。

　こうした事情を踏まえると、ドイツにおける学校制度改革と教育の質保証政策との相補的関係が浮かび上がってくる。基礎学校修了時という早期でのハイステイクスな評価を回避しつつ、「より長期にわたる共通の学習」をどのように実りあるものとして実現していくか。この課題に取り組む上で、学

力テスト、中でも VERA が果たす役割は大きいと思われる。

(2)「民主的で社会的な連邦国家」のメルクマール

　ドイツにおける、ハイステイクスなテストとは対極的な、異質性の高い生徒集団の共通の学習に向けた個別支援に資する学力テスト政策の展開の意義を考えるために、PISA ショックからの教育改革を今一度振り返ろう。そこには、社会階層の下位層や移民背景をもつ子どもなど、社会的に弱い立場に置かれた子どもたちへの注目があった。このことは、学力テストの実施を含む教育の質保証システムの構築が、社会政策としての総合的な教育改革の一部としての性格を持っていることを意味している。つまり、PISA 2000 の結果が明らかにしたのは、社会国家 (Sozialstaat) を標榜してきたドイツにおける社会統合の衰えであったのであり、PISA ショック後の学力向上に向けた教育改革は、社会統合の回復に向けた取り組みとして捉え直すことができる。

　社会国家としてのアイデンティティは、ドイツにおける緩やかなテスト・ガバナンスにも底流している。PISA ショック後に KMK が掲げた 7 つの行動領域を見ると、そのことは一層明らかである。そこには、「4. 教育上の困難を抱えた子ども、とりわけ移民背景をもった青少年の効果的な支援」はもとより、「1. 就学前教育からの言語能力の改善」や「7. とくに教育不足の生徒と特別な才能をもった生徒のための、拡大された教育と支援の機会の提供を目標とした学校および学校外の終日にわたる教育の拡充」など、ドイツ社会において周辺や下層に置かれてきた子どもたちへの教育的配慮を意識した項目が並んでいる。

　また、ドイツにおけるテスト・ガバナンスの緩やかさについては、連邦制による影響も指摘することができる。教育に関する権限は各州に属しており、州間の調整は、KMK において調整される。しかし、教育政策に関する考え方については、16 ある州の間での違いも大きい。保守的なキリスト教民主同盟／社会同盟 (Christlich-Demokratische Union Deutschlands ／ Christlich-Soziale Union in Bayern) が主導する州もあれば、社会民主主義を掲げる SPD が強い州もある。今日では旧東ドイツの支配政党であった社会主義統一党 (Sozialistische Einheitspartei Deutschlands) の流れを汲む左翼党 (Die Linke) の政治家が州首相を担っている州さえある [11]。このように政治的志向がかなり異なる諸州が、対等な立場で妥協点を探って調整を行うのである。そのため KMK での決定は、州間の差異を許容しうる、緩やかで穏健なものとならざるを得ない。こうした制度的条件の下で設定される全国基準としての教育スタンダードや学力テストの仕組みは、各州レベルでの極端な学力テスト政策の出現を抑制するものとして機能することになる。

　PISA 2000 の結果は、単に子どもたちの学力不振を明らかにしただけでなく、社会国家としてのドイツの危機をも人々に突き付けたのであり、その対応として打ち出された学力テスト政策がアメリカにおけるようなハイステイクスなものと一線を画すのは、必然であるだろう。緩やかなテスト・ガバナンスは、「民主的で社会的な連邦国家」(基本法 20 条 1 項) を標榜するドイツにとってのメルクマールなのである。

注

1　ただし、ドイツ連邦共和国を構成する 16 州のうち、ベルリン州およびブランデンブルク州では基礎学校は 6 年間である。

2　州により名称は多様である。例えば、地域学校 (Regionale Schule：メクレンブルク・フォアポンメルン州)、中間学校 (Mittelschule：ザクセン州)、実科学校プラス (Realschule plus：ラインラント・プファルツ州) など。

3　残るメクレンブルク・フォアポンメルン州は旧東ドイツ地域で唯一、旧西ドイツ地域と同じ三分岐型制度を採用した。しかし 2002/03 年度からは二分岐型へと移行している。

4　文部科学省 HP 内「OECD 生徒の学習到達度調査 (PISA)《2000 年調査国際結果の要約》」(http://www.mext.go.jp/b_menu/toukei/001/index28.htm, 2020/8/2) を参照。

5　文部科学省 HP 内「PISA (OECD 生徒の学習到達度調査) 2003 年調査」(http://www.mext.go.jp/b_menu/toukei/001/04120101.htm, 2020/8/2) を参照。

6　連邦制国家であるドイツでは、各州が教育政策・行政に関する権限 (文化高権：Kulturhoheit) を持っている。連邦教育研究省 (Bundesministerium für Bildung und Forschung) の権限は教員の給与、奨学金、研究助成、大学の一般原則などに限られており、教育政策に関する州間の調整は KMK において行われる。

7　ここに掲げた 6 点については、前原 (2005, 37-38) によるまとめに依拠している。なお、前原 (2005) では、Gemeinschaftsschule に対し「地域共通学校」の訳語が当てられている。

8　PISA ショック後の教育の質保証政策については、柳澤 (2004) や樋口・熊井・渡邉他 (2014)、石原・鍛治・布川他 (2015) が詳しく論じており、それらも参照のこと。

9　以下、ドイツにおける教育スタンダードと学力テストを中心とする教育の質保証政策に関する本節 (2) 項、(3) 項、(4) 項の内容については、特記しない限り、教育における質の開発研究所 (Institute zur Qualitätsentwicklung im Bildungswesen, 以下 IQB とする) の HP (https://www.iqb.hu-berlin.de/, 2020/11/28) 上で公開されている情報に依拠している。

10　2010 年からはドイツ国内の諸州に加え、南チロルおよびベルギーのドイツ語コミュニティーも VERA-3 に参加している。なお、ニーダーザクセン州は教員を官僚的な業務から解放し、授業に集中して取り組めるようにすることを目的として、VERA に関する KMK の協定を離脱し、2018/19 年度の VERA-3 および VERA-8 への参加の決定を個々の教員の権限に移し、さらに 2019/20 年度以降、VERA 自体への参加を取り止めることとした (州 HP および Göttinger Tageblatt 紙の記事 (2019/2/28, WEB 配信) を参照)。州 HP：(https://www.mk.niedersachsen.de/startseite/schule/schulqualitat/externe_evaluation/vergleichsarbeiten_vera/vergleichs-arbeiten-vera-135419.html, 2020/8/2) Göttinger Tageblatt 紙の記事：(https://www.goet-tinger-tageblatt.de/Nachrichten/Politik/Niedersachsen/Schulen-Niedersachsen-schafft-Ver-gleichsarbeiten-in-Klasse-3-und-8-ab, 2020/8/2)

11　2020 年 8 月 1 日現在、テューリンゲン州において左翼党のボド・ラメロウ (Bodo Ramelow) が首相を務めている。

参考文献

石原洋子・鍛治直紀・布川あゆみ・森田英嗣 (2015)「ドイツの学力格差是正策の展開とその特徴―ベルリンを事例に―」『大阪教育大学紀要・第 IV 部門』第 63 巻第 2 号、117-134 頁。

井本佳宏 (2013)「旧東ドイツ地域における二分岐型中等学校制度の動向―ザクセン州およびメクレンブルク - フォアポンメルン州の事例からの検討」『教育制度学研究』第 20 号、152-166 頁。

卜部匡司 (2012)「ドイツにおける中等教育制度改革動向に関する一考察」『徳山大学論叢』第 74 号、69-79 頁。

近藤孝弘 (2010)「ショック療法の功罪〜ドイツにおける低学力問題をめぐる評価の政治〜」『教育テスト研究センター CRET シンポジウム 2010. 12 報

告書』(https://www.cret.or.jp/files/1f8b2ad78af3a37a61406d150db37bcd.pdf, 2020/11/28)。

坂野慎二 (2017)『統一ドイツ教育の多様性と質保証－日本への示唆－』東信堂

布川あゆみ (2018)『現代ドイツにおける学校制度改革と学力問題―進む学校の終日化と問い直される役割分担のあり方―』晃洋書房。

長島啓記 (1996)「旧東ドイツ地域の教育の再編」『比較教育学研究』第 22 号、61-68 頁。

長島啓記 (2012)「ドイツの教育」日本比較教育学会編『比較教育学事典』東信堂、283-284 頁。

樋口裕介・熊井将太・渡邉眞依子・吉田成章・髙木啓 (2014)「PISA 後ドイツにおける学力向上政策とカリキュラム改革―学力テストの動向と Kompetenz 概念の導入に着目して―」中国四国教育学会『教育学研究紀要』第 60 巻、368-379 頁。

久田敏彦 (2013)「ポスト『PISA ショック』の教育」久田敏彦監修・ドイツ教授学研究会編 (2013)『PISA 後の教育をどうとらえるか―ドイツをとおしてみる―』八千代出版、1-30 頁。

前原健二 (2005)「PISA 以後のドイツにおける学校制度改革の展望―『地域共通学校』の提唱と新しい学習論―」『教育制度学研究』第 12 号、32-46 頁。

マックス・プランク教育研究所研究者グループ著／天野正治・木戸裕・長島啓記監訳 (2006)『ドイツの教育のすべて』東信堂。

文部科学省 (2017)『世界の学校体系』ぎょうせい。

柳澤良明 (2004)「ドイツにおける学力問題と学力向上政策－学校教育の質の確保における教育行政の役割－」『日本教育行政学会年報』第 30 号、48-63 頁。

Hurrelmann, K. (2013) Das Schulsystem in Deutschland: Das „Zwei-Wege-Modell" setzt sich durch, *Zeitschrift für Pädagogik*, 59 (4), S. 455-468.

KMK (2002) *PISA 2000 -Zentrale Handlungsfelder: Zusammenfassende Darstellung der laufenden und geplanten Maßnahmen in den Ländern* (Stand: 07.10.2002) (Beschluss der 299. Kunltusministerkonferenz vom 17./18.10.2002).

KMK (2017) *Kompetenzstufenmodell zu den Bildungsstandards im Fach Mathematik über den Primarbereich (Jahrgangsstufe 4)* (Stand: 07.04.2017) (Beschluss der Kultusministerkonferenz (KMK) vom 04.12.2008) (Auf Grundlage des Ländervergleichs 2011 überarbeitete Version in der Fassung vom 11. Februar 2013).

Leschinsky, A. (2008) Die Realschule -ein zweischneidiger Erfolg, in: Cortina, K. S./Baumert, J./Leschinsky, A./Mayer, K. U./Trommer, L. (Hg.) *Das Bildungswesen in der Bundesrepublik Deutschland -Strukturen und Entwicklungen im Überblick*, Rowohlt Taschenbuch Verlag, S. 407-435.

Rösner, E. (2007) *Hauptschule am Ende: Ein Nachruf*, Waxmann Verlag.

Rösner, E. (2008) *Die Einführung von Gemeinschaftsschulen in Schleswig-Holstein: Veränderungen der Schulstruktur als Konsequenz demografischer und gesellschaftlicher Entwicklungen*, Waxmann

Verlag.
Thüringer Ministerium für Bildung, Wissenschaft und Kultur（2012）*Leitfaden Thüringer Gemeinschaftsschule.*

第9章

韓国におけるテスト・ガバナンス構造
──緩やかなガバナンス構造と移り変わる学力政策──

申　智媛

1. 韓国の学校教育の概略

(1) 韓国の学校体系

　韓国の学校体系（**図 9-1**）は、独立以来一貫して単線型の 6 − 3 − 3 制が国によって定められている。こうした教育体系を支える韓国の教育理念として憲法では、能力に応じた教育を受ける権利の保障、生涯にわたる教育の保障、創造と開拓の精神で国家建設に参加する国民精神の育成、などを規定している。

　1984 年に義務教育年限がそれまでの 6 年から 9 年（6 〜 15 歳）に延長された。その後、延長分（中学校 1 〜 3 学年）について、無償の義務教育が段階的に導入され、2004 年 3 月から完全実施となった。初等教育は 6 歳入学で、6 年間の初等学校で行われる。前期中等教育は、3 年間、中学校で行われる。後期中等教育は、3 年間、普通高等学校及び職業高等学校で行われる。普通高等学校の入学者は共通試験の合格者を学区内の学校に抽選で機械的に振り分ける「平準化」政策がとられている。職業高等学校は学校別に選抜により入学者を決定している。また普通高等学校には、各分野の英才を対象にした特別目的高等学校（芸術高等学校、体育高等学校、科学高等学校、外国語高等学校）があり（普通高等学校全体の約 5%）、これらの高校は厳格な入学者選抜がある（文部科学省 2005）。韓国の多くの地域は高校平準化政策の下にあるため、上記の特別目的高等学校以外のほとんどの生徒たちは抽選で高校に入学する。しかし 2008 年頃から「高等学校多様化政策」が導入され、自律型私立高等学校など、新たな高等学校の種類も登場している。自律型私立高等学校は、当初学

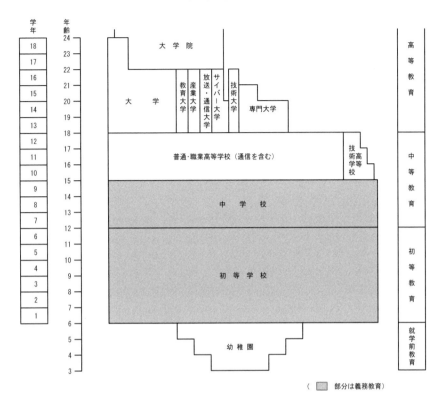

（　▨　部分は義務教育）

就学前教育：就学前教育は、3 〜 5 歳児を対象として幼稚園で実施されている。
義 務 教 育：義務教育は 6 〜 15 歳の 9 年である。
初 等 教 育：初等教育は、6 歳入学で 6 年間、初等学校で行われる。
中 等 教 育：前期中等教育は、3 年間、中学校で行われる。後期中等教育は、3 年間、普通高等学校と
　　　　　　職業高等学校で行われる。普通高等学校は、普通教育を中心とする教育課程を提供するも
　　　　　　ので、各分野の才能があるものを対象とした高等学校（芸術高等学校、体育高等学校、科
　　　　　　学高等学校、外国語高等学校、国際高等学校）も含まれる。職業高等学校は、職業教育を
　　　　　　提供するもので、農業高等学校、工業高等学校、商業高等学校、水産・海洋高等学校など
　　　　　　がある。
高 等 教 育：高等教育は、4 年制大学（医学部など一部専攻は 6 年）、4 年制教育大学（初等教育担当教
　　　　　　員の養成）及び 2 年制あるいは 3 年制の専門大学で行われる。大学院には、大学、教育大
　　　　　　学及び成人教育機関である放送・通信大学、サイバー大学、産業大学の卒業者を対象に、
　　　　　　2 〜 2.5 年の修士課程や 3 年の博士課程が置かれている。
成 人 教 育：成人や在職者のための継続・成人教育機関として、放送・通信大学、サイバー大学、産業
　　　　　　大学、技術大学（夜間大学）、高等技術学校、放送・通信高等学校が設けられている。

図 9-1　現行韓国の学校系統図

（出典）文部科学省（2019）

校運営やカリキュラム運営において学校側の裁量を認めるために設立されたが、現在では、新たな名門学校と位置付けられ、一般高等学校との間の格差拡大をもたらしているとの批判もある（申 2014）。

(2) 教育行政について

　中央政府には「教育部」が置かれ、人的資源開発政策、学校教育、生涯教育及び学術を所管している。韓国の教育行政は 1990 年代初めまで国が一元的に統括する中央集権的体制をとっており、地方に設けられた教育委員会は実質的に国の出先機関であった。しかし、近年の分権化政策の下、1989 年の地方自治法、1991 年の地方教育自治に関する法律の制定により、学校の設置管理などの教育事務が地方自治体の所管になった。地方の教育行政機関として、特別市（ソウル）・直轄市又は道に教育庁が置かれている。教育庁は、学校代表の選挙人によって選ばれた教育委員会とその執行機関である教育監からなる。さらにその下の区・市・郡には下級行政機関としての地方教育庁が設置されている。初等学校・中学校・高等学校は特別市・直轄市・道レベルが設置・管理する（文部科学省 2005）。

2.　近年の教育改革と学力テスト導入の背景
——政権により移り変わる学力テスト政策——

　韓国における国家水準学業成就度評価は 1986 年に標本調査として始まった。その後、政権の交代と各政権の教育改革の方向性に合わせて、全数調査、標本調査への変更を繰り返してきた。金泳三政権（1993 年〜 1998 年）では全数調査、金大中政権政権（1998 年〜 2003 年）と盧武鉉政権（2003 年〜 2008 年）では標本調査、また李明博政権（2008 年〜 2013 年）では全数調査、朴槿恵政権（2013 年〜 2017 年）においては、初等学校が対象から外れたが、全数調査は維持されてきた。そして教育格差の解消等を目指す、現文在寅政権（2017 年〜現在）において、10 年ぶりに標本調査へと移行した（連合ニュース 2017 年 6 月 14 日、国民日報 2017 年 6 月 15 日）。

　韓国は 5 年に一度交代する大統領の教育改革の方針により、教育政策の方向性は変化しやすい国の一つである（**表9-1**）。学力テスト政策も当然ながら、各政権が打ち出す教育政策の方向性に大きく影響を受ける。近年の政権の教育改革の方向性を概観するならば以下のようになる。

　まず、李明博政権（2008 年〜 2013 年）の教育改革のキーワードは、「競争」、「効率」、「自由」、「多様化」であり、競争による学力向上や学校間の競争を強調した同政権において、全数調査による国家水準学業成就度評価が復活した。全数調査への転換の理由としては、アカウンタビリティの保障が掲げられ、小学校から高校の調査結果は学校内外に公示されるようになった。結果的に、同政権時の国家水準学業成就度評価は、学校と地域教育庁間の競争を煽ったと評価されている。

　次の朴槿恵政権（2013 年〜 2017 年）は、「夢と才能を育てる幸福な教育」をキャッチフレーズとし、「素質と才能を呼び起こす教育」、「公平な教育機会」、「教育競争力の向上」、「生涯学習システムの構築」を課題とした教育政策を展開した。具体策として、自由学期制、終日ケア学校（放課後子どもの世話ができない親のために保育、教育を提供するためのプログラム）や、高校無償教育が提案され、学力向上政策よりは、子どもたちにゆとりをもたせることで多様な学習機会を保証するための政策に重点が置かれていたが、朴大統領が2017 年罷免されたことで、教育政策を十分展開できないまま政権は頓挫した。

　現在の文在寅政権（2017 年〜現在）の教育政策においては、基礎学力保障法制定、地方大学強化政策、学歴、学閥差別禁止法制定など、教育格差の解消を目指す方向性が見受けられる。また、学力テストの面から言えば、2017年 6 月 14 日国政企画委員会によると、全国一斉の学力テストは、政府が志向する「競争を超えた協力教育」の理念と合致しないとして、「国家水準学業成就度評価」の標本調査への転換の方向性を示し、2017 年度の調査から実行に移した。しかし標本調査に転換して 2 年が経過した現在、国家主導の学力テストは再び大きな変化に直面している。それについては次節で詳しく述べる。

表 9-1　国家水準学業成就度評価推進経過

【資料】国家水準学業成就度評価推進経過

施行年度	対象学年	全数/標本	標本割合	評価の教科	評価時期	主催
'86~'92	初：4・5・6 中：1・2,高：1・2	標本	1%	初：国・社・数・科 中・高：国・社・数・科・英	3～12月	国立教育評価院
'93	初：4,中：2,高：2	全数	全数内標本1%	初：国・数・社・科 中・高：国・数・科・英	3月	
'94	初：4・6 中：2・3 高：1・2	全数	全数内標本1%	初：国・社・数・科 中：国・社・数・科・英 高：国・数・科・英	3月 12月 (中2,高1)	
'95	初：3・5 高：1・2	全数	全数内標本1%	初：国・社・数・科 高：国・社・数・科・英	12月(初) 9月(高)	
'96	中：1・2 高：1・2	全数	全数内標本1%	中・高：国・社・数・科・英	12月(中) 9月(高)	
'97	初：4~6,中：1~2 高：1~2	全数	全数内標本1%	初：国・社・数・科 中・高：国・社・数・科・英	9月	
'98	初：4・5・6 中：1・2 高：1・2	標本	0.5%	初：国・社・数・科 中・高1：国・社・数・科・英 高2：国・数・英	9月	韓国教育課程評価院
'99	初：6,中：3,高：2	標本	0.5%	初・中・高：社・数	9月	
'00	初：6,中：3,高：2	標本	0.5%	初・中・高：社・数	6月	
'01	初：6,中：3, 高：1・2	標本	1%	初：国・社・数・科 中・高：国・社・数・科・英	6月	
'02	初：6,中：3,高：1	標本	1%	初・中・高：国・社・数・科・英	11月	
'03	初：6,中：3,高：1	標本	1%	初・中・高：国・社・数・科・英	10月	
'04~'05	初：6,中：3,高：1	標本	初・中：1%, 高：3%	初・中・高：国・社・数・科・英	10月	
'06	初：6,中：3,高：1	標本	3%	初・中・高：国・社・数・科・英		
'07	初：6,中：3,高：1	標本	初・中：3%, 高：5%	初・中・高：国・社・数・科・英	10月	
'08	初：6,中：3,高：1	全数	全数内標本初：4%,中・高：5%	初・中・高：国・社・数・科・英	10月	
'09	初：6,中：3,高：1	全数	全数内標本1%	初・中・高：国・社・数・科・英	10月	
'10	初：6,中：3,高：2	全数	全数内標本1.5%	初・中：国・社・数・科・英 高：国・数・英	7月	
'11	初：6,中：3,高：2	全数	全数内標本1.5%	初：国・数・英(社/科 標本) 中：国・社・数・科・英 高：国・数・英	7月	
'12	初：6,中：3,高：2	全数	全数内標本1.5%	初：国・数・英(社/科 標本) 中：国・社・数・科・英 高：国・数・英	6月	
'13~	中：3,高：2	全数	全数内標本1.5%	中：国・数・英(社/科 標本) 高：国・数・英	6月	

(出典) 韓国教育課程評価院 (2016b) より、筆者作成。※■は政権交代のあった年

3. 韓国における学力テストの概要

　韓国には、大きく2つのナショナル・テストと1つのローカル・テストが存在する。以下にその概要を示す。

(1) 国家水準学業成就度評価(ナショナル・テスト)

　国家水準学業成就度評価は、国家が定めた教育課程に基づき、生徒の教育目標達成程度を評価する準拠参照評価である。国家レベルで生徒の学業達成度の現況及び変化の推移を把握し、学校教育の質を体系的に管理するために毎年実施される評価制度である。

　毎年教育部で評価の計画を立て、韓国教育課程評価院 (Korea Institute for Curriculum and Evaluation) が出題、選択型問題の解答の採点、結果の分析を担当し、各地方教育庁 (日本の教育委員会に相当) が記述式問題の解答を採点する方式で評価が行われている。

　達成度は個別生徒の教育課程の到達程度により、普通学力以上、基礎学力、基礎学力未達として通知される。学校は、各学校のホームページを通して学校単位の結果を告示し、国家は市・道教育庁単位の達成水準比率と向上度などを分析し、発表している。

　国家水準学業成就度評価の実施の目的は、(1) 国家レベルでの学校教育成果の点検と教育課程改善の資料提供、(2) 学校単位の基礎学力の点検と教授学習・評価の改善、(3) 個別生徒の学業達成度の把握とされている。

　教科や実施時間については、中学校3年では、国語、数学、英語が対象であり、中学校1〜2年全課程と3年1学期課程を、教科別に60分ずつ実施している。高校2年では、国語、数学、英語が対象で、高校1年全課程を範囲とし、教科別に60分間実施している。問題数は教科別30〜40問であり、記述型問題の割合は20〜30%である。

　学業成就度評価では、学業達成度に影響を与える生徒・学校特性を把握し、教育活動改善のための示唆を得るため、アンケート調査も実施している。アンケート調査は、学業成就度評価に参加するすべての生徒及び学校を対象に

実施され、質問は個人・家庭環境・学校生活・放課後の生活・学習方法・学校長特性・学校構成と教員特性・教育課程及び学校風土などで構成されている。調査の結果は、評価を受けたすべての生徒に配布される。2010年までの評価結果表は、個別生徒の教科別の達成度と、教科内の領域別の達成度を提示するものであったが、2011年からは、達成度だけではなく、達成度の特性に関する詳細情報を提供することで、学習や教授に寄与できるものとなった。2013年からは、生徒、教師、保護者など教育需要者の理解をさらに高めるために、教科別の領域区分の説明、達成度に関する記述など説明部分をよりわかりやすく改善した（韓国教育課程評価院2016）。個別生徒に配布される評価結果表の構成は以下のとおりである（**表9-3**）。

表9-3　個別生徒評価結果表の構成

区分	項目	内容
基本情報	生徒及び学校の情報	学校名、氏名、学年、組、番号
学業達成度情報	達成度	教科別全体達成度及び相対的な位置
	下位領域	調査に含まれた下位領域に対する達成度
	達成度に関する記述	各達成度が表す能力と遂行に対する説明
評価結果表説明資料	結果表解釈方法	評価結果指標に対する解釈

(出典) 韓国教育課程評価院 (2016b) より、筆者作成。

　調査結果は、個別生徒に配布されるだけでなく、学校情報公開システム（http://www.schoolinfo.go.kr/）で公開されている。学校情報公開システムには、全国の国公私立中学高校の国家水準学業成就度評価における達成度の割合・前年度比が公開（2008年〜現在）されており、その他にも生徒・教員状況、施設概要、学校暴力発生状況、衛生・教育環境、財政状況、給食状況が掲載されている。

　上述したとおり、韓国は政権によって教育改革の方向性が変化する傾向が強く、国家水準学業成就度評価も、政権ごとの教育改革の焦点により、その実施方法が目まぐるしく変化してきた。2000年代以降の政権別の変更点を見ると、**表9-4**にあるように、金大中政権時（2001年）には全体生徒1％だ

表 9-4　2000 年代以降の政権別国家水準学業成就度評価の主な変更点

政権	実施年	変更内容
金大中政権	2001 年	韓国教育課程評価院主催で国家水準学業成就度評価実施（全体生徒の 1％のみを対象とした標本調査）
廬武鉉政権	2006 年	標本の割合を 3％に拡大
李明博政権	2008 年	・すべての生徒を対象とする全数評価に転換 ・全国教員組合が「一斉学力テスト」であるとし試験実施を拒否 ・教育部試験実施を拒否した教師を罷免
	2010 年	6 の市道進歩教育監が当選、一斉学力テストを反対
朴槿恵政権	2013 年	初等学校における国家水準学力テストを廃止、中学 3 年と高校 2 年は全数評価を維持
文在寅政権	2017 年	全体生徒の 3％だけを対象とする標本評価へ転換
	2019 年	学業成就度評価とは別途で、すべての生徒の基礎学力診断を義務化

（出典）筆者作成。

けを対象とする標本調査であったのが、廬武鉉政権時（2006 年）には対象生徒割合が 3％に拡大、学力向上や学校間競争を強調していた李明博政権時（2008 年）には全数評価に転換した。以降、朴槿恵政権時（2013 年）には初等学校 6 年生における評価が廃止されたが、中学 3 年と高校 2 年の全数評価は維持されていた。しかし現政権である文在寅政権に入って教育部は、国家水準学業成就度評価が成績による序列化と学習の負担を増加させていると指摘しながら、全数評価を廃止し、3％のみの生徒を対象とする標本評価へと転換した。教育部この決定は、2017 年 6 月に全数評価によって実施される予定だった国家水準学業成就度評価のわずか 5 日前に発表されたことで、学校に大きな混乱をもたらした。ところが 2019 年 3 月 28 日、教育部は学力の標本調査から再び大きく舵を切る決定を発表した。それは、「基礎学力支援内実化方案」というもので、「最近の学業成就度評価の結果、基礎学力未達生徒の割合が持続的に増加しており、これに対する懸念が高まっている」ことを背景に、「来年度から初等学校 1 年〜高校 1 年までのすべての生徒の基礎学力を診断し、その結果を生徒支援、政策樹立などのための資料として活用する」との内容を骨子としている（教育部 2019 月 3 月 29 日 a）。

　このような発表は、国家水準学業成就度評価が再び全数評価に転換するこ

とのように見える。しかし、「基礎学力診断は必ず実施しなければならない
が、診断の道具や方法について各学校が自律的に選択できるようにする」と
いう文言や、「既存の標本調査による国家水準学業成就度評価は改善、補完
される予定である」という表現から、2020 年度から実施される予定のテスト
は、国家が主導する学力テストではあるが、既存の国家水準学業成就度評価
とは別のものであり、調査内容や評価の方法、また、各学校の調査への関与
において既存の国家水準学業成就度評価とは差別化されるものと見られる。

　教育部がこのような決定に至る背景となった韓国の学力低下議論及び新し
い学力テストについては、節を改めて論じる。

　ここでは、韓国におけるもっとも大規模なナショナル・テストである国家
水準学業成就度評価の課題に関するこれまでの国内の議論をいくつか示すこ
ととする (韓国教育課程評価院 2016)。

　まず、国家水準学業成就度評価の実際的な実施主体とも言える教師たちは、
同評価の実施に慣れてはいるものの、評価の内容や結果の指標について詳し
く理解している教師は実は多くないという指摘がなされている。また、内容
や結果についての理解度が十分に高くないだけに、学業成就度評価の必要
性について懐疑的な意見を持つ教師も多いという。韓国教育課程評価院が
2016 年に実施した、「国家水準学業成就度評価は必要だと思うか」という質
問項目に対して、「そうである」以上の回答は、地域の教育委員会の担当者
51.8％、教師 33.4％、生徒 28.6％ であった。2009 年の同項目の回答は学校管
理者 93.3％　保護者 68.0％、教師 54.0％、生徒 46.1％ であり、教師と生徒が
感じる必要性は、2009 年に比べて低くなった (韓国教育課程評価院 2016)。

　特に教師の同評価へのモチベーションが低いが、その背景として、多くの
労力を投じて算出される評価結果が、学校現場で教授、学習、評価活動への
活用につながっていない点も指摘されている。一部の教師たちは、李明博政
権当時同評価の全数調査及び評価結果の公表への転換を受け、地域間、学校
間、生徒間の序列化を助長するとして反対の声を上げてきた。

(2) 全国連合学力評価（ナショナル・テスト）

全国連合学力評価は、大学修学能力試験（日本の大学入学共通テストに該当する）のために国家が実施する模擬評価である。同評価は 2002 年から実施されているが、導入の理由としては、主に私教育による模擬試験への依存度の軽減があげられている。韓国のすべての高校在学生が受験可能な試験で、各地方の教育庁が試験を実施するかどうかを決める。ほとんどの自治体が参加するため、本番の大学修学能力試験と類似した条件で受験することになる。

全国連合学力評価の出題はソウル特別市教育庁、釜山広域市教育庁、京畿道教育庁、仁川広域市教育庁が担当しており、採点及び成績表の印刷は韓国教育課程評価院が担当している。2019 年度の全国連合学力評価は、1 年生、2 年生を対象に 3 月、6 月、9 月、11 月に実施され、3 年生を対象に 3 月、4 月、6 月、7 月、9 月、10 月に実施された。

(3) 市道教育監協議会主催教科学習診断評価（ローカル・テスト）

ローカル・テストとしては、市道教育監協議会主催教科学習診断評価がある。この評価は教科学習診断評価道具を、生徒の成就水準を把握できる標準化された評価道具として開発、普及することで、不振生徒の選別及び補正など、基礎学力責任指導推進を支援するためのものとされている（バン・ジェチョン他 2008）。対象は初等学校 4，5，6 年と中学校 2，3 年であり、市道の連合で開発された診断道具を使用している。具体的な参加範囲は市道教育庁で自主的に決めている。評価内容は、国語、社会、数学、科学、英語の 5 科目で、前年度の学年のカリキュラム内容が習得できているかを評価する。

---

4. 文在寅政権における教育政策と学力テストの特徴
——学力低下議論と一斉学力テスト復活の傾向——

---

(1) 学力低下議論

2019 年 3 月 26 日教育部は「2018 年国家水準学業成就度評価結果」を公開した。例年は年末に結果発表をしていたが、2018 年度の結果は通常より 3 か

月程遅れた3月になってからの発表になった。結果の発表が遅れた理由とし
て、これまでに比べ基礎学力の低下が顕著であり、基礎学力向上に向けての
対策とともに発表すべき必要があったためであると分析されている（韓国教
育新聞2019年3月28日）。

　教育部の発表によると、標本調査により行われた2018年度国家水準学業
成就度評価では、国家教育課程の達成度を示す「普通学力以上」、「基礎学力」、
「基礎学力未達」の内、もっとも達成度が低い「基礎学力未達」の割合が増加
した。「基礎学力未達」の割合は、数学では中学3年生が11.1％、高校2年生
が10.4％で、もっとも基礎学力未達の生徒が多い教科であることが明らかに
なった。英語では5.3％の中学3年生、6.2％の高校2年生が「基礎学力未達」
であった。国語の「基礎学力未達」割合は中学3年生が4.4％、高校2年生が3.4％
だった。

　中学校では評価対象科目である国語、英語、数学のすべての科目で標本調
査に転換した2017年度よりも基礎学力未達の生徒の割合が増えた。全数調
査をしていた2016年の結果と比べると、その差はさらに拡大する（**図9-2**）。

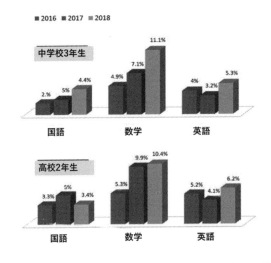

図9-2　2016年〜2018年の基礎学力未達の生徒の割合の推移

（出典）教育部（2019月3月29日b）より、筆者作成。

高校は 2017 年に比べ国語（5％）は未達の割合が減り、数学（9.9％）と英語（4.1％）は増えた。中学校の普通学力以上の割合も、3 つの科目ともに減った。2017 年には数学 67.7％、英語 72.6％、国語 84.9％だった「普通学力以上」の生徒の割合は、それぞれ、62.3％、65.8％、81.3％へと減少した。高校では、国語の普通学力以上の生徒は 75.1％から 81.6％へと増加し、数学と英語はそれぞれ 75.8％から 70.4％、81.5％から 80.4％へ減少した。

　性別で見ると、高校の数学を除いては、全般的に女子生徒の達成度が高かった。また、地域別では大都市の方が、数学、英語の普通学力以上の生徒の割合が高い傾向があった（教育部 2019 月 3 月 29 日 b）。

(2) 韓国教育部による基礎学力向上のための方案

　このような学力低下の懸念を受け、韓国教育部は基礎学力向上対策として、2019 年 3 月に「基礎学力支援内実化方案」を発表した。同方案は、(1) 基礎学力診断体制改編、(2) 学校内外での基礎学力安全網内実化、(3) 平等な出発の保障のための初等低学年集中支援、(4) 国家―市道―学校のアカウンタビリティ強化という 4 つの項目に分けられており、中でも (1) 基礎学力診断体制改編が重点的な学力向上策と考えられている。これまで全数調査と標本調査の転換を繰り返しながら行われた国家水準学業成就度評価とは別に、韓国の初等学校 1 年生から高校 1 年生のすべての学年の児童生徒を対象に、基礎学力水準を確認するテストを実施するといった内容である。新しい基礎学力診断評価については、その中身や実施方法はまだ明らかになっていないが、これまでの国家が主導して一斉に実施する学業成就度評価とは違い、学校の現状に応じて、診断道具や方法を学校別に選択できるという趣旨が発表されている。同方案によると、診断の結果については、教室単位で一人ひとりの子どもの学力向上を支援する資料となるような診断道具の開発及び普及を予定しているほか、保護者にも結果を通知し、家庭での学習、生活態度の指導に役立てるようにしたいとされている。また、新しい基礎学力診断評価は、各学校、教室、家庭における基礎学力指導、支援の資料とするものである一方、従来の国家水準学業成就度評価は「国家レベルで達成度の傾向を把握し、教

育政策樹立及び教育課程改善の参考資料として活用」する予定であると、従来の評価との役割を区別している。

(3) ソウル市の基礎学力向上対策

　2019 年 3 月の教育部の基礎学力低下とそれに対応するための基礎学力向上対策の報告を受け、もっとも早く具体策を発表したのはソウル市であった（図9-3）。というのも、全国的な学力低下の傾向の中でもソウル市の生徒たちの基礎学力未達率の増加は深刻であるとの分析があるからである。2012 年から 2016 年までの全国の基礎学力未達生徒の割合は 2.6％から 4.1％に増加したが、ソウルの場合、3.3％から 6％の増加が見られ、基礎学力を持ち合わせていない生徒の割合が 2 倍近く増えたという危機感の表れと言ってよいだろう。

　ソウル市教育庁のチョ・ヒヨン教育監は、2019 年 9 月 5 日、「2020 ソウル生徒基礎学力保障方案」を発表し、2020 年からソウル市のすべての初等学校 3 年生には読み、書き、計算の試験を、中学 1 年生には国語、英語、数学の試験を実施し、基礎学力達成度を確認するとした。診断検査の結果は、基礎学力到達、または未到達で表し、保護者に義務的に通知することにした。また、一斉的な診断検査の実施のほかにも、学習不振が初等学校低学年から累積されていくという分析から、初等学校 2 年生を対象とする「集中学年制」も運営する方針である。「集中学年制」とは、2020 年からソウル市内の初等学校の約 30％である 168 校（830 学級）に、図書購入費、教材費などとして学級あたり 50 万ウォンを支援し、2023 年からはすべての公立初等学校の 2 年生の教室を全面支援するものである。また、ソウル市のすべての中学校に、基礎学力増進協力講師を派遣し、相談プログラムや学習補充プログラムを運営する「基本学力責任指導制」を導入し、学校別に 2000 万ウォンの予算を投入すると発表した（ソウル市教育庁 2019 月 9 月 5 日）。

　先日発表されたソウル市の「初等学校 3 年生と中学 1 年生を対象とした基礎学力テスト」は、基本的に先述した教育部の学力向上対策である「初等学校 1 年生から高校 1 年生のすべての学年の児童生徒を対象に、基礎学力水準を確認する学力テスト」の一環であると発表されているが、両者の詳しい関

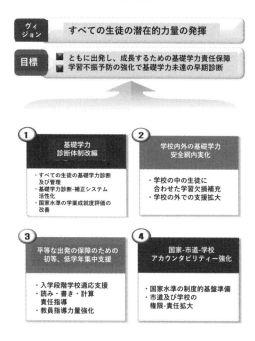

図 9–3　「基礎学力支援内実化方案」のヴィジョン及び主要課題

(出典) 教育部 (2019 月 3 月 29 日 c) より、筆者作成。

連性や実施の方法についてはまだ明らかにされておらず、問題開発や診断方法についても詳細は発表されていない。また、そもそも、学力テストを実施することが、基礎学力の回復につながるのかどうかという議論も、これから国内でさらに活発化すると思われる。目まぐるしい変化の中で今後の展開を慎重に見守る必要があるだろう。

5.　学力テストに対する国内の評価と考察

　韓国で最も規模が大きいナショナル・テストである国家水準学業成就度評価の場合、評価基準は、基本的にナショナル・カリキュラムが提示する学習内容が習得できているかどうかであり、生徒、学校の学力水準に関する情報提供と結果を活用した学力保障の意味が強い。上述したように、全国の学校

の国家水準学業成就度評価の一部の結果は、2008年より学校情報公開システムで公表されている（学業の達成度の割合、達成度の学校内前年度比、生徒・教員状況、施設概要、学校暴力発生状況、衛生・教育環境、財政状況、給食状況など）。しかし結果公表が、学校選択や教員評価に直接影響することはなく、ハイステイクスな性格とはなっていない。2008年発足した李明博政権は学校間、教師間、生徒間の積極的で自由な競争による学力向上を謳い、全国の学校の国家水準学業成就度評価における学力水準公表を実施、前年度比学力の向上率が高かった全国の学校TOP100（**図9-4**）を発表するほか、同評価の結果を教員評価や学校評価に結び付ける方向性を示していたが、教員組合などを中心とした「一斉的な学力テスト」への根強い反対等に遭い、実現には至らなかった（ホ 2013）。

　国家水準学業成就度評価の結果は、基礎学力保障法の制定や、基礎学力向上支援事業の推進、学習総合クリニックセンターの各市道教育庁及び地域教育支援庁への設置へとつながり、学校を始めとした関連機関で結果を参考にした研究や基礎学力保障プログラムの作成、実施に活用されている。しかし政権交代により変化しやすい教育政策の方向性の影響で、学力保障事業等も政権の終了とともに打ち切られることが多く、長期的な教育的視点と持続的な投資に基づく取り組みが求められている。

　近年の動向を見ると、2017年3月28日筆者が実施した韓国教育課程評価院評価改善研究室ソン・ミョン研究員へのインタビューによると、2013年発足した朴槿恵政権から現文在寅政権にかけては、「試験学力」よりも多方面における才能の発達や裁量的な学び、教育格差の是正などに焦点が置かれている傾向があり、児童生徒の学力が低下への懸念と、「学力テスト」を含む学力の評価面を強化する必要があるという意見が教育の専門家から提示されているという。また、同評価院の教育評価本部長（当時）のイ・ミョンエ氏によると、現行国家水準学業成就度評価は、主に教育課程の各生徒及び各学校の達成度を測定することに焦点当てられているが、今後は教育課程を含め、評価においても、たとえばOECDのPISA調査を測定しようとしているコミュニケーション能力や判断力、思考力といった高次の学力を育成、評価する方

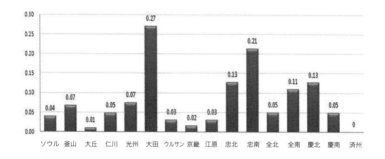

図 9-4　各市道の全国 TOP100 学校の割合

(出典) 教育科学技術部 (2012) より、筆者作成。

法の開発が求められているという。

　一方、最も規模の大きい国家主導の学力テストであった国家水準学業成就度評価は、上述した 2019 年 3 月教育部発表の「基礎学力支援内実化方案」により、その役割や位置づけの見直しが求められている。新たな学力診断調査の導入と既存の学業成就度評価の見直しなど、学力テストをめぐる変化と混乱の背景にあるのが、ここ 2 〜 3 年の韓国の児童生徒の学力低下傾向に対する懸念である。上述したように、韓国教育部とソウル市教育庁が、2019 年に入って立て続けに、学力低下のデータを示しながら、基礎学力保障対策として一斉的な学力テストの実施を発表した。これに対する教育界や保護者の反応はさまざまであるが、「学力テストの強化が学力向上につながる」という昨今の言説に疑問を唱える声が少なくない。

　全国教員組合ソウル支部の金ホンテ教諭は、ソウル市教育庁が 2019 年 9 月 5 日に発表した基礎学力保障方案について、「ソウル市教育庁が、学びが遅い生徒のためにさまざまな対策を講じたことは評価できる」としながらも、基礎学力保障の目玉として初等学校 3 年生と中学校 1 年生の一斉学力テストを掲げたことには、「現在児童生徒たちに必要なのは、支援であり、標準化された道具を活用した診断ではない」との憂慮を示し、「目的と方法を十分に吟味しないもう一つの学力診断の実施は、保護者を不安にさせ、私教育のさらなる拡大をもたらす」と指摘している。また、金教諭は「真の基礎学力

の向上のためには、具体的な教室の授業を中心に、教師の教える仕事と児童生徒の学びを支援すべき」と主張し、「児童生徒の学力不振の原因は一様ではなく、さまざまな原因による」ため、「学校、家庭が連携した多方面から支援が必要である」とも語っている（エデュイン 2019 年 9 月 7 日）。

　韓国の国家主導の学力テストは、現在のところは、テスト結果が卒業や学校、教員評価に積極的に利用されるハイステイクスなものではない。しかし、極めて競争主義的な学習環境と、初等学校から高校までの学習過程や学習の結果が大学入試につながっていくという信念を持ちやすい環境に置かれている児童生徒や保護者にとって、新たな学力テストは、もう一つの不安材料になる可能性が高く、その影響力を軽視することはできない。教育部が 2020 年度から初等学校 3 年生と中学校 1 年生の一斉学力テストを行うとう発表があった直後に、私教育市場は早速「2020 年から復活する基礎学力評価試験対策」という文句を用いた広報戦略を広げているという（エデュイン 2019 年 9 月 9 日）。

　学校での各種試験による私教育市場の拡大は韓国の教育の公平性の観点からも深刻な問題となっている。近年では私教育をより受けられる社会経済的に恵まれた家庭の児童生徒の学校成績や有名大学への進学率が高い傾向が明確になり教育格差の拡大が指摘されている。OECD の教育指標である *Education at a Glance 2018* によると、韓国の、社会経済的地位が高い家庭とそうでない家庭の子どもの間の学力格差は、2006 年に比べて 2015 年でさらに高くなった。同報告書によると、韓国は OECD 加盟国の中で、2006 年から 2015 年の間教育の公平性がもっとも悪化した国の一つであった。

　韓国の学力テストが変化を繰り返している中で、児童生徒一人ひとりと、彼、彼女たちの教育の責任を負っている教師、また競争主義的な環境の中で不安に駆られることの多い親の声に耳を傾けた学力政策の構想と実行が待たれている。

参考文献

【日本語文献】

申智媛（2014）「韓国の学校改革―学校文化の革新を求めて―」上野正道他編（2014）
　　　『東アジアの未来をひらく学校改革―展望と挑戦―』北大路書房、57-86 頁。

文部科学省（2005）『教育指標の国際比較　平成 17 年版』。

文部科学省（2019）『諸外国の教育統計』。

【韓国語文献】

エデュインニュース（2019 年 9 月 9 日付）「基礎学力保障＝学力評価復活？基礎学力
　　　保障、観点から立て直す必要」

エデュインニュース（2019 年 9 月 7 日付）「基礎学力保障推進方案、「診断」ではない
　　　「支援」が中心になるべき」

韓国教育課程評価院（2016）「国家水準学業成就度評価の結果活用改善方案」

韓国教育新聞（2019 年 3 月 28 日付）「国・英・数基礎学力未達中学生増加」

教育科学技術部（2012）「全国 TOP100 学校の市道別比率」

教育部（2019 月 3 月 29 日 a）「報道資料　すべての子どもの基礎学力に責任を負う」

教育部（2019 月 3 月 29 日 b）「2018 年国家水準学業成就度評価結果」

教育部（2019 月 3 月 29 日 c）「幸せな出発のための基礎学力支援内実化方案」

国民日報（2017 年 6 月 15 日付）「試験を一週間前にして…一斉テスト廃止した」

ソウル市教育庁（2019 月 9 月 5 日）「すべての生徒に最後まで責任を負う 2020　ソウ
　　　ル生徒基礎学力保障方案」

バン・ジェチョン他（2008）『政策研究報告書国家水準基礎学力診断及び学業成就度
　　　評価体制改善法案研究』韓国教育課程評価院。

ホ・ギョンイル（2013）『国家水準学業成就度評価に対応する教師の経験研究』清州
　　　教育大学校教育大学院修士論文。

連合ニュース（2017 年 6 月 14 日付）「中高一斉テスト廃止…全数調査から標本調査
　　　へと変わる」

【英語文献】

OECD（2108）*Education at a Glance 2018: OECD Indicators*, Paris: OECD Publishing.

第10章

ノルウェーにおける北欧型教育モデルと学力テスト

佐藤　仁

1. 北欧型教育モデルの内実

　ノルウェーを含む北欧諸国における教育は、「北欧型教育モデル (Nordic model of education)」と呼ばれる性質を有している。このモデルは、一般的に次のように説明される。

> 　構造的には、北欧型モデルは、7歳から16歳までの習熟度による分岐のない、すべての児童生徒を対象にした公的で総合的な学校から構成されている。教育制度全体を覆う価値は、社会正義、公平性、機会均等、インクルージョン、国家形成、そして社会文化的背景や能力に関わらないすべての児童生徒の民主的な参加である。カリキュラムの計画は、主として国家レベルで行われ、学校や教師は信頼され、尊重されている。(Imsen, et al. 2017, 568)

　北欧型教育モデルは、長い伝統を有する社会民主主義の理念に支えられてきたことは言うまでもない。ノルウェーでは、特に第二次世界大戦以後、労働党政権下において、社会的統合や平等といった理念に基づく教育制度が整備されてきた。1969年に9年間の総合的な義務教育制度が確立されたのを皮切りに、1970年代には後期中等教育の統合、分離された特別支援学校の廃止 (通常学校への組み込み)、さらには義務教育段階の統合 (9年制：制度上は初等教育と前期中等教育を分けない) が行われ、1997年には義務教育期間が10

年間に延長された。

　現在の学校教育制度では、義務教育 (Grunnskolen) が 6 歳からスタートし、初等教育に当たる学年が 1-7 年生、前期中等教育に当たる学年が 8-10 年生となっている。後期中等教育は、いわゆる大学に進学する普通教育のコースと職業教育のコースから構成されている (学校の中でコースが分かれる仕組み)。普通教育のコースは 3 年間、職業教育のコースの場合は 3 〜 4 年間 (2 年間の職業訓練と 1 〜 2 年間の現場での訓練) となっている。後期中等教育段階の学校に入学後、2 つのコースを行き来することは可能になっている。後期中等後教育としては、6 か月〜 2 年にわたる職業教育が提供される。これと区別する形で高等教育が定位されており、大学等がそこに含まれる。大学では、3 年間の学士課程、2 年間の修士課程、3 年間の博士課程のシステムが採用されている。

　ノルウェーの教育制度を理解するにあたって、人口の偏在という地理的状況を無視することはできない。ノルウェーの国土は南北に細長く、北部に行けば行くほど、人口は少ない。ノルウェーには 2017 年の段階で、義務教育の学校 (小学校、中学校、もしくは小中一貫校) が 2,848 校存在しているが、その内の 840 校 (全体の約 30%) が、全生徒数 100 人以下の学校となっている (Statistics Norway 2019)。こうした事情から、教育行政の仕組みとしても、大枠 (教育法、政策、カリキュラム等) は中央政府が決定し、それに基づき地方自治体がそれぞれの地域の文脈に応じた教育を展開する形になっている。

　中央政府のシステムとしては、教育法や規則等の枠組みを作る教育省 (Kunnskapsdepartementet) があり、その下に行政組織として教育局 (Utdanningsdirektoratet) がある。教育局は、2004 年に設置された新しい組織であり、特に初等・中等教育に関して、全国カリキュラムの策定、学力テストの管理運営等、教育の質保証にかかる具体的な業務の責任を有している。地方自治体に関しては、初等・前期中等教育段階の学校については 422 の基礎自治体 (kommune) が責任を有しており、後期中等教育段階の学校については 18 の県 (fylke) が責任を有することになっている。

　以上の総合的な教育制度に加えて、北欧型教育モデルの特徴のもう一つ

として挙げられるのが教師の自律性である。特にそれは、全国カリキュラムとの関係性から確認することができる。元来、ノルウェーにおいて、全国カリキュラムとは「国と教師の間の契約」としてみなされるものであり、国家によるカリキュラム策定と地方によるカリキュラムに基づく活動というように分業を含意するものであった（Møller, and Skedsmo 2013a, 64）。そのため、教師は国によって定められたカリキュラムの方針に従う責任があった一方で、その枠組みの中であれば、専門的な判断に基づいて地域に合わせた実践を展開できる。歴史的には、全国カリキュラムは、教師への信頼に基づき、「教師の日々の活動を支援する」（Sivesind, et al. 2013, 165）ものとして存在している。こうした教師への信頼に基づく教師の自律性が、ノルウェーの教育を支えてきたわけである。

　以上述べてきたノルウェーにおける北欧型教育モデルに変化が訪れるのが、1990年後半、そして特に2000年代に入ってからである。その要因が、市場化、アカウンタビリティ、目標管理といったキーワードで特徴づけられる新自由主義的な教育改革の進展である。2004年に導入されたノルウェーの学力テストであるナショナル・テスト（Nasjonale Prøver）も、後述するように国家質保証システム（National Quality Assessment System）の構築の一環として導入された。では、そうした改革の中で存在する学力テストは、北欧型教育モデルにどのような影響を与えてきたのか。結論を先取りすれば、後述する先行研究が指摘しているように、ノルウェーの学力テストは、特に教育実践に対しての影響力の可能性をもちながらも、現段階では教育政策や実践に大きな影響を及ぼしているとは言えない。その背景やテスト・ガバナンスの構造を以下、論じていこう。

2.　教育改革の展開：学力テスト導入の背景

(1) 国家質保証システムの背景

　国家質保証システムとは、2003-2004年にノルウェー議会に出された白書『学習の文化』（Kultur for læring）で示され、構築されたものである。ただし、こ

のシステム自体は個々の制度や取り組みを合わせた総体を指す言葉であり、実態としてナショナル・テストや国際学力テスト等、種々の評価をめぐるツールから構成されている。この国家質保証システムの最初のツールとして登場したのが、ナショナル・テストである。その内実を探る前に、そもそもなぜ国家質保証システムという考え方がノルウェーの教育において登場したのか、その背景を整理しよう。

　国家質保証システム導入の背景は、大きく 2 つの観点から説明することができる。一つは、1990 年代から続く教育の質をめぐる議論であり、もう一つは 2001 年の「PISA ショック」である。前者は、間接的に国家質保証システムを導入する素地を作ったものであり、そうした素地の上に、後者が直接的な影響となって機能したと捉えることができる (Møller, and Skedsmo 2013b, 347)。

　1990 年代の教育に関する論議のきっかとなったのが、OECD による 1988 年の報告書 *Review of National Policies for Education in Norway* である。この報告書では、ノルウェーの教育政策をレビューしたチームによって、大きく 3 つの論点が提示された (Prøitz 2015, 74)。一つめは、ノルウェーの教育当局が教育政策の意思決定に際しての十分な情報をどのように得ているのかという問いかけである。後述するように、ノルウェーでは、子どもたちの学力や学校の質等を評価する仕組みはほとんど存在していなかった。そのため、教育政策に資する情報やデータを有していなかった状況に対して、疑問が投げかけられた。二つめは、それを踏まえて、学校の責任を明確にするような評価システムを構築すべきだという強い主張である。そして、三つめとして、教育システムの質に対する焦点化を求めた。

　この報告書に基づいて、1990-1991 年に出された白書では、国家的な評価システムが提案されたが、すぐに実行に移されることはなかった。その理由としては、1990 年から 5 年間にわたり労働党政権下で教育大臣となったハーネス (Gudmund Hernes) の影響が挙げられよう。ハーネスは、1980 年代から児童生徒の知識水準の低さを教育政策の問題として位置づけていた。その思想を踏まえて、多様な生徒に対して一定程度の知識を身につけさせ、文化遺産という共通の知識基盤を構成することで、社会におけるコミュニケーショ

ンを促進する「知識の結束(knowledge solidarity)」を目指した。そして、国の統制を維持した社会民主主義的な教育政策を進めることになった。先述した1994年の後期中等教育の総合化や、1997年の義務教育年限の延長はまさにそれを表している。また、全国カリキュラムを改訂し、教育内容を詳細に国が規定することで、知識の質の確保を図ったのである。

　そうした中で、国家的な評価システムの必要性が再度議論されるきっかけとなったのが、2001年の「PISAショック」であった(Møller, and Skedsmo 2013b, Hatch 2013)。ノルウェーは、2000年のPISAに参加し、3つの分野においてほぼOECD平均の結果を残した。しかし、この結果は、関係者が予想していたよりも低いものであり、さらにはフィンランドをはじめとする北欧諸国よりも低かった。この結果に対して、特にメディアを通して、「敗者」のイメージが作られたり、結果の公表が政権交代の時期と重なることで、教育改革の必要性の根拠として利用されたりすることになった(佐藤2015)。こうした中で、ノルウェーでは教育の質をいかに保証するべきかという点を強調した政策が具体的に検討されることになる。その結実の一つが、国家質保証システムであり、ナショナル・テストの導入であった。

(2) 全国カリキュラムの改訂とナショナル・テスト

　「PISAショック」後の教育改革は、2001年から2005年にかけて成立した保守連立政権の教育大臣であったクレメット(Kristin Clemet)によって先導されていくことになった。その後、知識向上(Kunnskapsløftet)改革と呼ばれる一連の改革において、2006年に全国カリキュラムの改訂・大綱化が行われ、いわゆる「コンピテンス」を基盤としたカリキュラムが導入されることになった。ナショナル・テストは、この全国カリキュラムの到達状況を測定することも目的の一つとなっているため、ここで全国カリキュラムの概要を簡単に述べておこう。

　2006年の全国カリキュラムは、具体的な教育内容やその内容構成に関する規定が緩和された一方で、新たに「目標」が付け加えられた。具体的には、各教科において目標となる「コンピテンス目標(competence aims)」が第2、4、7、

10 学年に設定されている。たとえば、英語における第 2 学年のコンピテン
ス目標 (口語コミュニケーション領域) の一つには、児童が「挨拶ができ、簡単
な応答ができ、丁寧な表現を活用することができる」ようにすることが目標
とされている。中田 (2009) が指摘するように、「生徒が授業でどのような学
習をするかではなく、授業を受けたあとで何ができるようになるか」(126-127)
ということに焦点が当てられたわけである。

　全国カリキュラムの構造を確認すると、それぞれの教科のカリキュラムに
おいて、教科の目的、主となる教科領域、教授時間、基礎的なスキル (basic
skill)、教科におけるコンピテンス目標、そして教科の評価が含まれている。
各教科の内容は、主となる教科領域から構成される。たとえば、英語科のカ
リキュラムでは「言語学習、口語コミュニケーション、文語コミュニケーショ
ン、文化・社会・文学」という 4 つの主となる教科領域が示されている。そ
して、この領域ごとにコンピテンス目標が示されている。これらのコンピテ
ンス目標は、すべて基礎的なスキルの内容が踏まえられている。基礎的なス
キルは 5 つの要素から構成されており、それぞれには下位項目が存在してい
る。この内容はカリキュラムには記載されておらず、『基礎的スキルの枠組み』
(NDET 2012) という文書で示されている。たとえば基礎的なスキルの一つで
ある口語スキルの要素には、「理解・省察する、演出する、伝える、省察・
評価する」という 4 つの下位項目があり、それぞれを 5 つのレベルに分類し
たルーブリックが提示されている。このルーブリックを踏まえる形で、学年
にあったコンピテンス目標がカリキュラムにおいて設定されている。

　ナショナル・テストは、先述の通り、2004 年に初めて実施された。実施
後すぐの 2005 年に結果が公開されると、多くのメディアが関心を寄せ、学
校別のランキングを作成したり、結果を大々的に報じたりする事態になっ
た。そのため、2005 年のナショナル・テスト実施時では多くの混乱 (後期中
等教育段階の生徒によるボイコット運動等) が起こり、その結果が公表されるこ
とはなかった。その後、政権が交代すると、ナショナル・テストをめぐる状
況の安定化を図ることを目的に実施の 1 年間の延期が決定し、2007 年に再
開されることになった (NDET 2011)。この間、当初のテストに改良 (ガイドラ

インの策定、時間短縮等)が加えられたことにより、その後は大きな混乱もなく、毎年度実施され、現在に至っている。

　全国カリキュラムの改訂との関係から考えれば、コンピテンスの到達を測る手段としてナショナル・テストが存在している。後述するように、ナショナル・テストの対象学年は第5学年と第8・9学年であり、コンピテンス目標の設定学年(第4学年と第7学年)の翌年に行われるというシステムからも、その関係性が明確である(Seland & Hovdhaugen 2017)。

3.　学力テストの種類とその特徴

　国家質保証システムのツールには、ナショナル・テストに加えて、診断的テスト(Kartleggingsprøver)が挙げられている。診断的テストは、国家質保証システムが構築される以前より存在していたが、一連の改革の中で、方法が悉皆に代わる等、位置づけが変容してきた。そこで、以下、この二つを学力テストと位置づけ、それぞれの特徴を整理していこう。

(1) ナショナル・テスト

　ナショナル・テストの目的については、「学校に対して、児童生徒の読解力、数学的能力、英語力に関する情報を提供することにある。テストからの情報は、学校教育システム全体の質評価の基礎を形成するものとなる」[1]と示されている。対象は、初等教育段階の第5学年と前期中等教育段階の第8、9学年の全児童生徒であり、全ての学校が参加する悉皆のテストとなっている。実施時期は秋であり、それぞれの学年に進級した直後に行われている。教科は、読解、数学的能力(numeracy)、そして英語(第9学年は除く)となっており、読解と数学的能力は90分、英語は60分の解答時間が配分されている。またテストは、すべてウェブ上で実施されており、多肢選択と記述を混同した内容となっている。なお、第9学年のテストは第8学年のテスト内容と同じものとなっており、到達度の変化が確認できるようになっている。

　ナショナル・テストは、単に個々の教科の到達度を測定するというよりは、

全ての教科を通して獲得した基礎的なスキルの到達度を測定することが念頭に置かれている（NDET 2013）。そのため読解と数学的能力のテストの内容は、教科としてのノルウェー語と数学だけではなく、他教科の内容にも基づくものとなっている。対して、英語については異なり、教科としての英語をベースに、その到達度を測るものとなっている。

　ナショナル・テストの結果は、学校ごとに偏差値で示され、すべてウェブ上で公表される。また、第5学年については3つの到達度レベル、第8・9学年では5つの到達度レベルで児童生徒の分布状況が示される。この時、第5学年については半数の児童が第2レベル、第8・9学年についてはおよそ40%の生徒が第3レベルに位置するように調整される。なお、学校および学校の設置者である基礎自治体に対しては、児童生徒の個別の成績が示され、現場での改善に活用できるようになっている。

(2) 診断的テスト

　上述したように、診断的テストは新しい学力テストではない。ワルジャームら（Walgerm, et al. 2018）によれば、その発端は1990年代に遡ることができる。当初は、悉皆ではなく、教室レベルで利用されるものであったが、契機の一つとなったのが、義務教育機関の延長である。7歳だった入学年齢が6歳に変更されたことにより、初等教育の第1学年の教育が重視され、特に系統的な読解力の育成が求められた。そこで、2000年から読解に関する診断的テストが第2学年の児童を対象にして、義務化された。そして、2004年のナショナル・テストの導入を踏まえ、第1・3学年の読解や第2学年の算数に関する診断的テストが徐々に義務化されていった。その背景には、教育評価を通した児童生徒への介入の必要性が強く議論されたことがある（Nortvedt, et al. 2016）。

　診断的テストの目的は、「早い段階において、個々の児童のフォローアップや支援の必要性を発見することにある。すなわち、診断的テストの結果は、十分な到達度がなく、付加的なフォローアップを必要とする児童を発見するために利用される」とされている[2]。この目的にあるように、介入が必要な

児童を発見するために、国がテストの結果（一部をサンプルとする）から下位
20％にあたる基準を算出する。そして、この下位20％にあたる児童を各学
校が把握することで、各児童に対してフォローアップを行うことになる。

　診断的テストは、初等教育段階の第1・2・3学年の全児童を対象に行われ
る。学年によって義務とされる教科が異なり、読解については第1・2・3学
年、数学的能力については第2学年の全児童が対象の義務となっている。第1・
3学年の数学的能力、第3学年の英語、そして第4学年のデジタル・スキル
については、参加自由となっている。テストは、一部はウェブ上で行われて
いるが、基本的には紙で行われる。読解と数学的能力は60分、英語につい
てはリスニング15分、リーディングが30分の計45分の解答時間が配分さ
れている。

　診断的テストは、「介入」という目的が強調された仕組みとなっている。
そのためテストの内容は、5年に1度しか改訂されない。学校が継続的に介
入すべき児童を発見し、フォローアップするためにもその基準となる内容に
も継続性が担保されているわけである。また、診断的テストの結果は、一般
に公開されていない。児童個別の結果が学校及び基礎自治体に示され、それ
を基にフォローアップが必要な児童に対して各学校が対応していくことにな
る。こうした特徴や導入の経緯をふまえれば、診断的テストは国家質保証シ
ステムの一つのツールであるが、その性質はナショナル・テストとは大きく
異なることが理解できよう。

(3) その他の学力テスト：ローカル・テスト

　これらの学力テストに加えて、首都であるオスロ市（オスロは、県でもあり
基礎自治体でもある）ではさらに独自のローカル・テストが実施されている[3]。
オスロ市では、ナショナル・テストと診断的テストを補足する形で、2つの
テストではカバーできない学年や領域に関して独自のテストを開発し、実施
している。具体的には、初等教育段階の第4学年および前期中等教育段階の
第7学年では、科学のテストが全児童生徒対象に悉皆で行われている。また、
自由参加という位置づけで、第6学年の読解、第6学年および第10学年の

表 10-1　オスロ市で行われている学力テスト (2016–2017)

段階	学年	種類	教科	形式	方法
初等教育	第 1 学年	診断的テスト	数学的能力	紙	義務
			読解		
	第 2 学年	診断的テスト	数学的能力	紙	義務
			読解		
	第 3 学年	診断的テスト	数学的能力	紙	任意
			読解		義務
			英語	ウェブ	任意
	第 4 学年	診断的テスト	デジタル・スキル	ウェブ	任意
		オスロ・テスト	科学		義務
	第 5 学年	ナショナル・テスト	数学的能力	ウェブ	義務
			読解		
			英語		
	第 6 学年	オスロ・テスト	読解	ウェブ	任意
			デジタル・スキル		
	第 7 学年	オスロ・テスト	科学	ウェブ	義務
前期中等教育	第 8 学年	ナショナル・テスト	数学的能力	ウェブ	義務
			読解		
			英語		
	第 9 学年	ナショナル・テスト	数学的能力	ウェブ	義務
			読解		
	第 10 学年	オスロ・テスト	デジタル・スキル	ウェブ	任意

(出典) インタビュー調査時に提供していただいた資料より、筆者作成。

デジタル・スキルのテストが行われている。義務とされている科学のテスト
の結果については、オスロ市独自に整理した学校情報ウェブサイトに公開さ
れる。二つの全国的な学力テストとオスロ市で行われているテストを整理す
ると、オスロ市では**表10-1**で示される学力テストが年間で実施されている
ことが理解できる。

4. 学力テストの活用の動き

(1) 学習のための評価プログラムの存在

　ノルウェーでは、学力テストの結果が他の教育政策や制度（学校評価や教員評価等）と結びつけられるという仕組みは、基本的に存在していない。2006年から県による学校査察が実施されているが、学力テストの結果が何かしらの評価に利用されることはない（ただし、学力テストの結果を活用しているかという点が査察で確認されることはある）。また、学校査察の結果そのものが予算配分等と結びつくこともない。そのため、いくつかの先行研究において、特にイングランドや米国のハイステイクスな状況と比較して、ノルウェーの学力テストがローステイクスな性質を有していると指摘されている（Skedsmo 2011, Gunnulfsen & Roe 2018）[4]。

　では、ノルウェーにおいて学力テストはどのような機能を有しているのだろうか。ノルウェーの学力テストに関する先行研究を概観すると、学力テストの結果を教師や学校が活用できているかどうかを検討しているものが散見される。その背景には、ナショナル・テストおよび診断的テストの目的が結果の活用という形成的評価の側面にあることが挙げられる。その証左として、ノルウェーの教育法の規則では、「評価を通して児童生徒にフィードバックを提供すること」（Forskrift til opplæringslova, §3-2) が規定されている。さらに評価の活用をめぐって、2010年から国家プロジェクトとして、形成的評価論の一つである「学習のための評価 (assessment for learning)」の実施に向けた開発プログラムも進められている (Hopfenbeck et al. 2013)。以下、このプログラムの内実を検討しよう。

　そもそもノルウェーにおいて、学習のための評価という概念の必要性が議論され始めた背景には、大きく2つの状況がある。一つは、2006年の全国カリキュラムの改訂である。先述の通り、何を教えるかということからコンピテンスを重視した内容へ変わったことにより、子どもたちが何を身に付けたのかという教師の評価のスキルが求められることになった。ナショナル・テストや診断的テストはその方法の一つではあったが、それをどのように活

用するかが求められたわけである。

　もう一つは、ノルウェーの伝統的な教育評価との関係である。ナショナル・テストが導入される以前は、ノルウェーの学校で「テスト」と言えば、義務教育修了の評価を指していた。そもそも、教師による子どもたちの評価（総括的評価）は、初等教育段階では行われていない。評価は、第 8 学年から初めて行われるものであり、半期に一度、日常の状況を踏まえながら各教科を6 段階で評価している。そして、最終学年（第 10 学年）時には、同じく教師によって各教科の最終的な評価（6 段階）がなされる。この時、一部の抽出された生徒は全国レベルで実施される筆記試験や基礎自治体で実施される口頭試験を受けることになるが、基本的には教師の評価によって義務教育修了の評価が下される。そのため、全国カリキュラムの改訂に伴って、教師が何を基準に評価するのか、その評価のあり方が問われたのである。

　こうした評価をめぐる課題に対応すべく、2007 年に教育局によって「より良い評価実践プロジェクト」が立ち上がった。このプロジェクトでは、全国カリキュラムの目標に到達するための方法を明確にする評価基準の開発が目指された。その活動は 2009 年に終了するが、継続を求める声が教育省から起こり、教育局は 2010 年から学習のための評価プログラムを立ち上げることになったのである。このプログラムは、2010-2014 年と 2014-2018 年の二期に分けられる。9 年間でプログラムに参加した基礎自治体は 310 となり、そして 19 全ての県が参加した（当時は県の数は 19 であった）。そして、学校数で言えば、およそ 1,500 にも上る学校が参加する大きな国家主導のプログラムとなったのである（NDET 2019）。

　プログラムでは、学校における評価文化を発達させ、児童生徒の学習に焦点化した実践を展開することが目的に据えられた。参加した学校は、教育局の支援を受けながら、基礎自治体もしくは県の方針に従って、学習のための評価の実践を行っている。プログラムの成果に関しては、学習を志向する評価文化の醸成が促されたことや、各地方自治体でのカリキュラム計画に評価を活かすことが可能となった点等、ポジティブな影響が指摘されている（NDET 2019）。

(2) 学力テスト活用の現実

　学習のための評価プログラムの成果は、今後、教育局が中心となって、体系化され、広まっていくことが予想される。とはいえ、より現実的な側面からすると、学校や教師にとって特にナショナル・テストが学校改善や授業改善に有効に活用されているとは言えない状況もある（Tveit 2014）。たとえば、セランドとハヴドハウゲン（Seland & Hovdhaugen 2017）は、地方自治体、校長、教師への質問紙調査を実施し、ナショナル・テストの活用に関する実態を検討している。調査を通して、地方自治体と校長は学力テストの結果の活用に非常に興味を抱いていることを明らかにしている一方で、教師については、テスト対象学年の教師しかナショナル・テストに興味を抱いていないこと、教師の感覚としてナショナル・テストとカリキュラムの目標の関係性が明確でない点に不満を感じていることなどが明らかにされている。またグヌルフセンとロウ（Gunnulfsen & Roe 2018）は、校長と教師を対象に質問紙調査を行い、ナショナル・テストの活用に関する実態を検討しているが、校長や教師によって活用に対する意識の幅が広いことを明らかにしている。

　もちろん、ナショナル・テストの結果の活用に関しては、試行錯誤の段階であるという理解の方が適切であろう。筆者がインタビュー調査を行ったオスロ市内の学校では、ナショナル・テスト（第5学年）の結果においてレベルが1・2（下位のレベル）の児童に対しては、フォローアップの指導を行い、テストを受けた1・2ヶ月後に全く同じ問題を解かせ、解答できるようになったかどうかを確認している[5]。こうした「再テスト」の取り組みは、オスロ市内の他の学校でも行われているという。また、この学校では、テスト結果の分析を同学年の教師同士で行い、校長も交えて、実践の改善方策を検討している。

　こうした形成的評価や学校改善の側面を強調したローステイクスな学力テストは、学校や教師の自律性を重視するというノルウェーの教育的風土の上に成立していることは言うまでもない。それゆえに、学力テストの結果が公開されるという仕組みに関しては、その危険性をめぐる議論が尽きない。ナ

ショナル・テストの結果については、テストの実施主体である教育局が管理する「学校ポータル (skoleporten)」というウェブページ (https://skoleporten.udir.no/) に一元的に管理されている。学校ポータルでは、全国の全ての学校に関する情報が掲載されており、ナショナル・テストの結果はもちろんのこと、学校や児童生徒の基礎的な情報に加え、義務教育の修了試験の結果も掲載されている。こうしたデータを比較可能な形で整理することは容易に可能であり、学校のランキング化に陥る可能性は否定できない。

　また、学校ごとにナショナル・テストの結果が集約されてデータが示される点をめぐって、ハヴドハウゲンら (Hovdhaugen et. al 2017) は小規模学校が多いというノルウェー独自の文脈の影響を指摘する。本章の冒頭で述べたように、ノルウェーは地理的に人口分布が偏っており、児童生徒数が 100 人以下の学校が全国の学校の約 3 割を占める。そうした中では、小規模学校のデータそのものの意味が、大規模な学校のものとは大きく異なる。データの見方や示し方、さらにはそのデータが意味することを明示しておかなければ、結果を見る側に誤解が生じる可能性があるというわけである。

　ノルウェーは、学力テストを悉皆で行っている国でありながら、ロースティクスな学力テストと指摘される状況にある。そのテスト・ガバナンスの構造は、学力テストの結果が他の教育制度と結びついていない、というだけではなく、学力テストの結果をいかに活用するのかという評価文化の醸成に向けた取り組みにも支えられていることがわかる。ナショナル・テストの結果が公開されているように、学力テストの持つ影響度 (ステイクス性) が変化する可能性をもちながらも、ノルウェーのテスト・ガバナンスは緩やかな性質を有している。その構造がどのように維持されるのか、もしくは変容していくのか、今後も注視していく必要がある。

注

1　ナショナル・テストおよび診断的テストの実施主体である教育局のホームページより (https://www.udir.no/eksamen-og-prover/prover/rammeverk-for-nasjonale-prover/hva-er-nasjonale-prover/#formal, 2018/12/30)。なお以下の情報についても、同

ホームページの情報を参照。

2　同上（https://www.udir.no/eksamen-og-prover/prover/rammeverk-for-kartleggingsprov-er-pa-1.-4.-trinn/formal-og-innhold/, 2018/12/30）。なお以下の情報についても、同ホームページの情報を参照。

3　以下の情報は、筆者が 2017 年 2 月 28 日にオスロ教育局の教育計画評価課長補佐であるローマーク（Bjarte Rørmark）氏に対して行ったインタビュー調査ならびに調査時に提供していただいた資料に基づく。

4　筆者がカリキュラム研究を専門とするオスロ大学准教授シーヴィシンド（Kirsten Sivesind）氏に 2017 年 3 月 2 日にインタビュー調査を行った際も、「現状として、ナショナル・テストが何かしらの影響力を有しているとは考えられない」と指摘していた。

5　インタビューは、2017 年 3 月 1 日にオスロ市内にある学校（小中学校）の校長に対して行なった。

参考文献

佐藤仁（2015）「PISA の浸透構造に関する比較教育学研究―日本とノルウェーにおける全国カリキュラムに着目して―」『福岡大学人文論叢』第 47 巻第 3 号、731-756 頁。

中田麗子（2009）「ノルウェー：知識の質と不平等をめぐる教育改革の途上で」佐藤学、澤野由紀子、北村友人編著『揺れる世界の学力マップ』明石書店、117-134 頁。

Hatch, T.（2013）"Beneath the Surface of Accountability: Answerability, Responsibility and Capacity-building in Recent Education Reforms in Norway", *Journal of Educational Change*, Vol.14, pp.113-138.

Hopfenbeck, T., Tolo, A., Florez, T., and Masri, Y. E.（2013）"Balancing Trust and Accountability? The Assessment for Learning Programme in Norway: A Governing Complex Education Systems Case Study", *OECD Education working Papers*, No.97, OECD.

Hovdhaugen, E., Vibe, N., and Seland, I.（2017）"National Test Results: Representation and Misrepresentation. Challenges for Municipal and Local School Administration in Norway", *Nordic Journal of Studies in Educational Policy*, Vol.3, No.1, pp.95-105.

Imsen, G., Blossing, U., and Moos, L.,（2017）"Reshaping the Nordic model in an era of efficiency: Changes in the comprehensive school project in Denmark, Norway, and Sweden since the millennium", *Scandinavian Journal of Educational Research*, Vol.61, No.5, pp.-568-583.

Gunnulfsen, A. E., and Roe, A（2018）"Investigating Teachers' and School Principals' Enactments of National Testing Policies", *Journal of Educational Administration*, Vol.56, No.3, pp.332-349.

Møller, J., and Skedsmo, G. (2013a) "Norway: Centralisation and Decentralisation as Twin Reform Strategies", in Moos, L. (ed.) *Transnational Influences on Values and Practices in Nordic Educational Leadership: Is There a Nordic Model?*, New York and London: Springer, pp.61-72.

Møller, J., and Skedsmo, G. (2013b) "Modernising Education: New Public Management Reform in the Norwegian Education system", *Journal of Educational Administration and History*, Vol.45, No.4, pp.336-353.

Nortvedt, G. A., Santos, L., and Pinto, J. (2016) "Assessment for Learning in Norway and Portugal: the case of primary school mathematics teaching", *Assessment in Education: Principles, Policy & Practice*, vol.23, no.3, pp.377-395.

Norwegian Directorate for Education and Training (NDET) (2011) *OECD Review on Evaluation and Assessment Frameworks for Improving School Outcomes: Country Background Report for Norway*, Oslo, Norway: Author.

Norwegian Directorate for Education and Training (NDET) (2012) *Framework for Basic Skills*, Oslo, Norway: Author.

Norwegian Directorate for Education and Training (NDET) (2019) *Observations on the National Assessment for Learning Programme (2010-2018): Skills development in networks,* Oslo, Norway: Author.

Prøitz, T. S. (2015) "Uploading, downloading and uploading again—concepts for policy integration in education research. *Nordic Journal of Studies in Educational Policy*, Vol.1, pp.70-80.

Seland, I., and Hovdhaugen, E. (2017) "National Tests in Norway: An Undeclared Standard in Education? Practical and Plitical Implications of Norm-Referenced Standards", in Blomeke, S. and Gustafsson, J. (eds.) *Standard Setting in Education: The Nordic Countries in an International Perspective*, New York and London: Springer, pp.161-179.

Skedsmo, G. (2011) "Formulation and Realisation of Evaluation Policy: Inconcistencies and Problematic Issues", *Educational Assessment, Evaluation and Accountability*, 23 (1) , pp. 5-20.

Sivesind, K., Bachmann, K., and Afsar, A. (2013) "Researching Curriculum Specification and Freedom in Norway", in Kuiper, W., and Berkvens, J. (eds.) *Balancing Curriculum Regulation and Freedom across Europe*, Enschede, the Netherland: SLO, pp.163-188.

Statistics Noway (2019) *Facts about education in Norway 2019: key figures 2017.* (https://www.ssb. no/en/utdanning/artikler-og-publikasjoner/_attachment/373651?_ts=16813a35da0, 2019/10/14)

Tveit, S. (2014) "Profile of Education Assessment Systems Worldwide: Educational Assessment in Norway" *Assessment in Education: Principles, Policy & Practice*, Vol.21, No.2, pp.221-237.

Walgermo, B. R., Uppstad, P. H., Lundetræ, K., Tønnessen, F. E., & Solheim, O. J.（2018）
　　"Kartleggingsprøver i lesing - tid for nytenking?", *Acta Didactica Norge*, 12（4）, pp.7-21.

コラム③　アフリカの試験制度の課題

川口　純

アフリカの試験制度については、実施方法や試験の中身について課題が山積しているが、本稿では、特に中等学校から高等学校への進学に関する選抜試験について、次の3点を取り上げたい。まず1点目は「試験制度における格差の助長」である。2点目は「試験至上主義による学校教育の形骸化」である。3点目は「教育政策の方針と試験内容の乖離」についてである。

1.　試験制度における格差の助長

アフリカの試験における特徴の1つに「選択科目」の多さが挙げられる。多い国では20〜30もの選択科目が設けられている。例えば、マラウイでは中等教育から高等教育へ進学する際の選抜試験では、24もの科目が選択科目として提供されている。24科目の内、6科目の基準点を満たせば合格となるが、英語は必ず合格する必要がある。受験料は1科目毎に支払う必要があり、貧困家庭が多いマラウイでは、通常、6科目のみを受験する子どもが大多数である。しかも、全ての学校で、24科目の試験が実施されるわけでなく、小規模校では数科目しか実施されない。小規模校は、農村部に位置しており、都市部の大規模校に通う富裕層の子どもが必然的に有利な状況となっている。

本来、国が進学の選抜試験を管理する目的として、質と客観性を担保するだけでなく、全国を統一した「公平性」を担保する狙いがある。しかしながら、アフリカの入試は、試験制度の存在が、却って不公平を助長する要因となっている。そもそもアフリカでは、学校制度全般として未整備なことが多く、教育の再生産装置となっているが、上記のような試験制度の影響で、教育の再生産機能がより強化されていると言える。

2.　試験至上主義による学校教育の形骸化

次に、試験がハイステイクスになることにより、学校現場における教育に影響を与えている点である。アフリカでは、教育の質保証を試験に過度に依存している。1回の修了試験で課程の修了認定が全て決まることは、学習過程をきちんと評価せずに試験の点数のみを判断材料としていることになる。アフリカの教員は決められた授業日数、時間数をこなす教員の方が珍しく、マラウイやタンザニアでは規定の6割程しか実施しない「ゴースト教員」が少なくない。それでも、試験だけで学習成果を評価するため、教員の努力ではなく、生徒や保護者など教育の需要側の努力に教育成果が委ねられてしまうことになる。世界銀行を初め、国際機関は教員のモチベーションを高めるためにも、試験結果が良い学校、教員には報奨制度を使い、教員や学校など教育の供給側の努力が形に反映されるように推奨している。しかしながら、ケニアなどでは報奨制度や試験のハイ・ステイクスな状況が学校間の競争を激化し過ぎて、不正行為の増長、学校間の相

互交流の減少、成績が芳しくない障害児の排除等、副次的な悪影響も出ている。

　現在のアフリカ諸国では、出席管理が厳密になされていない国が多く、現実的には、中等学校の授業に出席していなくても、修了試験にさえ受かれば修了資格が取れる。そのため、試験至上主義に陥りやすい。中等学校で課される定期考査の成績や出席日数、授業態度などが、試験結果には全く影響が無いとすると、修了試験で合格点を取ることだけが優先される（学費は通常、4年分納入していないと受験資格が付与されない）。実際、現在、アフリカでは正規の学校よりも、エクストラスクール、フリースクールと呼ばれる非正規で有料の教育形態が人気を博している。これらの学校は日本の塾や予備校に相当するが、アフリカでは正規の学校に通う必要性が低いため、非正規学校でも、あまり不利益が生じないのである。

3. 教育政策の方針と試験内容の乖離

　アフリカでは国際機関主導の下、多数の教育開発プロジェクトが実施され、政策にも反映されている。しかし、入試問題は当該政策を反映しないことが多く、当該政策を実施する教員、生徒の意欲が高まらないという課題が残る。代表的な事象が、学習者中心者主義の教育政策である。1990年代より、UNICEF や JICA など、多くの国際機関が莫大な予算を投じて、学習者中心主義に関する教育プロジェクトをアフリカで実施してきたが、学校現場で根付いている事例は少ない。なぜなら、アフリカの試験は暗記中心型であり、選択肢から答えを探し出すという形式がほとんどであり、記述型は少ないためである。つまり、アフリカの学習者にとっては記憶型の知識を要領良く詰め込むことが最も重要であり、教員中心主義の詰め込み型授業の実施が現在でも主流となっている。

　このように、アフリカの入試を取り巻く状況は厳しく、改善の余地が大きい。しかし、教育制度が植民地時代に外から与えられたものである一方、試験制度や内容に関しては、現地政府の意向でこれまで何度も改定を重ねられてきており、今後もアフリカの教育を語る上では注目に値する。

終　章
世界の学力テスト・日本の学力テスト

北野　秋男

はじめに

　現在、日本を含めた世界の先進主要国では、グローバル経済体制下におい
て国際競争力の向上を目指した学力テスト体制が普及・浸透していることは
本書においても述べた通りである。本書の目的は、世界各国におけるテスト・
ガバナンスの構造的特質を比較研究することであり、学力テストを存立・拡
大させる基盤形成の諸要因を解明することであった。

　テスト・ガバナンスとは、序章でも指摘したが、具体的には、学力テスト
実施の際における技術的側面（実施内容や問題構成など）とテスト結果の利活用
といった教育的側面（テスト結果の分析、教育・授業改善など）を問うことである。
それは、各国を分類する時の基準となった、テストの実施主体（国・地方自治
体）における集権性（強制か任意か）のあり様、テスト結果に基づく教育政策の
実態（アカウンタビリティの強弱）を問うことでもある。

　世界の主要国におけるテスト・ガバナンスを比較すれば、米国の学力テス
ト政策はテスト結果を「学区・学校評価」「高校卒業要件」「教員評価」「教員の
テニュア制廃止」「学校の統廃合」などに利活用され、連邦政府や州政府が実
施主体となる強圧的な「ハイステイクス・テスト（high-stakes test）」の性格を持
つものであった。一方、日本の学力テスト政策は米国のような強圧的なテス
ト政策が未だ実施されていないという意味で「ローステイクス・テスト（low-
stakes test）」と位置づけることができる。「ハイステイクス」と「ローステイクス」
を区分する最も明確な境界線は、テスト結果による「責任の追及」と「罰則規

定」の有無である。

　例えば、テスト結果によって自治体や学校ごとのランキングが公表された
としても、結果に対する「責任の追及」や「罰則規定」がなければ、せいぜい
教育委員会からの学力向上に関する指導助言か世間・マスコミなどによる対
外的な批判に晒される程度である。誰かが責任を追及されるとか、教員の身
分・待遇に何らかの影響が生じるわけではない。端的に言えば、米国ではテ
スト結果によって生徒が高校を卒業できない、学区・学校が改善命令を受け
る、教員などのテニュア制が廃止され、免許更新制になったりするという事
態が起こっている。

　こうした米国の「ハイステイクス・テスト」のあり様は、近年の日本の学
力テスト政策の動向からすれば、全く無縁な「対岸の火事」として片づける
わけにはいかない。第1章でも述べたように、今や日本でも米国のような「ハ
イステイクス性」を備えたテストのあり様が問題となりつつある。以下、世
界のテスト・ガバナンスの潮流を確認した上で、日本のテスト・ガバナンス
の特異性と問題点を指摘し、本書の総括としたい。

1. 世界の学力テスト政策の潮流

　本書は、世界のテスト・ガバナンスの構造的特質を考える際に、各国の
「ナショナル・テスト」と「ローカル・テスト」における実施主体、テスト内容、
テスト結果を用いた利活用の仕方・方策等に焦点化して、各国のテスト政策
の理念や実態を解明した。各国の学力テスト政策を存立させる社会的基盤は、
学力テストによる学力向上を要請する教育的諸条件に加え、政治的・経済的・
社会的諸要因などによっても成り立っているが、加えて米国のように様々な
巨大企業財団や民間のテスト業者が支援・関与するケースも見られる。

　近年、グローバルなレベルで展開される学力テストが各国の教育政策に対
する影響力を増し、学校・教育制度全般にグローバル市場の浸透を招いてい
るといった指摘がなされている (Spring 2009, 1)。とりわけ、学力テスト政策は
「エビデンスに基づく教育」の有力な指標となり、教育政策・実践・研究に

おける客観的な根拠として位置づけられることが世界的な潮流となりつつある。

　世界の学力テストの現状を鑑みると、全児童・生徒を対象に悉皆調査という方法で学力テストを実施している国は、本書で取り上げたように、それほど多くない。テストの実施方法としては、特定学年における児童生徒を対象としながらも、それを「悉皆調査」「抽出調査」「希望調査」のいずれかの方法で行うことによって、その意味内容は全く異なるものとなる。「悉皆調査」は、全数調査であるから強制力を伴い、テスト結果に基づくランキング化も可能となる。一方、「抽出調査」や「希望調査」は学力の実態把握を目的として、実施は任意か何らかの基準で一定数選ばれた児童生徒が対象となる。一般的には、学力テストにおけるハイステイクス性は「悉皆調査」で認められ、「抽出調査」や「希望調査」では認められない。

　例えば、米国の場合は 2002 年の「どの子も置き去りにしない法」(No Child Left Behind ACT, 以下、NCLB とする)によって、「競争」と「制裁措置」を伴うテスト政策を全米各州に強制した「ハイステイクス・テスト」としての性格を持ち、世界的には極めて異例なものとなっている(北野 2017, 34)。米国の場合は、1969 年から「全米学力調査(The National Assessment of Educational Progress, 以下、NAEP とする)」を実施しているものの、この NAEP は開始当初から学力の実態を測定評価する「抽出調査」に過ぎなかった。悉皆調査としての学力調査の実施は、NCLB 法では各州における実施を求めたが、実施内容は各州に委任されている状況である。つまりは、米国では悉皆調査によるナショナル・テストなるものは存在せず、代わって NCLB 法によって連邦政府は州政府に学力テストの実施を求めているわけである。NCLB 法が「連邦政府の権限を強化し、米国の伝統的な州・学区との教育権限関係に変容を迫った」(北野 2017, 28)と評価される所以である。

　米国以外では、英国が 1988 年に「教育改革法」により、ナショナル・カリキュラムによって設定される学習プログラムの到達度を測定する目的で「SATs (Standard Assessment Tests)」を初等・中等教育段階のキーステージ終了時に実施している。2014 年からのナショナル・カリキュラムの改訂に伴い、2016 年

からは新テストが実施され、その結果は「リーグ・テーブル (league table)」と呼ばれる学校のランキング化、学校査察の際のデータや教員給与にも反映されるといった「ハイステイクス」なものとなっている (佐藤他 2019, 127-131)。

　韓国では、小6・中3・高1を対象に「国家水準学業成就度評価」(National Assessment of Educational Achievement)」(2008 年以降の金泳三・李明博・朴槿恵政権時代) を実施するものの、2017 年に全数調査から標本調査への転換を表明している。

　日本と類似の学力テストを実施している国が北欧のノルウェーである。ノルウェーは、2004 年から第5・8・9 学年で悉皆調査による「ナショナル・テスト (Nasjionale Prover)」を実施している。教科は「読解」「数学的能力」「英語」(第5・第8 学年) であり、結果は学校ごとに WEB 上で公開される (佐藤他 2019, 114-118)。ノルウェーの学力テストは、日本と同様に「ローステイク・テスト」に位置づけられ、テスト結果を他の教育政策や制度で利活用することや何かしらの評価に用いられることはない。ノルウェーでは「ナショナル・テスト」が悉皆調査で実施されているものの、結果の利活用は限定的であり、日本のように教育施策の改善や学校・教員の授業改善までに利用する国は世界的に見ても例外的であることがわかる。

　なお、本書では研究対象とはなっていないが、シンガポールが小学校終了時に卒業試験 PSLE (Primary School Leaving Examination) を実施し、中国は高校2年生を対象に「学業水平考試」と呼ばれる卒業・進学の判断基準となるテストを課している。シンガポール・中国は入試制度とも連動し、テスト自体の「ハイステイクス性」は、入試制度における競争の激烈さの程度を反映しているものとなる。入試制度は、もともとは受験者個人の参入と退出が自由であるから、結果も最終的には個人の責任となる。従って、その結果が必ずしも学校・教員の身分待遇、国・地方の教育行政施策に影響を及ぼすわけではない。ところが、入試とは無関係な学力テストは、受験者個人の問題ではなく、学区・学校・教員評価の指標となり、教育・授業改善にまで波及することになる。その影響は、場合によっては入試制度以上のものとなる。

2. 日本の学力テスト政策の重層性

　世界の学力テストの潮流からすれば、2007（平成 19）年度から開始された全国学テは、開始当初においては米国ほどのハイステイクス性はなかったものの、近年ではテスト結果の公開や利活用の仕方、目標値の設定など次第に米国型のハイステイクス性を帯びたテスト政策へと接近しつつある。以下、変容しつつある日本のテスト・ガバナンスの現状と問題点を検討する。

　2007（平成 19）年から開始された全国学テの結果公表は、開始当初から当事者である各都道府県の対応を過敏なものとし、一種の過熱状態となっていることは疑いない。たとえば、秋田県が「一位死守」、岡山県が「小中 10 位」、高知県が「10 位以内」、沖縄県が「最下位脱出」、北海道が「全国平均以上」などを目標として掲げ、その達成に様々な努力や対策がなされてきた。そして、2008（平成 20）年 7 月の『教育振興基本計画』（内閣府決定）でも、目標値の明示と達成を図るこことの重要性が指摘され、この方針を受けて、各都道府県では学力向上の目標値として全国学テを基準とした数値目標をより具体的に示すようになった [1]。

　すでに第 1 章でも述べたように、宮城県は全国学テなどの学力検査で「全国平均正答率よりも＋ 2％以上にする」（宮城県教育委員会 2012, 14）、山形県は「全国学テにおける正答率が、全国平均と比較して＋ 3 以上の科目数として全 8 教科目」（山形県教育委員会 2012, 2）といった具体的な数値目標を掲げている。この数値目標に対する罰則規定は見られないものの、こうした目標値を達成することが学校・教員に求められている。

　数値による目標管理は、管理・評価する側には容易で分かりやすいが、管理・評価される側は、その数値を達成することが求められる。つまりは、学力を規定する様々な条件を無視し、その結果だけが学区・学校・教員に求められることになる。結果を求められる教員はテストの事前対策を重視することになり、教育の無限の可能性をテスト結果（点数）に矮小化し、教員の自由で創造的な教育活動を破壊する。その影響は、教育活動の本質を揺るがすものとなる。

　また、全国学テ実施の影響は全国の都道府県や市区町村における独自の学力テストである「地方学力テスト」の実施にも多大な影響を与えている。日本の学力テストの実施は、各都道府県、市区町村でも独自の学力テストが実施され、国・都道府県・市区町村で繰り返し実施されるという「重層的な構造」(北野 2015, 27) が構築されている。さらには、個別の学校ごとに学力テストを実施しているケースも多々見られ、日本の学力テストが国・都道府県・市区町村・学校で繰り返し実施されるという重層的な構造は、世界の学力テスト政策の中でも極めて異例である。今日の地方学力テストの浸透・普及は、2003 年の「PISA ショック」と 2009 (平成 17) 年から開始された全国学テの影響が大きいと言える。

　例えば、筆者は 2016 年度に科学研究費助成事業基盤研究 (B) による研究活動の一環として全国の「地方学力調査」の実施状況を調査したが、その結果は以下の通りである (**表終 -1**)[2]。

　この調査結果の分析を担当した村山詩帆准教授 (佐賀大学) は、2017 年度の日本教育学会ラウンド・テーブル (桜美林大学) で、その結果を報告している (村山 2017)。村山は、「約 53％の地方自治体が独自の判断による地方学力調査を実施しており、実施率は概ね人口規模が大きい地方自治体ほど大きくなっている」「都道府県の約 75％、市区の約 95％、町村の約 96％が悉皆 (全数) 調査

表終 -1　2016 年度の「地方学力調査」の実施状況

	調査数	回収数 (回収率)	実施数 (実施率)
都道府県教育委員会	47	31 (66.0%)	24 (77.4%)
特別区教育委員会	23	7 (30.4%)	6 (85.7%)
政令指定都市教育委員会	15	5 (25.0%)	3 (60.0%)
中核市教育委員会	29	18 (38.3%)	12 (66.7%)
市教育委員会 (政令市・中核市を除く)	727	325 (44.7%)	176 (54.2%)
町教育委員会	765	315 (41.2%)	153 (48.6%)
村教育委員会	51	51 (32.1%)	24 (47.1%)
合計	1,788	752 (42.1%)	398 (52.9%)

(注) 筆者作成。

となっている」(村山 2017) など、いくつかの重要な指摘を行っている。

　地方自治体における独自の学力調査が 2003 年以降に実施された理由としては、第一には、それ以前の「ゆとり教育」と 2003 (平成 15) 年の PISA ショックを契機とする学力低下批判に対して、地方自治体でも学力の実態把握と学力向上が強く意識された結果であった。第二には、国の「ナショナル・ミニマムの達成からローカル・オプティマムの実現へ」という政策転換に伴い、2003 年の中教審答申において全国の教育委員会に対して「独自の学力調査を実施するなどして、きめ細かい状況把握を行うことが重要である」(中央教育審議会 2003, 7) との勧告がなされたためであった。まさに 2003 年以降には「学力調査の時代」(苅谷・志水 2004, 1) が到来したと言うべきであろうが、同時に学力調査の目的、調査結果の分析と活用の仕方など「疑問だらけの調査が少なくない」、「調査をすればよしとする風潮が蔓延している」(苅谷・志水 2004, 1-2) との指摘もなされ、検証すべき課題は多い。

　日本の学力テスト体制が、重層的な構造を持っていることの意味は、国・文科省による教育管理体制が全国津々浦々、全ての学区・学校・教員にまで及んでいるということである。市区町村は都道府県内で、都道府県は全国の中での結果が求められ、その対策に追われることになる。「学力向上」という目標設定と幾重にも実施されるテストによる管理体制の徹底は、教育のあり方自体を歪め、その本来の姿を失わせることになる。

おわりに

　本書の課題は、学力テストを用いた世界のテスト・ガバナンスの実態を解明することであり、そうしたテスト・ガバナンスのあり様を「ハイステイクス」と「ローステイクス」に区分しながら、その特徴や問題点を解明することであった。しかしながら、本書の学術的な「問い」の核心部分は、こうしたテスト・ガバナンスのあり様だけでなく、そもそも学力向上にとって不可欠な学力政策が何であり、どのような政策を実施すべきかを解明することであった。

　「学力向上」というミッションに反対する人は、日本だけでなく世界のど

この国でも存在しないであろう。確かに、教育における「学力向上」は重要な政策ではあるが、問題は、その内容や方法である。現状では世界各国の「学力」の定義も考え方も不統一で多様なものとなっている。にもかかわらず、「学力向上」というミッションを国家政策として掲げ、それを教育・学校現場に強制する方法は教育への管理統制を強めるものである。また、PISA テストに見られるような世界的な基準（スタンダード）での国際学力テストで各国の学力をランキング化する試みは、世界的に「学力」を画一化し、学力テストの国際的市場化を招来するものとなりかねない。

　では、学力テストを実施する本来の目的は何だろうか。もちろん、この「問い」は学力向上によってグローバル経済の中での生き残りや勝ち組を目指す政治家や企業家の視点から発したものではない。本書が依拠する立場は、教育学研究としてのテスト・ガバナンスのあり様における「本質的課題は何か」という視点である。それは、PISA や TIMSS といった国際学力テストによる世界的基準で学力の高低に一喜一憂することではない。換言すれば、各国で異なる学力観や教育政策・教育実践のあり様を考慮しながら、どのような学力テストに基づく学力向上政策が有効かを検証することである。こうしたテスト・ガバナンスのあり様は、教育政策を担当する教育行政機関、ならびに教育実践を担当する各学校・教師などにも実際的で現実的なモデル様式を提示することになると考えるが、果たして本書において、こうした意図が達成されたか否かは、本書を一読された読者の方々に委ねる他はない。

　本書に於いては、世界の先進主要国を中心に国際的競争力の向上を目指した学力テスト体制が普及・浸透していることを示したが、どのような内容や方法で学力テスト政策を実施すれば学力向上に有効に結び付くかは未だに十分な検証はなされていない。学力テストの実施方法や結果の検証に関する十分な考察・反省がないままに、現状はテスト結果（点数）の上下やランキング結果に一喜一憂している状態である。それは、日本も同じような状態にあると言える。

　とりわけ、日本の学力テスト体制が世界のテスト政策の中でも特異な点は、国が学習指導要領によって教育内容を決定し、検定制度によって教科書を刊

行し、学力テストによって教育の達成状況を評価し、その結果を基に学校や教師に授業改善を促すという国家管理が徹底されている点にある。現在の日本の学力テストは、本書では現状は「ローステイクス性」を帯びつつ米国のハイステイクス性に接近しつつあると指摘したが、この後、米国のような「学校・教員評価」「高校卒業要件」「学校の統廃合」などにも連動させるような政策を導入すれば、間違いなく米国以上に危険な学力テスト体制を招くであろう。

　本書においては、世界のテスト・ガバナンスのあり様を分析したが、本書で指摘したテスト・ガバナンスに関する様々な問題点が、日本のみならず世界の教育・学校現場に対するリスク回避への冷静な判断材料になることを願うものである。

注

1　こうした背景には、2008（平成 20）年 7 月の『教育振興基本計画』（閣議決定）によって、目標の明示と達成を図ることの重要性が指摘され、「これまで教育施策においては，目標を明確に設定し，成果を客観的に検証し，そこで明らかになった課題等をフィードバックし，新たな取組に反映させる PDCA（Plan-Do-Check-Action）サイクルの実践が必ずしも十分でなかった。今後は施策によって達成する成果（アウトカム）を指標とした評価方法へと改善を図っていく必要がある」（文部科学省 2008, 9）と述べられている。

2　筆者は研究代表者であった科学研究費助成事業基盤研究（B）「テスト・ガバナンスの基盤形成における構造的比較研究」（2016 〜 2018 年度）によって、「学力テスト・学力調査の実施状況及び結果の公表と利活用に関する全国調査」を実施した。同調査は全国の都道府県・市区町村教育委員会（1,788）を対象に、2016 年の 7 月に質問紙調査票を郵送し、同年 10 月までに回収したものである。村山准教授は、この科研費研究の研究分担者である。

参考文献

苅谷剛彦・志水宏吉編（2004）『学力の社会学—調査が示す学力の変化と学習の課題—』岩波書店。

北野秋男（2015）「全国の市町村教育委員会による「学力調査」の実施状況〜学力評価

　　　体制の実態と構造〜」日本大学教育学会『教育学雑誌』第 51 号、17-31 頁。

北野秋男 (2016a)「わが国の学力調査体制の実態と課題〜学力調査の独自性・専門
　　　性を中心に〜」日本大学教育学会『教育学雑誌』第 52 号、1-14 頁。

北野秋男 (2016b)「わが国の学力調査 (テスト) 体制の構造的特質〜日米比較の観点
　　　から〜」日本学術振興会科学研究費基盤研究 (C) 活動報告書『日米のローカ
　　　ル・ミニマム学力保障政策の比較研究』(研究代表者　北野秋男) 1-190 頁。

北野秋男 (2017)「現代米国のテスト政策と教育改革―『研究動向』を中心に―」日本
　　　教育学会『教育学研究』第 84 巻、第 1 号、27-37 頁。

北野秋男 (2018)「地方学力テストの歴史的展開―上位県と下位県の比較―」日本大
　　　学人文科学研究所『研究紀要』第 95 号、77-94 頁。

佐藤仁・申智媛・澤田敬人・佐藤千津 (2019)「テスト・ガバナンスの構造的特質に
　　　関する比較研究―ノルウェー・韓国・オーストラリア・イギリスに着目して」
　　　科学研究費基盤研究費 (B) 報告書 (研究代表者　北野秋男)『テスト・ガバナ
　　　ンスの基盤形成における構造的比較研究』112-136 頁。

全国都道府県教育長協議会第 1 部会 (2014)『学力向上のための取組について：平成
　　　25 年度研究報告 No. 1』1-113 頁。

中央教育審議会 (2005)『新しい時代の義務教育を創造する (答申)』。

村山詩帆 (2017)「学力テスト体制の『現状』と『課題』―全国調査の結果分析―から」
　　　日本教育学会第 76 回大会報告資料 (桜美林大学)。

文部科学省 (2008)『教育振興形基本計画』(https://www.mext.go.jp/a_menu/keikaku/
　　　detail/__icsFiles/afieldfile/2013/05/16/1335023_002.pdf, 2020/6/10)

Spring, J. (2009) *Globalization of Education, An Introduction*, N.Y.: Routledge.

あとがき

　本書は、2020（令和 2）年度の科学研究費研究成果公開促進費（学術図書）（課題番号：20HP5209）を受領して刊行されたものである。本書が執筆・刊行されるまでの経緯、ならびに執筆者の紹介などをしたいと思う。本書の企画は、2016（平成 28）年〜 2018（30 年）度の科学研究費基盤研究（B）「テスト・ガバナンスの基盤形成における構造的比較研究」（課題番号：16H03770）に基づく研究活動の中で発案されたものであり、3 年間に及ぶ研究成果の一環として刊行されたものである。

　この科学研究費基盤研究（B）の研究代表者は本書の編者でもある北野であったが、役割分担としては、北野が科学研究費による研究活動の遂行に専念し、本書の編者でもあり科研費の研究分担者でもあった佐藤仁が中心となって、本書の内容を企画した。また、本書の企画・編集などを検討する際には、同じく科研費の分担者であった髙橋哲、黒田友紀、長嶺宏作なども加わり、互いに忌憚のない意見を交わしながら、本書の刊行を成し遂げる努力を続けた。まずは、本書が無事に刊行できたのは、自身の研究や仕事を抱えつつ、多忙の中でも本書の刊行に絶大な支援・協力を頂いた、これら研究者の皆さんの努力の賜物であった。心から感謝したいと思う。

　さて、北野が代表を務めた科学研究費基盤研究（B）「テスト・ガバナンスの基盤形成における構造的比較研究」の研究目的の要約を紹介しておこう。というのも、この研究目的の中に、本書の刊行の意図も明確に示されているからである。

　　「現在、日本を含めた世界の先進主要国では、グローバル経済体制下において国際競争力の向上を目指した学力テスト体制が普及・浸透している。**本研究の目的は、日米を中心とした各国におけるテスト・ガバナンスの構造的特質を比較研究するとともに、学力テストを存立・拡大さ**

せる基盤形成の諸要因を解明し、**各国のテスト政策の類似性と差異性を明らかにすることである**。テスト・ガバナンスの構造的特質では、各国の「ナショナル・テスト」と「ローカル・テスト」における実施主体のあり様、テスト結果を用いた教育政策への利用、活用の仕方・方策等を解明する。学力テストの存立基盤形成では、学力テストの実施を可能とする政治的・経済的・社会的諸要因、とりわけ様々な巨大企業財団やテスト業者の支援・関与の内容を解明する。」

　科研費の研究目的は、日米を中心とした各国におけるテスト・ガバナンスの構造的特質を比較研究することであったが、スタート当初は研究代表者の力量を完全に超えた無謀な研究計画であった。この無謀な研究計画が、決して無謀ではなく、見事な研究成果として本書を刊行できたのは、3年間の地道な研究活動に惜しみない支援・協力を頂いた各研究分担者と研究協力者のお蔭であった。重ねて御礼を申し上げたい。

　2016（平成28）年に科研費の研究課題を遂行するために組織した研究会の名称は「テスト・ガバナンス／ポリテックス研究会」であった。第1回「テスト・ガバナンス／ポリテックス研究会」（全体研究会）は、2016年5月7日（土）・8日（日）に日本大学文理学部で開催された。1回目の参加者は、北野秋男・高橋寛人・村山詩帆・澤田敬人・髙橋哲・石井英真・黒田友紀・佐藤仁・佐藤千津・後藤武俊・篠原岳司・長嶺宏行・橘高佳恵・勝又和美であった。2泊3日で、3年間の研究活動の計画内容や各自の研究成果を報告し、充実した3日間であったことが思い出される。そして、この時すでに出版計画として3年後には「テスト・ガバナンスの基盤形成の研究」（仮）を刊行することを全員で討議している。

　こうした明確な最終目的があったせいか、3年間の研究活動は非常に充実し、活発であった。例えば、3年間に行った学会報告は5大会を数えたが、それは2016年の日本教育学会第75回大会（共同研究発表）、2017年の日本比較教育学会第53回大会（「ラウンド・テーブル」報告）、日本教育学会第76回大会（「ラウンド・テーブル」報告）、2018年の日本比較教育学会第54回大会（「ラ

ウンド・テーブル」報告）、日本教育学会第77回大会（「ラウンド・テーブル」報告）
であった。その他には、合宿形式の研究会が3年間で10回を数え、その合
宿形式の研究会では各自のテーマに基づいた研究報告、ならびに特別ゲスト
を迎えた特別報告を数回にわたって行っている。詳しくは、2019年3月に
刊行した科学研究費基盤研究 (B) 報告書『テスト・ガバナンスの基盤形成に
おける構造的比較研究』(1-210頁) を参照して頂きたい。

　私事ではあるが、これらの研究会活動を静かに回顧してみると、研究への
意欲や刺激を掻き立てる、充実した内容を伴う研究会であったと言える。研
究活動は、確かに何とか一人で行い、その成果を刊行できる場合もあるが、
本書のように世界のテスト・ガバナンスの比較研究となると、とても一人で
は成し遂げることはできない。そうした意味では、代表編者となって全体の
構想をまとめ上げるという重責を担った佐藤仁さんの研究上の力量と人柄に
は敬意を表したいと思う。同じく、3年間にわたる研究会活動に貴重な時間
を割いて参加して頂いただけでなく、それぞれの玉稿も提出して頂いた各執
筆者にも感謝したい。

　コロナ・ウイルスの世界的な蔓延が「パンデミック状態」を引き起こして
はいるが、こんな時こそ、静かに読書し、散策することが貴重な時間となる
かもしれない。本書が教育問題に興味関心を持ち、また世界の学力テスト政
策に興味ある人々や様々な研究者・教育者にとって幾らかの刺激となれば幸
いである。

　最後に、本書の刊行を快くお引き受け頂いた東信堂の下田勝司社長にも御
礼を申し上げたい。下田社長には、これまでも何度もご無理をお願いしてき
たにも関わらず、今回も激励の言葉とともに、本書の刊行をお引き受け頂
いた。下田社長をはじめ、刊行までの様々な編集作業にご尽力を頂いた東信
堂の社員の方々にも御礼を申し上げたい。

　2021年1月

編者・執筆者を代表して

北野秋男

事項索引

人名索引

執筆者一覧(執筆順)

編　者

佐藤　仁(さとう　ひとし)　まえがき、序章、第10章
※奥付参照。

北野　秋男(きたの　あきお)　第1章、終章、あとがき
※奥付参照。

著　者

長嶺　宏作(ながみね　こうさく)　第2章
帝京科学大学准教授。日本大学大学院文学研究科満期退学。博士(教育学)。専攻：比較教育学、教育行政学。主要著作：「第1章　アメリカ連邦政府の教育改革」北野秋男編『現代アメリカの教育アセスメント行政の展開』東信堂、2009年、27-51頁／「アメリカ・ケンタッキー州における教育制度改革」『比較教育学研究』第51号、2015年、85-105頁。

髙橋　哲(たかはし　さとし)　第3章
埼玉大学教育学部准教授。東北大学教育学研究科博士後期3年の課程修了。博士(教育学)。専攻：教育法学、教育行政学。主要著作：『現代米国の教員団体と教育労働法制改革―公立学校教員の労働基本権と専門職性をめぐる相克―』風間書房、2011年／「教職員の『働き方改革』をめぐる法的争点―教員勤務時間管理法制の日米比較研究―」『日本教育法学会年報』第49号、2020年、86-95頁。

後藤　武俊(ごとう　たけとし)　第4章
東北大学大学院教育学研究科准教授。東北大学大学院教育学研究科博士課程後期修了。博士(教育学)。専攻：教育行政学、生涯学習論。主要著作：「学校外教育の公共性に関する考察―困難を抱える子ども・若者への包括的支援の観点から―」『日本教育行政学会年報』第45号、2019年、41-57頁／「米国におけるオルタナティブ教育の公的ガバナンスに関する考察―困難を抱えた若者への学習機会保障の観点から―」『東北大学大学院教育学研究科年報』第67集第1号、2018年、79-91頁。

佐藤　千津(さとう　ちづ)　コラム①
国際基督教大学教養学部教授。オックスフォード大学大学院修了。D.Phil.(Education)。専攻：比較・国際教育学、教師教育研究。主要著作：Sato, C. (2009) *Changing*

Education System for Cultural Awareness: School Management and Curriculum Planning, Institute for Language and Education Research, Daito Bunka University. ／ Anderson, P. J., Maeda, K., Diamond, Z. M. and Sato, C.（eds.）（2020）*Post-Imperial Perspectives on Indigenous Education: Lessons from Japan and Australia*, Routledge.

澤田　敬人（さわだ　たかひと）　第5章
静岡県立大学国際関係学部教授。日本大学大学院総合社会情報研究科博士後期課程修了。博士 (総合社会文化)。専攻：比較教育学、地域研究。主要著作：『グローバリゼーション―オーストラリア教育市場化の研究』オセアニア出版社、2005年／『多文化社会を形成する実践者たち―メディア・政治・地域』オセアニア出版社、2012年。

森本　洋介（もりもと　ようすけ）　第6章
弘前大学教育学部准教授。京都大学大学院教育学研究科博士課程修了。博士 (教育学)。専攻：比較教育学、教育課程論。主要著作：『メディア・リテラシー教育における「批判的」な思考力の育成』東信堂、2014年／「第12章　北アメリカの教育　第2節カナダの教育」杉本均・南部広孝編著『比較教育学原論』協同出版、2019年、157-164頁。

黒田　友紀（くろだ　ゆき）　第7章
日本大学理工学部准教授。東京大学大学院教育学研究科博士課程単位取得満期退学。専攻：学校教育学・教育方法。主要著作：『教師の声を聴く 教師のジェンダー研究からフェミニズム教育学へ』学文社、2016年 (共著) ／『グローバル時代の学校教育』三恵社、2013年 (編著)。

高橋　望（たかはし　のぞむ）　コラム②
群馬大学大学院教育学研究科准教授。東北大学大学院教育学研究科博士課程後期修了。博士 (教育学)。専攻：教育経営学、教育行政学。主要著作：「ニュージーランドの学校間連携政策の展開」『日本教育経営学会紀要』第61号、2019年、132-141頁／「NPMを基軸とした教育改革と教育経営―ニュージーランド―」日本教育経営学会編『現代教育改革と教育経営』学文社、2018年、219-229頁。

井本　佳宏（いもと　よしひろ）　第8章
東北大学大学院教育学研究科准教授。東北大学大学院教育学研究科博士課程後期修了。博士 (教育学)。専攻：教育制度論、比較教育学。主要著作：『日本における単線型学校体系の形成過程―ルーマン社会システム理論による分析』東北大学出版会、2008年／「ドイツ中等学校制度の二経路型化におけるゲマインシャフツシューレの意義―テューリンゲン州の事例による考察―」『学校教育研究』第32号、2017年、92-104頁。

申　智媛（しん　ちうぉん）　第9章
　帝京大学短期大学准教授。東京大学大学院教育学研究科博士課程修了。博士（教育学）。専攻：教育方法学、日本と韓国の学校改革。主要著作：『東アジアの未来をひらく学校改革―展望と挑戦―』北大路書房、2014年（編著）／『韓国の現代学校改革研究―1990年代後半の教師たちを中心とした新しい学校づくり―』東信堂、2019年。

川口　純（かわぐち　じゅん）　コラム③
　筑波大学人間系助教。早稲田大学大学院アジア太平洋研究科博士課程修了。博士（学術）。専攻：比較教育学、途上国の教育開発研究。主要著作：『途上国の教員政策と国際協力』明石書店、2018年（編著）／「マラウイの障害児教育政策の現地適合性―インクルーシブ教育の導入過程を中心に―」『発展途上国の困難な状況にある子どもの教育』明石書店、2019年。

編著者

佐藤　仁(さとう　ひとし)
福岡大学人文学部教授。広島大学大学院教育学研究科博士課程後期修了。博士(教育学)。専攻：比較教育学、教育制度論。主要著作：『現代米国における教員養成評価制度の研究─アクレディテーションの展開過程』多賀出版、2012 年／「教育借用から考える「場」としての規範的比較教育政策論の可能性」『比較教育学研究』第 57 号、2018 年、13-30 頁。

北野　秋男(きたの　あきお)
日本大学文理学部教授・日本大学総合社会情報研究科教授。日本大学大学大学院文学研究科博士課程後期満期修了。博士(教育学)。専攻：比較教育学(日米の学力テスト政策)。主要著作：『ポストドクター─若手研究者養成の現状と課題─』東信堂、2015 年／『現代学力テスト批判─実態調査・思想・認識論からのアプローチ─』東信堂、2017 年 (共著)。

世界のテスト・ガバナンス──日本の学力テストの行く末を探る──

2021年2月10日　　初　版第1刷発行　　〔検印省略〕
定価はカバーに表示してあります。

編著者Ⓒ佐藤仁・北野秋男／発行者　下田勝司　　印刷・製本／中央精版印刷

東京都文京区向丘 1-20-6　　郵便振替 00110-6-37828
〒 113-0023　TEL (03) 3818-5521　FAX (03) 3818-5514
Published by TOSHINDO PUBLISHING CO., LTD.
1-20-6, Mukougaoka, Bunkyo-ku, Tokyo, 113-0023, Japan
E-mail : tk203444@fsinet.or.jp　http://www.toshindo-pub.com

発 行 所
株式
会社 東 信 堂

ISBN978-4-7989-1676-7　C3037　　Ⓒ SATO Hitoshi, KITANO Akio

東信堂

〒113-0023　東京都文京区向丘 1·20·6　　TEL 03-3818-5521　FAX03-3818-5514　振替 00110-6-37828
Email tk203444@fsinet.or.jp　URL:http://www.toshindo-pub.com/

※定価：表示価格（本体）＋税

東信堂

いま、教育と教育学を問い直す
——教育哲学は何を究明し、何を展望するか
教育的関係の解釈学

森田尚人・松浦良充 編著 ……三二〇〇円

教員養成を哲学する——教育哲学に何ができるか
坂越正樹 監修 ……三三〇〇円

大学教育の臨床的研究——臨床的人間形成論第Ⅰ部
下司晶・古屋恵太 編著 ……四二〇〇円

臨床的人間形成論の構築——臨床的人間形成論第2部
田中毎実 ……二八〇〇円

人格形成概念の誕生——近代アメリカの教育概念史
田中毎実 ……二八〇〇円

社会性概念の構築——アメリカ進歩主義教育の概念史
田中智志 ……三六〇〇円

温暖化に挑む海洋教育——呼応的かつ活動的に
田中智志 ……三八〇〇円

教育哲学のデューイ——連環する二つの経験
田中智志 編著 ……三二〇〇円

学びを支える活動へ——存在論の深みから
田中智志 編著 ……三五〇〇円

グローバルな学びへ——協同と刷新の教育
田中智志 編著 ……二〇〇〇円

大正新教育の思想——生命の躍動
田中智志 編著 ……四八〇〇円

大正新教育の受容史
橋本美保 編著 ……三七〇〇円

空間と時間の教育史——授業時間割からみる
宮本健市郎 ……三九〇〇円

アメリカ進歩主義教授理論の形成過程——アメリカの学校建築と授業時間割からみる
宮本健市郎 ……七〇〇〇円

マナーと作法の社会学
加野芳正 編著 ……二四〇〇円

マナーと作法の人間学
矢野智司 編著 ……二〇〇〇円

応答する〈生〉のために——〈力の開発〉から〈生きる歓び〉へ
高橋勝 ……一八〇〇円

子どもが生きられる空間——生・経験・意味生成
高橋勝 ……二四〇〇円

流動する生の自己生成——教育人間学の視界
高橋勝 ……二四〇〇円

子ども・若者の自己形成空間——教育人間学の視線から
高橋勝 編著 ……二七〇〇円

〒113-0023 東京都文京区向丘1-20-6　TEL 03-3818-5521　FAX03-3818-5514　振替 00110-6-37828
Email tk203444@fsinet.or.jp　URL:http://www.toshindo-pub.com/

※定価：表示価格（本体）＋税

東信堂

若手研究者必携 比較教育学の研究スキル	山内乾史編著	一七〇〇円
リーディングス 比較教育学 地域研究	西中近孝史 野矢弘男美也編著	三七〇〇円
―多様性の教育学へ		
比較教育学事典	日本比較教育学会編	一二〇〇〇円
比較教育学の地平を拓く	森山下肖稔子編著	四六〇〇円
比較教育学―越境のレッスン	馬越徹	三六〇〇円
比較教育学―伝統・挑戦・新しいパラダイムを求めて	Ｍ・ブレイ編著	三八〇〇円
国際教育開発の研究射程―〈持続可能な社会〉のための比較教育学の最前線	馬越徹・大塚豊監訳	二八〇〇円
国際教育開発の再検討―途上国の基礎教育 普及に向けて	北村友人	二四〇〇円
―「社会を変える」教育の変容と学校での受容	小川川啓敬人子編著	三二〇〇円
ペルーの民衆教育	工藤瞳	三二〇〇円
アセアン共同体の市民性教育	平田利文編著	三七〇〇円
市民性教育の研究―日本とタイの比較	平田利文編著	二九〇〇円
社会を創る市民の教育	大谷友信明編著	二五〇〇円
―協働によるシティズンシップ教育の実践	桐谷正秀	
発展途上国の保育と国際協力	浜野隆編著	三八〇〇円
中国教育の文化的基盤	顧明遠	二九〇〇円
中国大学入試研究―変貌する国家の人材選抜	三輪千明訳著	三六〇〇円
東アジアの大学・大学院入学者選抜制度の比較	大塚豊監訳	三六〇〇円
―中国・台湾・韓国・日本	大塚豊	三二〇〇円
中国高等教育独学試験制度の展開	南部広孝	三二〇〇円
現代ベトナム高等教育の構造―国家の管理と党の領導	関口洋平	三九〇〇円
中国の職業教育拡大政策―背景・実現過程・帰結	劉文君	五〇四八円
中国における大学奨学金制度と評価	王文帥	五四〇〇円
中国高等教育の拡大と教育機会の変容	王傑	三九〇〇円
中国の素質教育と教育機会の平等	代玉	五八〇〇円
―都市と農村の小学校の事例を手がかりとして		
現代中国初中等教育の多様化と教育改革	楠山研	三六〇〇円
グローバル人材育成と国際バカロレア	李霞編著	二九〇〇円
―アジア諸国のＩＢ導入実態		
文革後中国基礎教育における「主体性」の育成	李霞	二八〇〇円

〒113-0023　東京都文京区向丘1-20-6　　TEL 03-3818-5521　FAX03-3818-5514　振替 00110-6-37828
Email tk203444@fsinet.or.jp　URL:http://www.toshindo-pub.com/

※定価：表示価格（本体）＋税

東信堂

大学の組織とガバナンス――高等教育研究論集第1巻	羽田貴史 著	三五〇〇円
科学技術社会と大学の倫理――高等教育研究論集第4巻	羽田貴史 著	三二〇〇円
2040年 大学が甦れ――カギは自律的改革と創造的連帯にある	田原博人・田中弘允 著	二四〇〇円
検証 国立大学法人化と大学の責任――その制定過程と大学自立への構想	佐藤博明・田原博人 著	三六〇〇円
2040年 大学教育の展望――21世紀型学習成果をベースに	山田礼子 著	二八〇〇円
高等教育の質とその評価――日本と世界	山田礼子編著	二八〇〇円
学生参加による高等教育の質保証	山田勉	二四〇〇円
国立大学職員の人事システム――管理職への昇進と能力開発	渡辺恵子	四二〇〇円
国立大学法人の形成	大﨑仁	二六〇〇円
大学は社会の希望か――大学改革の実態からその先を読む	天野郁夫	三六〇〇円
大学の管理運営改革――日本の行方と諸外国の動向	杉本和弘・江原武一 編著	三六〇〇円
日本の大学経営――自律的・協働的改革をめざして	江原武一	二〇〇〇円
私立大学の経営と拡大・再編――一九八〇年代後半以降の動態	両角亜希子	三九〇〇円
学長リーダーシップの条件	両角亜希子	四二〇〇円
大学経営・政策入門	東京大学 大学経営・政策コース編	二六〇〇円
大学経営とマネジメント	新藤豊久	二五〇〇円
大学改革の処方箋――中長期計画推進・教育改善・職員力向上	篠田道夫	二三〇〇円
大学戦略経営の核心	篠田道夫	三六〇〇円
戦略経営Ⅲ 大学事例集	篠田道夫	三六〇〇円
大学戦略経営論――中長期計画の実質化によるマネジメント改革	篠田道夫	三四〇〇円
カレッジ（アン）バウンド――米国高等教育の現状と近未来のパノラマ	J・J・セリンゴ著 船守美穂訳	三四〇〇円
米国高等教育の拡大する個人寄付	福井文威	三六〇〇円
アメリカ大学史におけるジェンダー――女性大学教員支援政策	坂本辰朗	三二〇〇円
アメリカ大学史とジェンダー	坂本辰朗	五四〇〇円
アメリカ教育史の中の女性たち――ジェンダー・高等教育・フェミニズム	坂本辰朗	三八〇〇円

〒113-0023　東京都文京区向丘1-20-6　　TEL 03-3818-5521　FAX03-3818-5514　振替 00110-6-37828
Email tk203444@fsinet.or.jp　URL:http://www.toshindo-pub.com/

※定価：表示価格（本体）＋税

東信堂

〒113-0023　東京都文京区向丘1-20-6　　TEL 03-3818-5521　FAX03-3818-5514　振替 00110-6-37828
Email tk203444@fsinet.or.jp　URL:http://www.toshindo-pub.com/

※定価：表示価格（本体）＋税

東信堂

倫理学と法学の架橋―ファインバーグ論文選	J・ファインバーグ／嶋津・飯田編／監訳	六八〇〇円
責任という原理―科学技術文明のための倫理学の試み（新装版）	H・ヨナス／加藤尚武監訳	四八〇〇円
主観性の復権―『責任という原理』へらか 心身問題から	H・ヨナス／宇佐美・滝口訳	二〇〇〇円
ハンス・ヨナス「回想記」	盛永・木下・馬渕・山本訳	四八〇〇円
生命の神聖性説批判	H・クーゼ著／石川・小野谷・片桐・水野訳	四六〇〇円
生命科学とバイオセキュリティ―デュアルユース・ジレンマとその対応	四ノ宮成祥・河原直人編著	二四〇〇円
医学の歴史	今井道夫監訳	四六〇〇円
安楽死法：ベネルクス3国の比較と資料	石渡隆司監訳	一二〇〇円
死の質―エンド・オブ・ライフケア世界ランキング	盛永審一郎監修／加奈恵・小田谷他訳	二七〇〇円
バイオエシックスの展望	丸祐一・松坂・浦井・飯田他訳編著	三二〇〇円
死生学入門―小さな死・性・ユマニチュード	大林雅之	一二〇〇円
生命の問い―生命倫理学と死生学の間で	大林雅之	二二〇〇円
生命の淵―バイオシックスの歴史・哲学・課題	大林雅之	二〇〇〇円
今問い直す脳死と臓器移植【第2版】	澤田愛子	二〇〇〇円
キリスト教から見た生命と死の医療倫理	浜口吉隆	三三八一円
動物実験の生命倫理―個体倫理から分子倫理へ	大上泰弘	四〇〇〇円
医療・看護倫理の要点	水野俊誠	二〇〇〇円
テクノシステム時代の人間の責任と良心	H・レンク／山本・盛永訳	三五〇〇円
原子力と倫理―原子力時代の自己理解	小笠原道雄編	一八〇〇円
科学の公的責任―科学者と私たちに問われていること	小笠原・野平編訳	一八〇〇円
歴史と責任―科学者は歴史にどう責任をとるか	小笠原・野平編訳	一八〇〇円
〔ジョルダーノ・ブルーノ著作集〕より		
カンデライオ	加藤守通訳	三二〇〇円
原因・原理・一者について	加藤守通訳	三二〇〇円
傲れる野獣の追放	加藤守通訳	四八〇〇円
英雄的狂気	加藤守通訳	三六〇〇円
ロバのカバラ―ジョルダーノ・ブルーノにおける文学と哲学	N・オルディネ／加藤守通監訳	三六〇〇円

〒113-0023　東京都文京区向丘1-20-6　　TEL 03-3818-5521　FAX03-3818-5514　振替 00110-6-37828
Email tk203444@fsinet.or.jp　URL:http://www.toshindo-pub.com/

※定価：表示価格（本体）＋税

東信堂

オックスフォード キリスト教美術・建築事典　P&L・マレー著／中森義宗監訳　三〇〇〇〇円

イタリア・ルネサンス事典　J・R・ヘイル編／中森義宗監訳　七八〇〇円

美術史の辞典　中森義宗・P・デューロ・清水忠訳他　三六〇〇円

涙と眼の文化史——中世ヨーロッパの　中森義宗・清水忠訳他　三六〇〇円

青を着る人びと——標章と恋愛思想　徳井淑子　三五〇〇円

社会表象としての服飾——近代フランスにおける異性装の研究　伊藤亜紀　三五〇〇円

　新實五穂　三六〇〇円

書に想い　時代を讀む　河田悌一　一八〇〇円

日本人画工　牧野義雄——平治ロンドン日記　ますこひろしげ　五四〇〇円

美を究め美に遊ぶ——芸術と社会のあわい　江藤光紀　二八〇〇円

バロックの魅力　荻野厚佳監修　二六〇〇円

新版 ジャクソン・ポロック　小穴晶子編　二六〇〇円

西洋児童美術教育の思想——ドローイングは豊かな感性と創造性を育むか？　藤枝晃雄　二六〇〇円

　要真理子監訳　三六〇〇円

ロジャー・フライの批評理論——知性と感受性の間で　前田茂訳　三六〇〇円

レオノール・フィニー——境界を侵犯する新しい種　要真理子　四二〇〇円

　尾形希和子　二八〇〇円

【世界美術双書】

バルビゾン派　井出洋一郎　二〇〇〇円

キリスト教シンボル図典　中森義宗　二三〇〇円

パルテノンとギリシア陶器　関隆志　二三〇〇円

中国の版画——唐代から清代まで　小林宏光　二三〇〇円

象徴主義——モダニズムへの警鐘　中村隆夫　二三〇〇円

中国の仏教美術——後漢代から元代まで　久野美樹　二三〇〇円

セザンヌとその時代　浅野春男　二三〇〇円

日本の南画　武田光一　二三〇〇円

画家とふるさと　小林忠　二三〇〇円

ドイツの国民記念碑——一八一三—　大原まゆみ　二三〇〇円

日本・アジア美術探索——一九一三年　永井信一　二三〇〇円

インド、チョーラ朝の美術　袋井由布子　二三〇〇円

古代ギリシアのブロンズ彫刻　羽田康一　二三〇〇円

〒113-0023　東京都文京区向丘 1-20-6　TEL 03-3818-5521　FAX03-3818-5514　振替 00110-6-37828
Email tk203444@fsinet.or.jp　URL:http://www.toshindo-pub.com/

※定価：表示価格（本体）＋税